BIM信息技术应用系列图书

U0806834

# BIM 工程项目管理

张凤春　主编
刘玉梅　副主编

化学工业出版社
·北京·

本书以现行行业 BIM 标准为依据，从项目的整体到分项用 BIM 平台系统应用处理方式进行讲解，详细阐述 BIM 在工程项目管理中的应用。本书主要内容包括项目管理概述、基于 BIM 的项目管理体系、BIM 项目决策、BIM 招投标管理、BIM 建造准备阶段管理、BIM 预制加工管理、BIM 项目安全管理、BIM 物料及成本管理、BIM 项目质量管理、BIM 项目进度管理、BIM 项目变更管理、BIM 项目运维管理、BIM 项目综合管理案例等内容。本书在编写过程中，采用图表结合的方式，注重实际工程应用，对 BIM 在工程项目管理中的应用进行了详细讲解，体现细节化、可操作性强等特点。另外，本书给出了多个完整 BIM 技术项目管理实际案例，对利用 BIM 技术应用的在建项目或欲建项目都有非常好的参考价值，读者可通过扫描本书前言中的二维码下载查看。

本书适合 BIM 工程建设管理人员及其他相关人员参考，也适合 BIM 技术培训学员及建筑类相关院校师生做教材或学习资料使用。

**图书在版编目（CIP）数据**

BIM 工程项目管理/张凤春主编. —北京：化学工业出版社，2019.1（2023.1 重印）
（BIM 信息技术应用系列图书）
ISBN 978-7-122-33433-6

Ⅰ.①B… Ⅱ.①张… Ⅲ.①工程项目管理-应用软件
Ⅳ.①F284-39

中国版本图书馆 CIP 数据核字（2018）第 287277 号

---

责任编辑：彭明兰　　文字编辑：吴开亮
责任校对：边　涛　　装帧设计：史利平

---

出版发行：化学工业出版社（北京市东城区青年湖南街 13 号　邮政编码 100011）
印　　刷：三河市航远印刷有限公司
装　　订：三河市宇新装订厂
787mm×1092mm　1/16　印张 12　字数 307 千字　2023 年 1 月北京第 1 版第 6 次印刷

---

购书咨询：010-64518888　　售后服务：010-64518899
网　　址：http://www.cip.com.cn
凡购买本书，如有缺损质量问题，本社销售中心负责调换。

---

定　　价：64.00 元

# 前言

BIM（建筑信息模型）是 Building Information Modeling 的缩写，指的是在营建设施（包括如建筑物、桥梁、道路、隧道等）的生命周期中，创建与维护营建设施产品数字信息及其工程应用的技术。换一个较容易想象与理解的方式来说，BIM 技术就是一个在计算机虚拟空间中的仿真工程行为，以协助营建生命周期规划、设计、施工、营运、维护工作中的各项管理与工程作业的新技术、新方法与新概念（而不是常被误解的新工具）。

BIM 强调工程（包括建筑、土木、水利、河海等各类工程）的生命周期信息汇总与持续运用，3D 可视化的呈现与跨专业、跨阶段的协同作业，几何与非几何信息的关联，静态与动态过程信息的实时掌握，微观与宏观空间信息的整合等。BIM 技术具有对公共工程的质量提升、减少错误变更的成本浪费、有效缩短工期、跨专业整合与沟通界面管理等效果，国内外都已经有许多成功案例与辉煌成果。而整个 BIM 技术运用仍在持续地快速发展与进步中。

近几年，以建筑信息模型为核心的 BIM 技术的发展与应用，在营造建筑产业已成为一股不可小觑的趋势，甚至在很多欧美发达国家，BIM 的相关技术已成为竞争力的基本门槛，也已逐渐纳入政府公共工程的要求中。

目前，BIM 技术已不再是行业前沿性的技术，而是政策指导、建筑行业的大趋势，普及和深入应用 BIM 技术的施工企业将更具竞争力。以建筑工程项目的各项相关信息数据作为基础，建立起三维的建筑模型，通过数字信息仿真模拟建筑物所具有的真实信息。它具有信息完备性、信息关联性、信息一致性、可视化、协调性、模拟性、优化性和可出图性八大特点。

可见，BIM 对建设工程项目的影响是全过程、全方位的。BIM 模型与项目管理所需的模型可能存在差别，但是可以以这些模型为依据，借助项目管理工具，对项目进行进度控制、质量控制和资源管理。另外，还可以在 BIM 模型的基础上开发适用于项目管理的模型，比如，使用 Navisworks 建立适用于施工的 BIM 模型，也可以较好地服务于项目管理。可以这样说，基于 BIM 技术的建筑信息模型在全过程的工程项目管理中将处于核心和支配地位。比如冲突识别，如识别管线、设备、构件之间的碰撞，是否满足净高要求等；建立可视化的模拟环境，更可靠地判断现场条件，为编制进度计划、施工顺序、场地布置、物流人员安排等提供依据。时下流行的项目管理软件单纯依靠图表和文字对项目进行描述，缺乏一个直观形象的载体。BIM 恰恰弥补了这个缺陷，不但为项目管理者提供了一个实体参考，输出的结果也更加直观具体；BIM 模型能够自动生成材料和设备明细表，为工程量计算、造价、预算和决算提供了有利的依据。以往工程量计算都是在图纸上量，或使用鲁班和广联达等软件重新建模计算，与原有的设计模型难免产生偏差，耗时费力，结果也不准确。现在，借助 BIM 技术，造价人员直接使用原有的设计模型，提高了效率，准确性也大大提高了；最后，BIM 提供三维效果图、动画和漫游等功能，使非技术人员看到可视化的最终产品。

本书从项目的整体到分项用 BIM 平台系统应用处理方式进行讲解，理论融于实践，易于读者朋友理解和掌握，是 BIM 项目管理者或相关人员实用的参考资料。谨此希望读有收获，不枉本书出版之初衷。本书具有以下特点：

1. 内容新，依据现行国家行业 BIM 标准进行编写；

2. 针对性强，分门别类详解 BIM 工程项目管理与操作实务；

3. 注重应用，通过大量的实际工程案例，以图表的方式，详细讲解 BIM 在工程项目管理中的应用；

4. 附加内容丰富，给出多个完整 BIM 工程项目管理实际案例，读者可以自行扩展阅读。

本书由张凤春主编，刘玉梅副主编，参与编写的还有杨晓方、孙兴雷、刘彦林、孙丹、梁大伟、张计锋、徐树峰、赵洁、贺太全、李志刚、刘义、曾彦、邓海、张英、肖玉锋。

在本书编写过程中，引用和参考了众多专家，专业人士的 BIM 论说、项目经验总结、实践资料，再次一并表示感谢！

限于作者己见及时间和水平，书中难免有疏漏之处，还望广大读者批评指正，将不胜感谢！

**编　者**

2018 年 10 月

（扫描此二维码可查看 BIM 工程项目管理应用综合案例）

BIM信息技术应用
系列图书

# 目录

CHAPTER 1

# 第一章 项目管理概述

## 第一节 工程项目全过程管理简介

### 一、工程项目全过程管理常见问题

现代的工程项目对管理的要求越来越高，对质量、投资回报、计划进度要求严格。无论是业主方的项目管理，还是总承包单位的项目管理，都要围绕着项目的进度、质量、成本来开展工作。

先进的项目管理理念，可以帮助项目部门科学、高效地管理项目，对项目各阶段（工程项目的勘察、设计、采购、施工、试运行、竣工验收）等实行全过程或若干阶段、各项内容合理计划，严格控制，综合平衡，有效地协调工作安排，进行项目成本、进度、范围、质量的管理，规避项目风险和对项目实现全过程的动态管理，使项目最终取得圆满成功。

**1. 管理脱节**

多数企业采用的是对工程项目统一领导、分级管理的形式。按项目的决策、建设、占用和使用单位来划分管理层次，并明确各自的职责。一般在总部设置职能部门，基层各厂所的基础建设由总部投资，各职能部门负责建设，完成后交由基层单位使用。这样的管理形式缺乏纵向信息沟通，基层单位无法参与建设过程，只能接受由总部交予的建设成果，很容易造成建设好的工程项目由于各种原因不适用于生产实际，或不能投产或运营效率低下而被闲置，导致资金严重浪费。

一个工程项目，从投资立项、设计勘察、招投标、施工、采购到竣工验收，涉及科技部、设计部、基建部、物资采购部等各部门的人员。这些职能部门人员一般不从事具体的生产操作，没有生产经验，他们对每一个项目的了解往往仅限于自己所负责的片段，对前因后果不可能作深入的调查研究。每个人考虑问题的出发点往往局限于自己的专业角度，有时难免忽略实际操作的需求。当工程建成投入使用时才发现建设过程中甚至规划、设计阶段就已经存在误差，但已经很难有补救措施了，这将降低工程的实际使用效能。

**2. 资产考核体系不完善**

对于资产价值的正确考核评价是实现资源优化配置的重要途径。目前很少有企业拥有比较完善的资产考核体系。工程项目投产运营后生产效益和使用效益如何，能否生存和发展，没有权威部门对这些指标进行审计，即使工程投资失败资金浪费也无人承担经济责任。对长期经济效益的忽视造成企业发展缺乏整体规划、资产闲置、企业发展后劲不足。

### 3. 工程项目数据信息不完备

传统的工程管理方式是静态的，各部门掌握的仅仅是工程项目在某个阶段（譬如设计、建设、运营）的数据信息，没有从全局上把握工程项目的动态过程。工程项目的建设和使用管理是由不同部门负责的。负责建设的各部门在工程建设结束后就不再过问该工程投入使用的效果。实际的使用者自竣工后接收工程所进行的改造工作，参与建设的各部门并不介入，无从了解工程改造内容，不能从中吸取经验，很可能导致类似工程连续出现相同的错误。这样的管理方式使得工程项目在管理上缺乏连贯性，信息无法共享，经验无法借鉴。

近年来，工程项目管理在技术革新、管理模式创新和项目流程梳理上都有了质的飞跃，行业内的企业已普遍拥有一套适合企业和社会发展的管理体系。尽管如此，理想的项目管理体系执行难度仍非常大。工程项目数据量大、各岗位间数据流通效率低、团队协调能力差等问题成了制约项目管理发展的主要因素，其原因如下。

在建筑物的造型日益复杂、建筑施工周期逐渐缩短的大趋势下，对建筑施工协调管理和技术交底的要求也逐步提高。由于设计院出具的施工图纸中各专业划分不同，设计人员的素质不同，导致各专业的相互协调难度大，图纸碰撞问题、设计变更问题时有发生。设计图纸的碰撞问题易导致工期延误、成本增加等，给工程负量安全带来巨大隐患；施工人员在面临反复变化的设计图纸和按图施工的要求时显得力不从心，导致工程项目施工过程中，不同班组同一部位施工采用不同蓝图的情况，建筑成品与施工蓝图不一致的情况也屡见不鲜。

工程项目的管理决策者获取工程数据的及时性和准确性都不够，严重制约了各条线管理者对项目管理的统筹能力。在各工种、各条线、各部门协同作业时往往凭借经验进行布局管理，各方的共享与合作难以实现，工程项目的管理成本骤升、浪费严重。

工程项目开始后会产生海量的工程数据，这些数据获取的及时性和准确性直接影响到各单位、各班组的协调水平和项目的精细化管理水平。然而，现实中工程管理人员对于工程基础数据的获取能力较差，使得采购计划不准确，限额领料难执行，短周期的多算对比无法实现，过程数据难以管控。

当前工程项目的大部分资料保存在纸质媒介上，由于工程项目的资料种类繁多、体量和保存难度过大、应用周期过长等，使得工程项目从开始到竣工后大量的施工依据不易追溯。特别是变更单、签证单、技术核定单、工程联系单等重要资料的遗失，将对工程建设各方责权利的确定与合同的履行造成重要影响。

## 二、全过程管理的必要性

工程项目管理是项目管理中的一个重要和专门的领域，是一种程序和艺术，在限定的时间内，对资源作全方面计划、组织、指导和控制，以实现一次性项目的既定目标。资源包括材料、设备、资金和专业人才等。

确保成功地建成一项工程项目，是工程项目管理的终极目的。因此，工程项目管理的目标，是在拟定资源内，在项目性能、工期和造价三项指标方面取得优化和平衡。这三项互相关联、互相影响的指标，其中一项发生变化时，都会引起其他两项发生相应的变化。工程项目管理的核心为全过程、全方位和系统化安全风险管理。

项目的发展，从规划立项开始，进入工程设计、施工，再到运营维护，是一个系统，其内在过程密切联系。对于具体的工程项目而言，由于政策管理等因素影响，其发展阶段通常是人为分割的。传统的工程顾问项目团队是响应业主要求，割裂性地参与部分阶段的技术咨询工作，这种模式对把握项目全生命周期的优化和价值，具有一定的缺陷和局限性。而突破传统模式的有效方法，就是采用业主＋顾问公司的一体化项目管理和咨询团队，并且实施项目全过程咨询的模式。

一体化项目团队工作模式，能有效地应用价值工程方法，通过全寿命周期理念对工程方案进行深入和全局性的优化。价值工程方法通过资料汇集、分析、创新、评估和发展等阶段，全面评估设计方案、施工方案和运营维护等的性能和成本，激发出创新性的解决方案。通过价值工程工作营等方式，寻求最佳的解决方案，达到既综合考虑多个方案，又降低成本、节省时间、加快决策过程、预测和管理风险等目的。

从工程发展的全过程看，工程的风险存在于工程项目的各个阶段。而各阶段的风险都不应被忽视，否则极有可能导致灾难性的后果，或者传递到下一阶段成为极高的残余风险或者又衍生出新的风险。各阶段的风险、残留风险和衍生风险，都具有很强的相关性。因此，必须从工程系统的视角，全过程、全方位有效地管理工程风险。

工程项目建设一般都是企业的重大投资，一方面它占用企业很多的资源，另一方面也能为企业带来较大的经济效益和社会效益。工程项目投资成功与否将对企业产生长期影响，甚至与企业生死攸关。如何有效管理工程项目，确保其设计合理、运行安全有效，同时降低运行和维护成本，将是现代企业管理的一个重要课题。

工程项目全过程管理具体表达及各管理方的工作范围如图 1-1 所示。

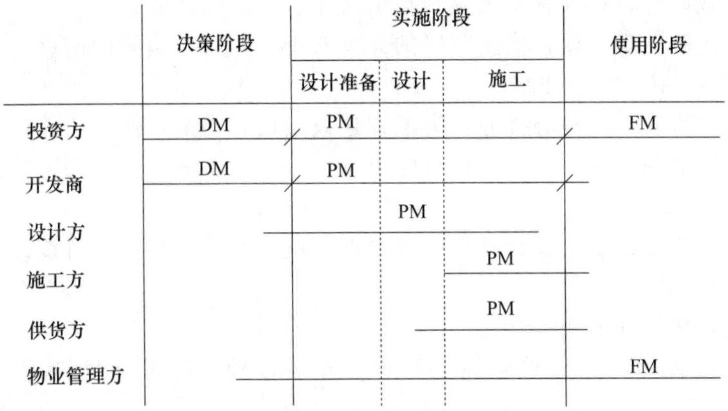


图 1-1 工程项目全过程的管理

DM—Development Management，开发管理；PM—Project Management，项目管理；
FM—Facility Management，设施管理

对工程项目实施有效的管理，可以避免规划、设计失误或设备选型错误造成影响工程使用效果、资金浪费的现象，帮助企业提高资产运营效率、降低运营成本、节约资源。

## 三、加强工程项目管理的对策与建议

针对以上工程项目管理的现状，企业需要改变目前的管理方式，用生命周期管理的观念对工程项目进行全方位的动态管理。

**1. 转变管理观念**

对工程项目采用全生命周期的管理观念，对规划、设计、建设、运营各个阶段进行计划、组织、协调和控制的管理活动，并在信息集中的基础上，向管理人员提供强大的智能决策支持，从而为组织内决策层、职能层、执行层等提供集决策、管理、维护手段为一体的工程管理全面解决方案。

**2. 改变管理形式**

改变以往分级分阶段的管理形式。在项目规划、设计、建设、运营各阶段都要有相关人

员参与，特别是基层资产使用者要介入前期管理，充分运用自己的现场经验，帮助避免工程建设不符合现场条件和实际需要的情况。项目投产后应有专门人员负责收集实际运行中出现的问题、整改内容和效果，将其反馈给参与建设的各部门，作为其他类似工程的经验借鉴。

3. 完善资产考核体系

工程项目投资占用了企业大量的人力、物力和财力，它应该给企业带来较好的经济效益和社会效益。如果一个工程项目投产运营后亏损严重，或者甚至不能投产，造成严重的投资损失浪费，那就应该落实经济责任制，由相关人员承担一定的责任。因此需要对工程项目进行投资效益审计，将投资产出与可行性研究水平或行业基准水平相比，检查是否达到最低要求，通过提出审计建议，促进改善经营管理水平。

企业管理是企业生存的基础，是企业发展的支柱，工程项目的管理是企业管理中的重要课题。随着经济社会的发展，传统的管理方式已经越来越不适应时代的发展，这就需要从管理理念和方法上进行创新，重新建立管理体系，引用先进科学的管理手段。对工程项目实施全过程周期管理，实现了对工程的动态跟踪，从而避免了资产闲置、资金浪费的现象。同时能够落实经济责任，避免投资的随意性，提高经营管理水平。它能够对工程项目信息进行有效的集中、整理、分析，从而产生新的信息，为各管理层提供宝贵的决策依据，使得企业的工程投资管理形成闭环，最大化实现工程投资对于企业的经济效益。

工程项目全过程管理＝项目决策阶段的开发管理＋项目实施阶段的项目管理＋项目使用阶段的设施管理＝DM＋PM＋FM

工程项目全过程管理的核心任务：为工程建设增值，为工程使用增值。

（1）决策阶段的项目论证　政府项目的审批，核准及备案制度；决策阶段的技术、经济和管理论证。

（2）项目设计阶段论证　设计准备阶段管理；项目设计招标；项目设计的阶段管理和过程管理。

（3）工程发包与物资采购

（4）施工阶段管理　建设单位施工管理；施工监理；施工项目管理；动用准备阶段管理。

（5）工程项目信息化管理系统　工程项目管理信息系统的构成及工作机制；工程项目管理系统应用；基于互联网系统的工程项目信息管理、生命周期。

## 四、工程项目全过程阶段划分

工程项目的全过程，指项目从可行性研究、设计、设备选型、采购、安装、运营、维护到最后报废的全过程。工程项目的生命周期可以划分为 5 个阶段。

（1）可行性研究阶段　以自然资源和市场预测为基础，选择建设项目，寻找有利的投资机会，判断工程项目的生命力，进行市场调查、工厂试验等专题研究，对建设规模、产品方案、建设地点、主要技术工艺、工程项目的经济效益和社会效益等进行研究和初步评价和可行性论证，深入研究市场、生产纲领、工艺、设备、建设周期、总投资额等问题，如图 1-2 所示。

（2）设计、选型阶段　编制设计方案及工程项目总概算书，考虑项目实施的成本、费用支出以及系统运行的安全性，进行设备选型。

（3）建设实施阶段　包括施工准备、组织施工和竣工前的生产准备，对设备按照设计方案进行安装与调试，如图 1-3 所示。

（4）运营、维护阶段　对工程从安装调试合格进入正常使用起，直至该工程退出生产的

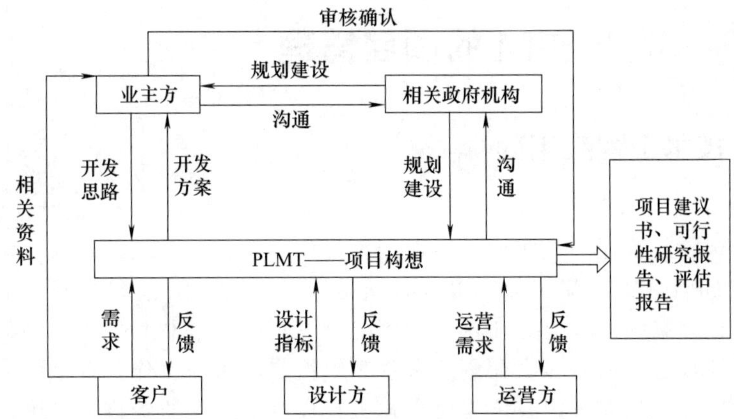


图 1-2　可行性研究阶段运作流程

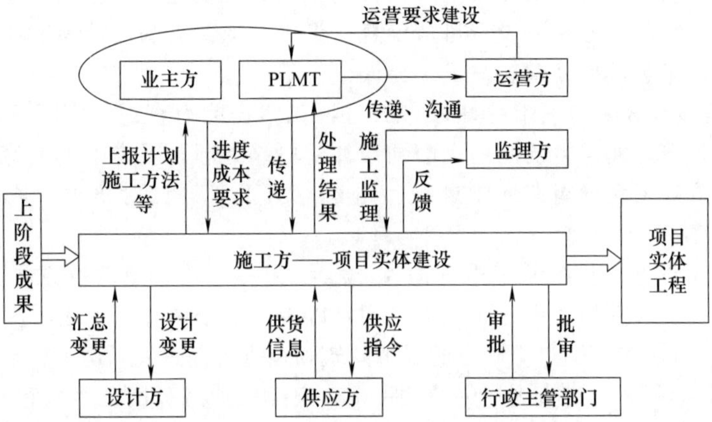


图 1-3　项目实施阶段运作流程

全过程，通过组织、管理、监督等一系列措施，使工程项目处于良好的技术状态，需要对工程进行更新改造，对设备进行维护。根据工程使用情况及时作出报废、整改、替换的决定，如图 1-4 所示。

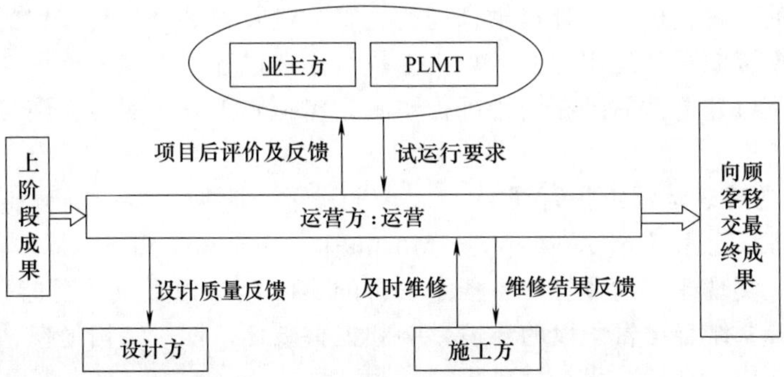


图 1-4　项目运维阶段运作流程

（5）跟踪、评估期　合理选取指标，科学建立模型，选择不同的评估时点进行动态评估，实现对工程项目的跟踪管理。将评估结果及时反馈，根据实际情况做出分析，指导日后的建设管理，形成闭环管理体系。

# 第二节 基于 BIM 的项目管理

## 一、BIM 技术工程应用简介

### 1. 基于 BIM 的工程设计

作为一名建筑师，首先要真实地再现他们脑海中或精致、或宏伟、或灵动、或庄重的建筑造型，在使用 BIM 之前，建筑师们很多时候是通过泡沫、纸盒做的手工模型展示头脑中的创意，相应调整方案的工作也是在这样的情况下进行，由创意到手工模型的工作需要较长的时间．而且设计师还会反复多次在创意和手工模型之间进行工作。

对双重特性项目，只有采用三维建模方式进行设计，才能避免许多二维设计后期才会发现的问题。采用基于 BIM 技术的设计软件作支撑，以预先导入的三维外观造型做定位参考，在软件中建立体育场内部建筑功能模型、结构网架模型、机电设备管线模型，实现了不同专业设计之间的信息共享，各专业设计可从信息模型中获取所需的设计参数和相关信息，不需要重复录入数据，避免数据冗余、歧义和错误。

由于 BIM 模型其真实的三维特性，它的可视化纠错能力直观、实际，对设计师很有帮助，这使施工过程中可能发生的问题提前到设计阶段来处理，减少了施工阶段的反复，不仅节约了成本，更节省了建设周期。BIM 模型的建立有助于设计对防火、疏散、声音、温度等相关的分析研究。

BIM 模型便于设计人员跟业主进行沟通。二维和一些效果图软件只能制作效果夸张的表面模型，缺乏直观逼真的效果；而三维模型可以提供一个内部可视化的虚拟建筑物，并且是实际尺寸比例，业主可以通过电脑里的虚拟建筑物，查看任意一个房间、走廊、门厅，了解其高度构造、梁柱布局，通过直观视觉的感受，确定建筑业态高度是否满意，窗户是否合理，在前期方案设计阶段通过沟通提前解决很多现实当中的问题。

### 2. 基于 BIM 的施工管理

基于 BIM 进行虚拟施工可以实现动态、集成和可视化的 4D 施工管理。将建筑物及施工现场 3D 模型与施工进度相连接，并与施工资源和场地布置信息集成一体，建立 4D 施工信息模型。实现建设项目施工阶段工程进度、人力、材料、设备、成本和场地布置的动态集成管理及施工过程的可视化模拟，以提供合理的施工方案及人员、材料使用的合理配置，从而在最大范围内实现资源合理运用。在计算机上执行建造过程，虚拟模型可在实际建造之前对工程项目的功能及可建造性等潜在问题进行预测，包括施工方法实验、施工过程模拟及施工方案优化等。

### 3. 基于 BIM 的建筑运营维护管理

综合应用地理信息系统（Geographic Information System，GIS）技术，将 BIM 与维护管理计划相连接，实现建筑物业管理与楼宇设备的实时监控相集成的智能化和可视化管理，及时定位问题来源。结合运营阶段的环境影响和灾害破坏，针对结构损伤、材料劣化及灾害破坏，进行建筑结构安全性、耐久性分析与预测。

### 4. 基于 BIM 的全过程管理

BIM 的意义在于完善了整个建筑行业从上游到下游的各个管理系统和工作流程间的纵、横向沟通和多维性交流，实现了项目全生命周期的信息化管理。BIM 核心是一个由计算机三维模型所形成的数据库，包含了贯穿于设计、施工和运营管理等整个项目全生命周期的各个阶段，并且各种信息始终是建立在一个三维模型数据库中。BIM 能够使建筑师、工程师、施工人员以及业主清楚全面地了解项目：建筑设计专业可以直接生成三维实体模型；结构专业则可取其中墙材料强度及墙上孔洞大小进行计算；设备专业可以据此进行建筑能量分析、声学分析、光学分析等；施工单位则可根据混凝土类型、配筋等信息进行水泥等材料的备料及下料；开发商则可取其中的造价、门窗类型、工程量等信息进行工程造价总预算、产品订货等。

BIM在促进建筑专业人员整合、改善设计成效方面发挥的作用与日俱增，它将人员、系统和实践全部集成到一个流程中，使所有参与者充分发挥自己的智慧和才华，可在设计、制造和施工等所有阶段优化项目成效，为业主增加价值，减少浪费并最大限度地提高效率。

基于BIM的工程全过程管理如图1-5所示。

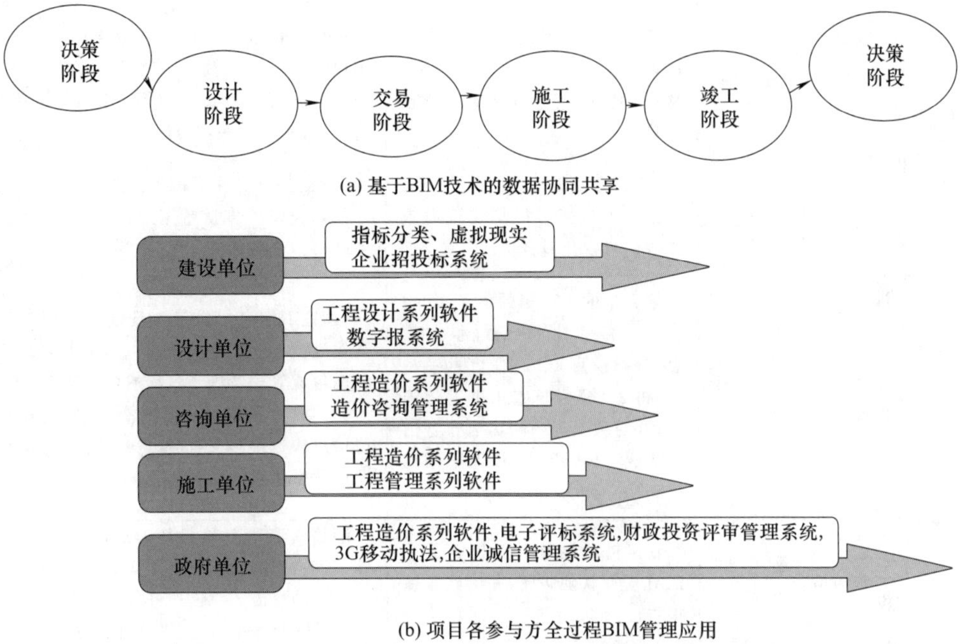


图1-5 建设工程全过程管理

以按照工作阶段划分为例，对BIM在项目管理各工作阶段的具体内容进行梳理。BIM模型在各阶段中的应用过程如图1-6所示，其具体应用内容见表1-1。

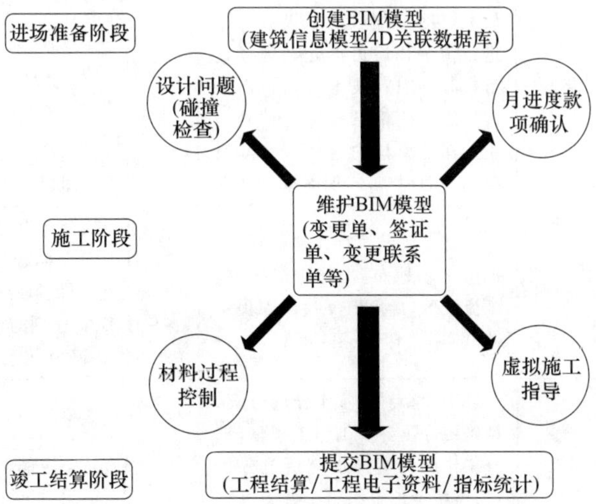


图1-6 BIM模型在各阶段中的应用过程

表 1-1　BIM 在各阶段中的应用内容

| 项目阶段 | 应用点 | 方法 | 应用效果 |
|---|---|---|---|
| 投标签约管理 | 场区规划模拟 | 建立三维场地模型，对施工过程中的各个阶段进行模拟，并模拟塔吊碰撞 | 三维的规划图更加清晰直观，塔吊模型与实际模型 1∶1，直接显示实际的工作方式 |
| | 通过动画或虚拟现实技术展示施工方案 | 根据针对项目提出的不同施工方案建立相应动画，或建立集成多方案的交互平台 | 比起传统的文字加口述来描述施工方案，以动画的形式或交互平台的方式，方案对比更明显，更容易展示技术实力 |
| 设计管理 | 建立 3D 信息模型 | 建立三维几何模型，并把大量的设计相关信息（如构件尺寸、材料、配筋信息等）录入到信息模型中 | 取代了传统的平面图或效果图，形象地表现出设计成果，让业主全方位了解设计方案；业主及监理方可随时统计实体工程量，方便前期的造价控制、质量跟踪控制 |
| | 可视化设计交底 | 设计人员通过模型实现向施工方的可视化设计交底 | 能够让施工方清楚了解设计意图，了解设计中的每一个细节 |
| 施工管理 | 建立 4D 施工信息模型 | 把大量的工程相关信息（如构件和设备的技术参数、供方信息、状态信息）录入到信息模型中，将 3D 模型与施工进度相连接，并与施工资源和场地布置信息集成一体，建立 4D 施工信息模型 | 4D 施工信息模型是实现建设项目施工阶段工程进度、人力、材料、设备、成本和场地布置的动态集成管理及施工过程的可视化模拟的基础<br>在运营过程中可以随时更新模型，通过对这些信息快速准确地筛选调阅，能够为项目的后期运营带来很大便利 |
| | 碰撞检查 | 在碰撞检测软件中检查各个 BIM 模型软硬碰撞，并出具碰撞报告 | 能够彻底消除硬碰撞、软碰撞，优化工程设计，避免在建筑施工阶段可能发生的错误损失和返工的可能<br>能够优化净空，优化管线排布方案 |
| | 构件工厂化生产 | 基于 BIM 设计模型对构件进行分解，对其进行二维码信息归类，在工厂加工好后运到现场进行组装 | 精准度高，失误率低 |
| | 钢结构预拼装 | 大型钢结构施工过程中变形较大，传统的施工方法要在工厂进行预拼装后再拆开到现场进行拼装。BIM 技术可以把需要现场安装的钢结构进行精确测量后在计算机中建立与实际情况相符的模型，实现虚拟预拼装 | 为技术方案论证提供全新的技术依据，减少方案变更 |
| | 虚拟施工 | 在计算机上执行建造过程，模拟施工场地布置、施工工艺、施工流程等，形象地反映出工程实体的实况 | 能够在实际建造之前对工程项目的功能及可建造性等潜在问题进行预测，包括施工方法实验、施工过程模拟及施工方案优化等<br>利用 BIM 模型的虚拟性与可视化，提前反映施工难点，避免返工 |
| | 工程量统计 | 基于模型对各步工作的分解，精确统计出各步工作工程量，结合工作面和资源供应情况分析后，可精确地组织施工资源进行实体的修建 | 实现真正的定额领料并合理安排运输 |

续表

| 项目阶段 | 应用点 | 方法 | 应用效果 |
| --- | --- | --- | --- |
| 施工管理 | 进度款管理 | 根据三维图形分楼层、区域、构件类型、时间节点等进行“框图出价” | 能够快速、准确地进行月度产值审核，实现过程三算对比，对进度款的拨付做到游刃有余<br>工程造价管理人员可及时、准确地筛选和调用工程基础数据 |
| | 材料领取控制 | 利用BIM模型的4D关联数据库，快速、准确获得过程中工程基础数据拆分实物量 | 随时为采购计划的制订提供及时、准确的数据支撑，随时为限额领料提供及时、准确的数据支撑，为飞单等现场管理情况提供审核基础 |
| | 可视化技术交底 | 通过模型进行技术交底 | 直观地让工人了解自身任务及技术要求 |
| | BIM模型维护与更新 | 根据变更单、签证单、工程联系单、技术核定单等相关资料派驻人员进驻现场配合对BIM模型进行维护、更新 | 为项目各管理条线提供最为及时、准确的工程数据 |
| 竣工验收管理 | 工程文档管理 | 将文档(勘察报告、设计图纸、设计变更、会议记录、施工声像及照片、签证和技术核定单、设备相关信息、各种施工记录、其他建筑技术和造价资料相关信息等)通过手工操作和BIM模型中相应部位进行连接 | 对文档快速搜索、查阅、定位，充分提高数据检索的直观性，提高工程相关资料的利用率 |
| | BIM模型的提交 | 汇总施工各相关资料制订最终的全专业BIM模型，包括工程结算电子数据、工程电子资料、指标统计分析资料，保存在服务器中，并刻录成光盘备份保存 | 可以快速、准确地对工程各种资料进行定位<br>大量的数据留存与服务器经过相应处理形成建筑企业的数据库，为企业的进一步发展提供强大的数据支持 |
| 运维管理 | 三维动画渲染和漫游 | 在现有BIM模型的基础上，建立反映项目完成后的真实动画 | 让业主在进行销售或有关于建筑宣传展示的时候给人以真实感和直接的视觉冲击 |

基于BIM的管理模式是创建信息、管理信息、共享信息的数字化方式，其具有很多优势，具体如下。

① 通过建立BIM模型，能够在设计中最大限度地满足业主对设计成果的细节要求。业主可在线以任何一个角度观看设计产品的的构造，甚至是小到一个插座的位置、规格、颜色，业主也可以在设计过程中在线提出修改意见，从而使精细化设计成为可能。

② 能够对投标书、进度审核预算书、结算书进行统一管理，并形成数据对比。

③ 能够对施工合同、支付凭证、施工变更等工程附件进行统一管理，并对成本测算、招投标、签证管理、支付等全过程造价进行管理。

④ 基于BIM的4D虚拟建造技术能够提前发现在施工阶段可能出现的问题，并逐一修改，提前制订应对措施。

⑤ 利用虚拟现实技术实现对资产、空间管理，建筑系统分析等技术内容，从而便于运营维护阶段的管理应用。

⑥ 能够对突发事件进行快速应变和处理，快速准确掌握建筑物的运营情况，如对火灾等安全隐患进行及时处理，减少不必要的损失。

⑦ BIM数据模型能够保证各项目的数据动态调整，方便追溯各个项目的现金流和资金

状况。

⑧ 根据各项目的形象进度进行筛选汇总，能够为领导层更充分地调配资源、进行决策提供有利条件。

⑨ 能够在短时间内优化进度计划和施工方案，并说明存在问题，提出相应的方案用于指导实际项目施工。

⑩ 能够使标准操作流程可视化，随时查询物料及产品质量等信息。

⑪ 工程基础数据如量、价等数据可以实现准确、透明及共享，能完全实现短周期、全过程对资金风险以及盈利目标的控制。

采用 BIM 可使整个工程项目在设计、施工和运营维护等阶段都能有效地实现制订资源计划、控制资金风险、节省能源、节约成本、降低污染及提高效率。应用 BIM 技术，能改变传统的项目管理理念，引领建筑信息技术走向更高层次，从而提高建筑管理的集成化程度。

## 二、BIM 工程项目管理的意义

BIM 技术自出现以来就迅速覆盖建筑的各个领域。全国建筑业信息化发展规划纲要支持建筑业软件产业化，提升企业管理水平和核心竞争能力；“十二五”规划中提出“全面提高行业信息化水平，重点推进建筑企业管理与核心业务信息化建设和专项信息技术的应用”。针对我国目前存在的不足，需要信息化技术弥补，而 BIM 技术可以轻松地实现集成化管理，如图 1-7 所示。可见 BIM 技术与项目管理的结合不仅符合政策导向，也是发展的必然趋势。

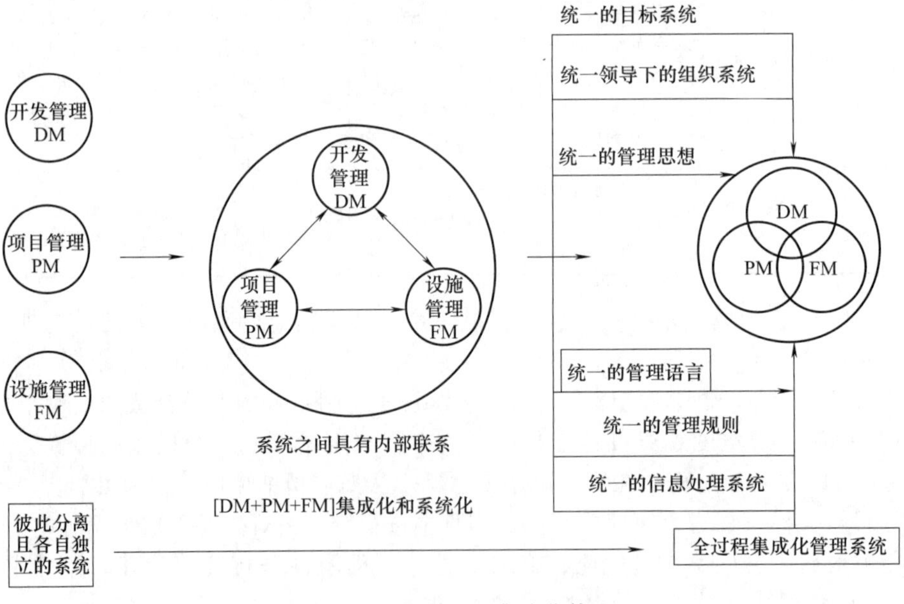


图 1-7 基于 BIM 的集成化管理

引入 BIM 技术后，将从建设工程项目的组织、管理和手段等多个方面进行系统的变革，实现理想的建设工程信息积累，从根本上消除信息的流失和信息交流的障碍。

BIM 中含有大量的工程相关的信息，可为工程提供数据后台的巨大支撑，可以使业主、设计院、顾问公司、施工总承包、专业分包、材料供应商等众多单位在同一个平台上实现数据共享，使沟通更为便捷、协作更为紧密、管理更为有效，从而弥补传统的项目管理模式的不足。BIM 引入后的工作模式转变如图 1-8 所示。

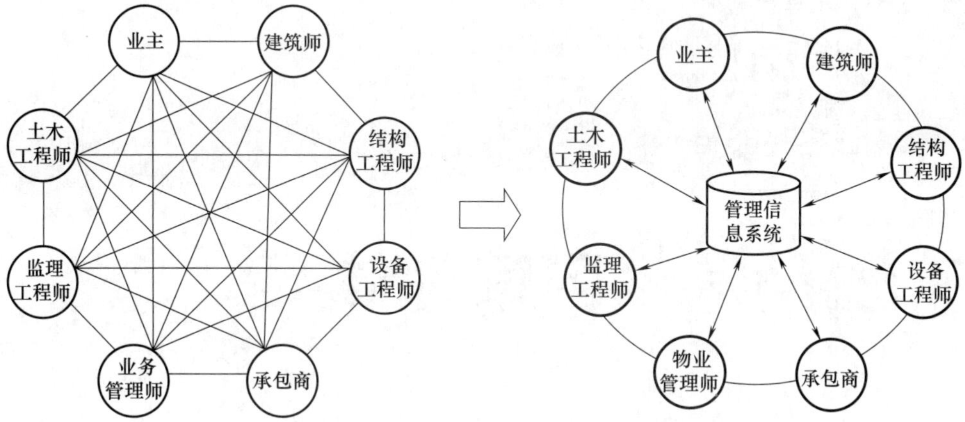


图 1-8 BIM 引入后的工作模式转变

CHAPTER 2

# 第二章 基于BIM的项目管理体系

## 第一节 BIM项目管理体系组建及要求

### 一、基于BIM的管理总目标

BIM技术在项目中的应用点众多，只有结合实际建立有切实意义的管理目标，才能有效提升技术实力，使BIM技术发挥其效能。

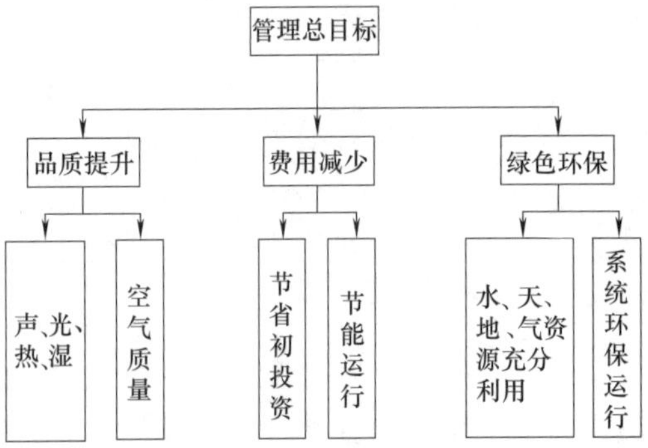


图2-1　BIM管理总目标

为完成BIM应用目标，各企业应紧随建筑行业技术发展步伐，结合自身在建筑领域全产业链的资源优势，确立BIM技术应用的战略思想。如某施工企业根据其“提升建筑整体建造水平、实现建筑全生命周期精细化动态管理、实现建筑生命周期各阶段参与方效益最大化”的BIM应用目标，确立了“以BIM技术解决技术问题为先导，通过BIM技术实现流程再造为核心，全面提升精细化管理，促进企业发展”的BIM技术应用战略思想。BIM管理总目标如图2-1所示。

### 二、BIM管理系统结构组成

#### 1. BIM管理系统结构

BIM团队中应包含各专业BIM工程师、软件开发工程师、管理咨询师、培训讲师等。项目级BIM团队的组建应遵循以下原则。

① 团队中包含进度管理组管理人员若干名，要求具备相关专业本科以上学历，具有类似工程施工经验。

② 团队中包含建筑、结构、机电各专业管理人员若干名，要求具备相关专业本科以上学历，具有类似工程设计或施工经验。

③ 团队中除配备建筑、结构、机电系统专业人员外，还需配备相关协调人员、系统维护管理员。

④ 在项目实施过程中，可以根据项目情况，考虑增加团队角色，如增设项目副总监、BIM技术负责人等。

2. BIM 人员培训

在组建企业 BIM 团队前，建议企业挑选合适的技术人员及管理人员进行 BIM 技术培训，了解 BIM 概念和相关技术，以及 BIM 实施带来的资源管理、业务组织、流程变化等，从而使培训成员深入学习 BIM 在施工行业的实施方法和技术路线，提高建模成员的 BIM 软件操作能力，加深管理人员 BIM 施工管理理念，加快推动施工人员由单一型技术人才向复合型人才转变，进而将 BIM 技术与方法应用到企业所有业务活动中，构建企业的信息共享、业务协同平台，实现企业的知识管理和系统优化，提升企业的核心竞争力。BIM 人员培训应遵循以下原则。

① 应采取脱产集中学习方式，授课地点应安排在多媒体计算机房，为学员配备计算机，在集中授课时，配有助教随时辅导学员上机操作。技术部负责制订培训计划、组织培训实施、跟踪检查并定期汇报培训情况，培训最后要进行考核，以确保培训的质量和效果。

② 应普及 BIM 的基础概念，从项目实例中剖析 BIM 的重要性，深度分析 BIM 的发展前景与趋势，多方位展示 BIM 在实际项目操作中与各个方面的联系；围绕市场主要 BIM 应用软件进行培训，同时要对学员进行测试，将理论学习与项目实践相结合，并要对学员的培训状况及时反馈。

BIM 在项目中的工作模式有多种，总承包单位在工程施工前期可以选择在项目部组建自己的 BIM 团队，完成项目中一切 BIM 技术应用（建模、施工模拟、工程量统计等）；也可以选择将 BIM 技术应用委托给第三方单位，由第三方单位 BIM 团队负责 BIM 模型建立及应用，并与总承包单位各相关专业技术部门进行工作对接。总包单位可根据需求，选择不同的 BIM 工作模式，并成立相应的项目级 BIM 团队。

3. BIM 团队建设的应用实例

某项目部整体组织机构如图 2-2 所示，其中，BIM 实施团队具体人员、职责及 BIM 能力要求见表 2-1。

表 2-1 实施团队一览表

| 团队角色 | 姓名 | 电话 | BIM 工作及责任 | BIM 能力要求 |
|---|---|---|---|---|
| 项目经理 | | | 监督、检查项目执行进展 | 基本应用 |
| BIM 小组组长 | | | 制订 BIM 实施方案并监督、组织、跟踪 | 基本应用 |
| 项目副经理 | | | 制订 BIM 培训方案并负责内部培训考核、评审 | 基本应用 |
| 测量负责人 | | | 采集及复核测量数据，为每周 BIM 竣工模型提供准确数据基础；利用 BIM 模型导出测量数据指导现场测量作业 | 熟练运用 |
| 技术管理部 | | | 利用 BIM 模型优化施工方案，编制三维技术交底 | 熟练运用 |
| 深化设计部 | | | 运用 BIM 技术展开各专业深化设计，进行碰撞检测并充分沟通、解决、记录；图纸及变更管理 | 精通 |
| BIM 工作室 | | | 预算及施工 BIM 模型建立、维护、共享、管理；各专业协调、配合；提交阶段竣工模型，与各方沟通；建立、维护、每周更新和传送问题解决记录(IRL) | 精通 |
| 施工管理部 | | | 利用 BIM 模型优化资源配置组织 | 熟练运用 |
| 机电安装部 | | | 优化机电专业工序穿插及配合 | 熟练运用 |
| 商务合约管理部 | | | 确定预算 BIM 模型建立的标准。利用 BIM 模型对内、对外进行商务管控及内部成本控制，三算对比 | 熟练运用 |
| 物资设备管理部 | | | 利用 BIM 模型生成清单，审批、上报准确的材料计划 | 熟练运用 |
| 安全环境管理部 | | | 通过 BIM 可视化展开安全教育、危险源识别及预防预控，指定针对性应急措施 | 基本运用 |
| 质量管理部 | | | 通过 BIM 进行质量技术交底，优化检验批划分、验收与交接计划 | 熟练运用 |

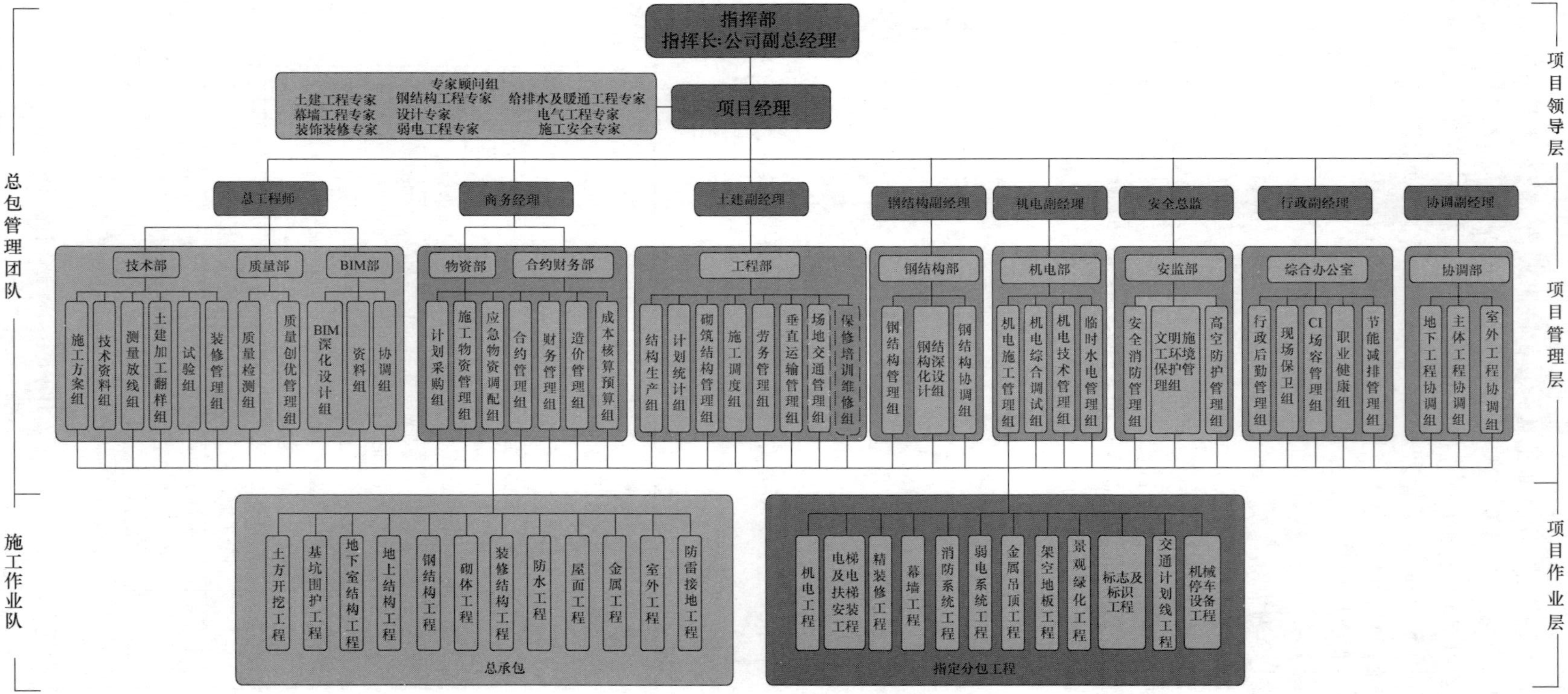


**其他过程中的组织机构：**

1.现场安全生产领导小组；2.现场消防领导小组；3.施工现场义务消防队；4.现场治安保卫领导小组；5.现场防汛领导小组；6.紧急抢救救援小组；7.现场集体食物中毒应急领导小组；8.防治传染病应急领导小组；9.职业健康应急事故领导小组；10.ISO推进工作领导小组；11.OHSMS职业安全卫生管理体系推进小组；12.其他阶段性、专题性或过程中的组织机构

图 2-2　项目部整体组织机构

## 三、基于 BIM 管理实施流程

为了能有效地利用 BIM 技术，企业有必要在项目开始阶段建立针对性强、目标明确的企业级乃至于项目级的 BIM 实施办法与标准，全面指导项目 BIM 工作的开展。总承包单位可依据已发行的 BIM 标准，设计院提供的蓝图、版本号、模型参数等内容，制订企业级、项目级 BIM 实施标准。

依照 BIM 标准应用 BIM 进行工作对接、碰撞检查、施工进度检查流程分别如图 2-3～图 2-5 所示。

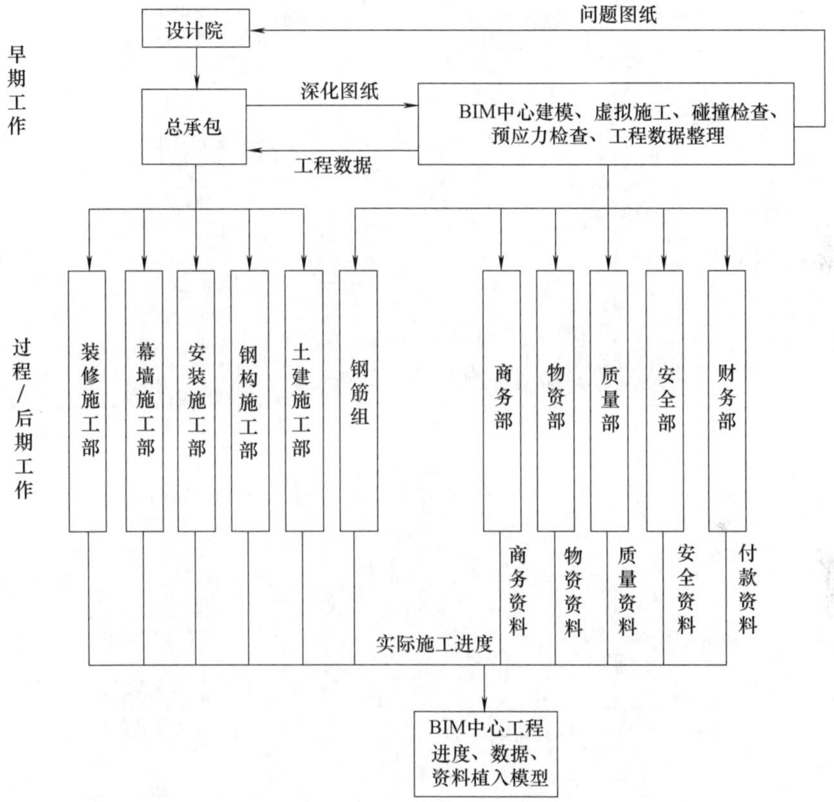


图 2-3 BIM 工作对接流程图

## 四、 BIM 建模要求

BIM 模型的建立一般是分层、分区、分专业。为了保证各专业建模人员以及相关分包在模型建立过程中，能够进行及时有效的协同，确保大家的工作能够有效对接，同时保证模型的及时更新，BIM 团队在建立模型时应遵从一定的建模规则，以保证每一部分的模型在合并之后的融合度，避免出现模型质量、深度等参差不齐的现象。对 BIM 模型建立的要求见表 2-2。

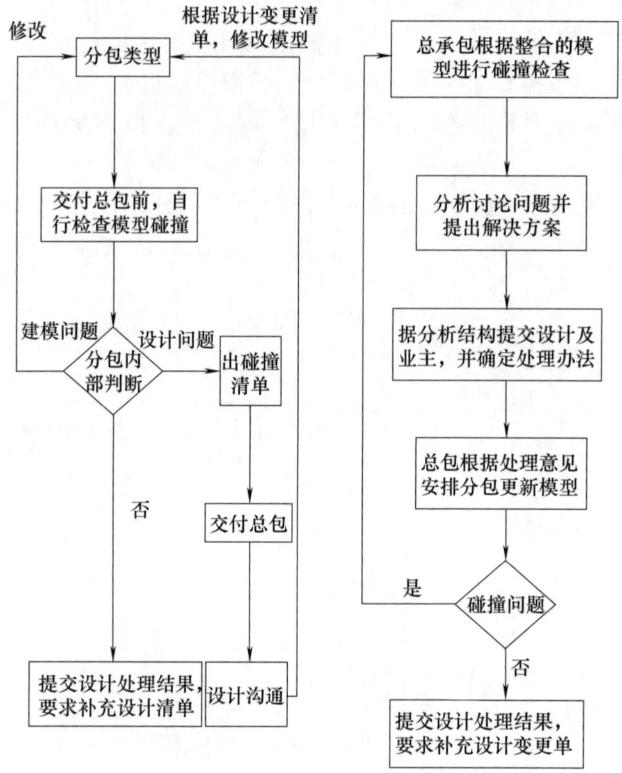


图 2-4 碰撞检查流程图

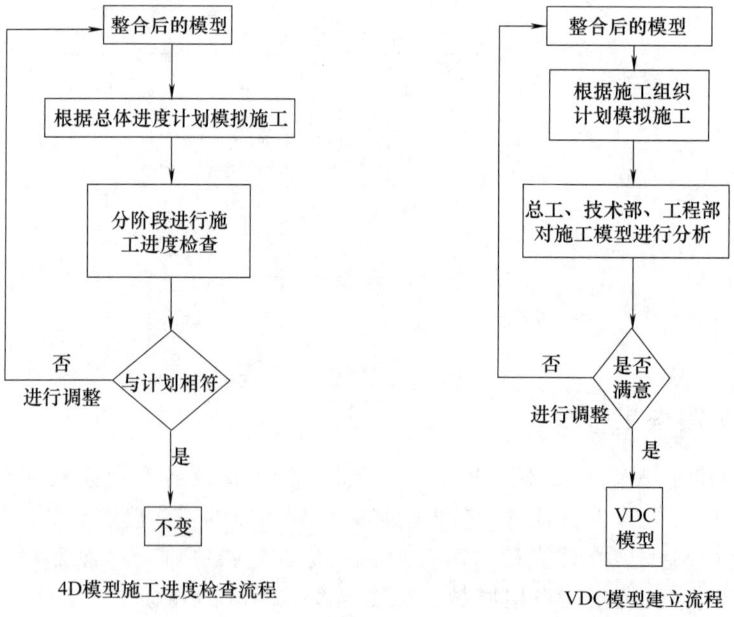


图 2-5 施工进度检查流程图

表 2-2 BIM 模型建立要求

| 建模要求 | 具体内容 |
|---|---|
| 模型命名规则 | 大型项目模型分块建立，建模过程中随着模型深度的加深、设计变更的增多，BIM 模型文件数量成倍增长。为区分不同项目、不同专业、不同时间创建的模型文件，缩短寻找目标模型的时间，建模过程中应统一使用一个命名规则 |
| 模型深度控制 | 在建筑设计、施工的各个阶段，所需要的 BIM 模型的深度不同，如建筑方案设计阶段仅需要了解建筑的外观、整体布局，而施工工程量统计则需要了解每一个构件的尺寸、材料、价格等。这就需要根据工程需要，针对不同项目、项目实施的不同阶段建立对应标准的 BIM 模型 |
| 模型质量控制 | BIM 模型的用处大体体现在以下两个方面：可视化展示与指导施工。不论哪个方面，都需要对 BIM 模型进行严格的质量控制，才能充分发挥其优势，真正用于指导施工 |
| 模型准确度控制 | BIM 模型是利用计算机技术实现对建筑的可视化展示，需保持与实际建筑的高度一致性，才能运用到后期的结构分析、施工控制及运维管理中 |
| 模型完整度控制 | BIM 模型的完整度包含两部分：一是模型本身的完整度，二是模型信息的完整度。模型本身的完整度应包括建筑的各楼层、各专业到各构件的完整展示。信息的完整度包含工程施工所需的全部信息，各构件信息都为后期工作提供有力依据。如钢筋信息的添加给后期二维施工图中平法标注自动生成提供属性信息 |
| 模型文件大小控制 | BIM 软件因包含大量信息，占用内存大，建模过程中应控制模型文件的大小，避免对电脑的损耗及建模时间的浪费 |
| 模型整合标准 | 对各专业、各区域的模型进行整合时，应保证每个子模型的准确性，并保证各子模型的原点一致 |
| 模型交付规则 | 模型的交付完成建筑信息的传递，交付过程应注意交付文件的整理，保持建筑信息传递的完整性 |

## 五、工作集拆分

为保证建模工作的有效协同和后期的数据分析，需对各专业的工作集划分、系统命名进行规范化管理，并将不同的系统、工作集分别赋予不同颜色加以区分，方便后期模型的深化调整。

由于每个项目需求不同，在一个项目中的有效工作集划分标准未必适用于另一个项目，故应尽量避免把工作集想象成传统的图层或者图层标准，划分标准并非一成不变。建议综合考虑项目的具体状况和人员状况，按照工作集拆分标准进行工作集拆分。

为了确保硬件运行性能，工作集拆分的基本原则是：对于大于 50MB 的文件都应进行检查，考虑是否能进行进一步拆分。理论上，文件的大小不应超过 200MB。

## 六、建模范围

在每次建模任务执行前，制订模型交底单和模型建立范围清单，明确建模依据的图纸版本、系统划分、构件要求、添加参数范围、明细表要求等，对模型的建立指令要求进行有效传达。

BIM 模型建立范围、模型数据明细及模型交底内容见表 2-3～表 2-5。

表 2-3 BIM 模型建立范围清单

| BIM 模型建立范围清单 | | | | |
|---|---|---|---|---|
| 专业模型 | 构件系统 | 模型构件名称① | 模型包含信息② | 备注 |
| 结构 | | | | |
| | | | | |

续表

| 专业模型 | 构件系统 | 模型构件名称[①] | 模型包含信息[②] | 备注 |
|---|---|---|---|---|
| 建筑 | | | | |
| | | | | |
| 暖通 | | | | |
| | | | | |
| 给排水 | | | | |
| | | | | |
| 电气专业 | | | | |
| | | | | |
| 机房大样 | | | | |

① 模型中需要表示出的单个构件，如门、窗、梁、板、柱、风管、弯头等。

② 模型信息指每个构件所带有的参数，如材质、标高、规格、专业、系统等参数。

**表 2-4 模型数据明细表**

| 模型数据明细表 | | | |
|---|---|---|---|
| 明细表名称 | 明细表包含内容[①] | 交付格式 | 备注 |
| | | | |
| | | | |
| | | | |

① 明细表包含材质、标高、楼层、工程量（要求写明工程量单位）、系统名称、规格尺寸等内容。

**表 2-5 BIM 模型交底单**

| BIM 模型交底单 | | | | | |
|---|---|---|---|---|---|
| 工程名称：<br>委托单位：<br>建模单位： | | | | | |
| 单位 | | | 参会人员 BIM 模型配套 CAD 图 | | |
| CAD 专业 | 图纸名称 | 提供人 | 图纸路径 | 存档日期 | 备注 |
| 结构 | | | | | |
| 建筑 | | | | | |
| 暖通 | | | | | |
| 给排水 | | | | | |
| 电气 | | | | | |
| 其他 | | | | | |

## 七、BIM 模型审查及优化标准

各专业 BIM 模型审查及优化标准见表 2-6。

表 2-6 各专业 BIM 模型审查及优化标准

| 专业 | 内容 | 说明 |
| --- | --- | --- |
| 建筑专业 | 已完成的建筑施工图全面核对 | 含地下室 |
| | 消防防火分区的复核与确认 | 按批准的消防审图意见梳理，包括防火防烟分区的划分，垂直和水平安全疏散通道、安全出口等 |
| | 防火卷帘、疏散通道、安全出口距离及建筑消防设施核对 | 如防火门位置、开启方向、净宽；消火栓埋墙位置、喷淋头、报警器、防排烟设施等 |
| | 扶梯电梯门洞的净高、基坑及顶层机房，楼梯梁下净高等 | 扶梯：含观光电梯平台外观及交叉处净高等 |
| | 各种变形缝位置的审核 | 变形缝：含主楼与裙楼，抗震与沉降缝等 |
| | 专业间可能发生的各种碰撞校审 | 如室内与室外、建筑与结构和机电的标高等，重点是消防疏散梯、疏散转换口的复核，室内砌墙图、橱窗及其他隔断布置图纸的复核 |
| | 所有已发生和待发生的建筑变更图纸的复核 | — |
| | 设计是否符合规范及审图要求 | 如商业防火玻璃的使用部位 |
| | 是否满足消防要求 | 如消防门的宽度及材料与内装设计要求是否一致 |
| 结构专业 | 屋顶及后置钢结构计算书的审核 | — |
| | 天窗等二次钢结构图纸、滑移天窗结构图纸、天窗侧面钢结构及幕墙结构图纸审核 | — |
| | 梁、板、柱图纸审核 | 主要检查标高及点位 |
| | 结构缝的处理方式 | 如缝宽优化 |
| | 室内看室外有未封闭部位复核与整合 | — |
| | 基坑部位等二次钢结构复核 | — |
| | 电梯井道架结构复核 | — |
| | 室内 LED 屏幕连接复核 | 主要为与钢结构或二次结构的连接 |
| | 室内外挂件、雕塑结构位置的复核 | — |
| | 幕墙结构与室内人口门厅位置结构的复核 | — |
| | 结构变更图纸的复核 | — |
| | 现场已完成施工的结构条件与机电、内装碰撞点整合 | — |
| 设备专业 | 是否符合管线标高原则 | 风管、线槽、有压和无压管道均按管底标高表示，考虑检修空间，考虑保温后管道外径变化情况 |
| | 是否符合管线避让原则 | 有压管避让无压管；小管线避让大管线；施工简单管避让施工复杂管；冷水管道避让热水管道；附件少的管道避让附件多的管道；临时管道避让永久管道 |
| | 审核吊顶标高 | 整合建筑设计单位及装饰单位图纸 |
| | 审核走廊、中庭等净高度、宽度、梁高 | 审查结构和机电图纸给定的条件 |
| | 确定管道保温厚度、管道附件设置 | 审查机电管线综合图纸 |
| | 审定管道穿墙、穿梁预留空洞位置标高 | 审查结构和机电专业图纸碰撞点 |
| | 公共部位暖通风管、消防排烟风管的走向、标高及设备位置的复核 | 提出要求，满足效果要求下修正尺寸 |
| | 通风口、排风口的位置是否正确，风口的大小是否符合要求 | 提出要求，满足效果要求下修正尺寸 |

续表

| 专业 | 内　容 | 说　明 |
|---|---|---|
| 设备专业 | 室内LED屏尺寸、载荷重量、安装维护方式的复核 | — |
| | 雨水、污水管道位置的复核；天然气、自来水管道位置的复核；涉及内装楼层的监控、探头等装置的复核 | — |
| | 消防喷淋、立管、消防箱位置的复核；挡烟垂壁、防火卷帘位置的复核 | — |
| | 综合管线排布审核，强电桥架线路图纸的复核；弱电桥架、系统点位的复核 | — |

设备专业BIM审图内容和具体要求见表2-7。

**表2-7　设备专业BIM审图内容和具体要求**

| 图纸种类 | 专业划分 | 程序 | 审图内容 | 具体要求 |
|---|---|---|---|---|
| 与土建专业配合图纸 | 给排水专业 | 审图<br>管线协调<br>管线/基础定位<br>留洞及基础图 | 各层给排水，消防水一次墙、二次墙及楼板留洞图 | 洞口尺寸、洞口位置 |
| | | | 卫生间墙板留洞图 | |
| | | | 生活、消防水泵房水泵基础图 | 基础尺寸、基础位置、基础标高 |
| | | | 水箱基础图 | |
| | | | 各种机房设备基础图 | |
| | 暖通专业 | 审图<br>管线协调<br>管线/基础定位<br>留洞及基础图 | 各层空调水、空调风留洞图 | 洞口尺寸、洞口位置 |
| | | | 冷冻机房设备基础图 | 基础尺寸、基础位置、基础标高 |
| | | | 热力设备基础图 | |
| | | | 各类空调机房基础图 | |
| | 强电专业 | 审图<br>桥架/线槽协调<br>桥架/线槽线定位<br>留洞及基础图 | 各层桥架，线槽穿墙及楼板留洞图 | 洞口尺寸、洞口位置 |
| | | | 电气竖井小间楼板留洞图 | |
| | | | 变电所母线桥架高低压柜基础留洞图 | |
| | | | 变、配电所土建条件图 | |
| | | | 高低压进户线穿套管留洞图 | |
| | | | 防雷接地引出接点图 | |
| | 弱电专业 | 审图<br>桥架/线槽/管线协调<br>桥架/线槽/管线定位<br>留洞及基础图 | 各层桥架，线槽穿墙及楼板留洞图 | 洞口尺寸、洞口位置 |
| | | | 竖井小间楼板留洞图 | |
| | | | 弱电管线进户预留预埋图 | |
| | | | 弱电各机房线槽穿墙及楼板留洞图 | |
| | | | 弱电机房接地端子预留图 | 尺寸、位置 |
| | | | 卫星接收天线基座图 | 基础尺寸、位置 |

续表

| 图纸种类 | 专业划分 | 程序 | 审图内容 | 具体要求 |
| --- | --- | --- | --- | --- |
| 综合协调图 | 各专业 | 各专业管线综合协调<br>综合管线图叠加<br>综合协调图 | 机电管线综合协调平面图 | 管道及线槽尺寸及定位、标高及相关专业的平面协调关系 |
| | | | 机电管线综合协调剖面图 | 管道及线槽尺寸及定位、标高及相关专业的空间位置 |
| 深化设计图纸 | 给排水专业 | 专业指导<br>管线/设备定位<br>专业深化设计 | 各层给水平面图、系统图 | 管道尺寸及平面定位、标高 |
| | | | 各层雨水、污水平面图、系统图 | |
| | | | 各层消防水平面图、系统图 | |
| | | 卫生洁具选型<br>管线/器具定位<br>大样图 | 卫生间大样图 | 设备及管道尺寸及平面定位、标高 |
| | | 设备选型<br>设备定位<br>专业深化设计 | 生活、消防水泵房大样图 | 设备及管道尺寸及平面定位、标高 |
| | | | 水箱间大样图 | |
| | | | 各类机房大样图 | |
| | 暖通专业 | 专业指导<br>管线/设备定位<br>专业深化设计 | 空调水平面图 | 水管尺寸定位及标高、位置、坡度等 |
| | | | 空调风平面图 | 风管尺寸定位及标高,风口的位置及尺寸等 |
| | | 设备选型<br>设备定位<br>专业深化设计 | 冷冻机房大样图 | 水管管径定位及标高坡度等 |
| | | | 空调机房大样图 | 新风机组的位置及附件管线连接 |
| | | | 屋顶风机平面图 | 正压送风机,卫生间等的排风机定位 |
| | | | 楼梯间及前室加压送风系统图 | 加压送风口尺寸及所在的楼梯间编号 |
| | | | 排烟机房大样图 | 风机具体位置、编号及安装形式等 |
| | | | 卫生间排风大样图 | 排气扇位置及安装形式 |
| | | | 冷却塔大样图 | 设备、管线平面尺寸定位、标高等 |
| | 电气专业 | 专业指导<br>管线/线槽/桥架定位<br>专业深化设计<br>专业指导<br>管线/线槽/桥架定位<br>专业深化设计 | 室内照明平面图 | 灯具及开关平面布置、管线选取、管线的敷设 |
| | | | 插座供电平面图 | 插座布置、管线选取及敷设 |
| | | | 动力干线平面图<br>动力桥架平面图 | 配电箱、桥架、母线、线槽的协调定位、选取;平面图的绘制 |
| | | | 动力配电箱系统图<br>照明配电箱系统图 | 动力、照明配电箱系统图的绘制、二次原理图的控制要求的注明 |
| | | | 室内动力电缆沟剖面图 | 尺寸、位置、标高 |
| | | | 防雷平面图 | 尺寸、位置 |
| | | | 设备间接地平面图 | 接地线、端子箱的位置、高度;平面图的绘制 |
| | | | 弱电接地平面图 | 接地线、端子箱的位置、高度;平面图的绘制 |

续表

| 图纸种类 | 专业划分 | 程序 | 审图内容 | 具体要求 |
|---|---|---|---|---|
| 深化设计图纸 | 电气专业 | 专业指导<br>管线/线槽/桥架定位<br>专业深化设计<br>专业指导<br>管线/线槽/桥架定位<br>专业深化设计 | 变配电室照明平面图 | 灯具及开关的平面布置、管线选取、管线的敷设 |
| | | | 变配电室动力平面图<br>动力干线平面图<br>动力桥架平面图 | 配电箱、桥架、母线、线槽的协调定位、选取；平面图的绘制 |
| | | | 变配电室平面布置图 | 高、低压柜；模拟屏；直流屏；变压器等的布置 |
| | | | 高压供电系统图 | 系统图 |
| | | | 低压供电系统图 | 系统图 |
| | | | 变配电室接地干线图 | 系统图 |
| | | | 应急发电机房照明平面图 | 系统图 |
| | | | 动力部分 | 要求同室内工程的动力系统部分 |
| | | | 发电机房接地系统图 | 原理、配置、系统情况 |
| | 弱电专业 | 专业指导<br>管线/线槽/桥架定位<br>专业深化设计 | 火灾报警系统/平面图 | 桥架、管线的规格尺寸、标高、位置 |
| | | | 安全防范系统/平面图 | |
| | | | 综合布线系统/平面图 | |
| | | | 楼宇自控系统/平面图 | |
| | | | 卫星及有线电视系统/平面图 | |
| | | | 公共广播系统/平面图 | |

## 八、模型调整

基础模型建立完成后，针对建模过程中发现的图纸问题，包括各种碰撞问题，应如实反馈给设计方，然后根据设计方提供的修改意见进行模型调整。同时，对于图纸更新、设计变更等，也需要在规定时间内完成模型的调整工作。而对于需要进行深化的管综、钢结构等节点，将由建设方、设计方、总包方、分包方等共同制订出合理的调整原则，再据此进行模型的深化和出图工作，保证调整后模型能够有效指导现场施工。BIM 模型调整原则及 CAD 出图调整原则见表 2-8 和表 2-9。

**表 2-8　BIM 模型调整原则**

| 专业模型 | 调整前 | 调整后 | 调整原则 | 备注 |
|---|---|---|---|---|
| 结构专业 | | | | |
| 建筑专业 | | | | |
| 暖通专业 | | | | □综合专业<br>□分专业 |
| 给排水专业 | | | | |
| 电气专业 | | | | |

注：调整前模型："要"打"√"，"不要"打"×"。调整后模型。"要"打"√"，"不要"打"×"。

表 2-9 CAD 出图调整原则

| 专业图纸 | 剖面图 | | 备注 |
|---|---|---|---|
| | 轴号 | 标识信息 | |
| 结构专业 | | | |
| 建筑专业 | | | |
| 暖通专业 | | | □综合专业<br>□分专业 |
| 给排水专业 | | | |
| 电气专业 | | | |

# 第二节 项目 BIM 技术资源配置

## 一、软件配置

BIM 工作覆盖面大、应用点多，因此任何单一的软件工具都无法全面支持，需要根据工程实施经验，拟定采用合适的软件作为项目的主要模型工具，并自主开发或购买成熟的 BIM 协同平台作为管理依托。软件系统构成如图 2-6 所示。

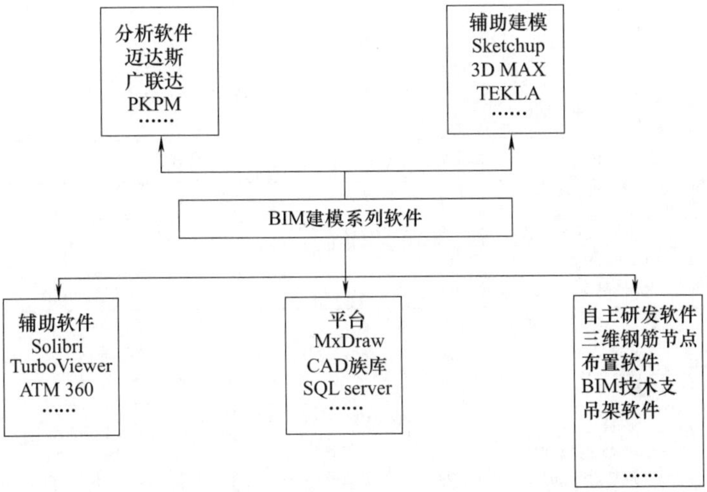


图 2-6 软件系统构成示意图

为了保证数据的可靠性，项目中所使用的 BIM 软件应确保正常工作，且甲方在工程结束后可继续使用，以保证 BIM 数据的统一、安全和可延续性。同时根据公司实力可自主研发用于指导施工的实用性软件。如三维钢筋节点布置软件，其具有自动生成三维形体、自动避让钢骨柱翼缘、自动干涉检查、自动生成碰撞报告等多项功能；BIM 技术支吊架软件，其具有完善的产品族库、专业化的管道受力计算、便捷的预留孔洞等多项功能模块。在工作协同、综合管理方面，通过自主研发的施工总包 BIM 协同平台，来满足工程建设各阶段需求。根据工程特点，制订的 BIM 软件应用计划见表 2-10。

现有较为通用的建模软件见表 2-11。

表 2-10　BINI 软件应用计划

| 实施内容 | 应用工具 |
|---|---|
| 全专业模型的建立 | Revit 系列软件、Bentley 系列软件、ArchiCAD、Digital Project、Xsteel |
| 模型的整理及数据的应用 | Revk 系列软件、PKPM、RTABS、ROBOT |
| 碰撞检测 | Revit Architecture、Revit Structure、Revit MEP、Naviswork Manage |
| 管综优化设计 | Revit Architecture、Revit Structure、Revit MEP、Naviswork Manage |
| 4D 施工模拟 | Naviswork Manage、Project Wise Navigator、Visula Simulation、Synchro |
| 各阶段施工现场平面施工布置 | SketchUp |
| 钢骨柱节点深化 | Revit Structure、钢筋放样软件、PKPM、Tekla Structure |
| 协同、远程监控系统 | 自主开发软件 |
| 模架验证 | Revit 系列软件 |
| 挖土、回填土算量 | Civil 3D |
| 虚拟可视空间验证 | Naviswork Manage、3D Max |
| 能耗分析 | Revit 系列软件、MIDAS |
| 物资管理 | 自主开发软件 |
| 协同平台 | 自主开发软件 |
| 三维模型交付及维护 | 自主开发软件 |

表 2-11　各软件 BIM 建模体系

| 公司 / 软件名称 | Autodesk | Bentley | NeMetschek Graphisoft | Gery Technology Dassault |
|---|---|---|---|---|
| 建筑参数化软件 | Revit Architecture | Bentley Architecture | Architecture CAD Digital Project | |
| 设计软件 | Revit Structural | Bentley Structural | AllLAN | CATLA |
| 系统软件 | Revit MEPBentley Building Mechanical Systems | Vector Works | | |

## 二、硬件配置计划

BIM 模型带有庞大的信息数据，因此，在 BIM 实施的硬件配置上也要有严格的要求，并在结合项目需求以及节约成本的基础上，需要根据不同的用途和使用方向，对硬件配置进行分级设置，即最大程度保证硬件设备在 BIM 实施过程中的正常运转，最大限度地控制成本。

在项目 BIM 实施过程中，根据工程实际情况搭建 BIM Server 系统，方便现场管理人员和 BIM 中心团队进行模型的共享和信息传递。通过在项目部和 BIM 中心各搭建服务器，以 BIM 中心的服务器作为主服务器，通过广域网将两台服务器进行互联，然后分别给项目部和 BIM 中心建立模型的计算机进行授权，就可以随时将自己修改的模型上传到服务器上，实现模型的异地共享，确保模型的实时更新。

（1）项目拟投入多台服务器

① 项目部——数据库服务器、文件管理服务器、Web 服务器、BIM 中心文件服务器、数据网关服务器等。

② 公司 BIM 中心——关口服务器、Revit Server 服务器等。

(2) 若干台 NAS 存储服务器

① 项目部——10 TBNAS 存储服务器。

② 公司 BIM 中心——10 TBNAS 存储服务器。

(3) 若干台 UPS 如 6kV・A 几台。

(4) 若干台图形工作站 系统拓扑结构如图 2-7 所示。

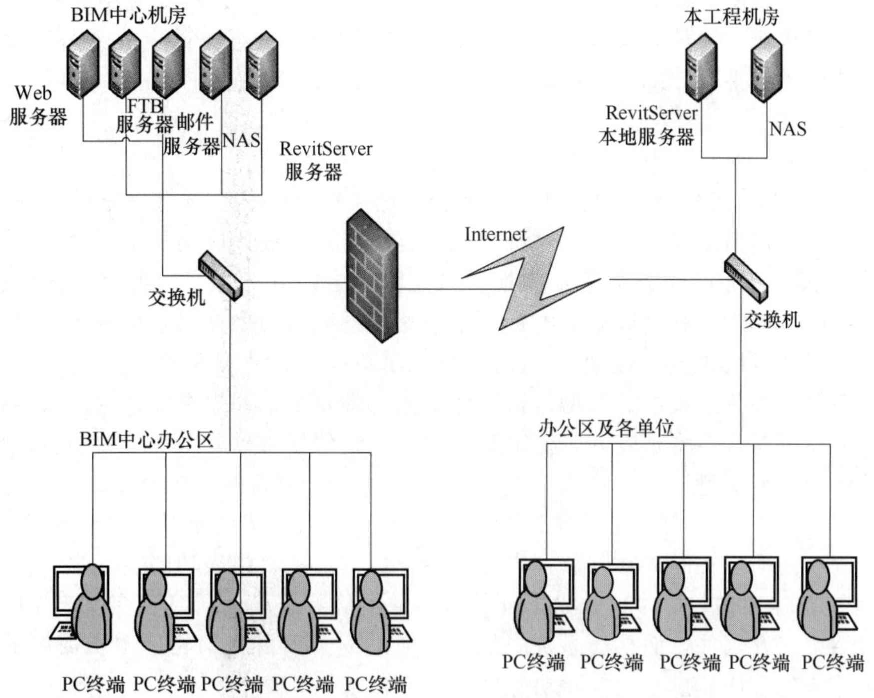


图 2-7 系统拓扑结构

常见的 BIM 硬件设备见表 2-12。

**表 2-12 常见的 BIM 硬件设备**

| CPU | 内存 | 硬盘容量 | 显卡 | 显示器 |
|---|---|---|---|---|
| I7 393 012 核 | 16 GB | 2 TB | Q4000 | HKC 22in |
| I7 393 012 核 | 32 GB | 2 TB | Q6000 | HKC 22in |
| I7 4770K | 32 GB | 2 TB | Q6000 | 飞利浦 22in |
| E5 2630 | 64 GB | 2 TB | Q6000 | 飞利浦 27in |

注：1in=2.54cm。

# 第三节 基于 BIM 的项目 5D 协同管理平台应用实例

## 一、概况

基于 BIM 的项目 5D 协同管理平台应用实例——RIB-iTWO。

××集团基于 BIM 的大胆探索和应用从未停止，自应用实施 BIM 以来，遵循“长远规划、小步快跑、应用为王”的原则，先后与国内外数十家系统软件厂商开展合作，在自己开发的项目上大胆使用，并根据企业自身管理特点逐步梳理基于软件系统的管理流程和管理制度，形成了集团独有知识产权的BIM标准及流程体系。

××集团在BIM方面首次将集团基于BIM的项目全生命周期管理理念用实实在在的系统平台予以支撑和落地，即在设计管理阶段主推美国Bentley的PW平台，在施工建造阶段采用德国RIB公司的iTWO系统，并辅助使用其他的软件工具及硬件设备完成虚拟施工的相关业务内容，后期运维采用ARCHIBUS平台。其中PW平台已经应用一年多，相关的应用文件、指导手册、操作流程等结合实际工作已陆续编制完成。iTWO系统是确定上线前，也试用过其他类似平台，RIB公司系统平台有以下亮点。

① 真正实现了一个模型、一组信息的多次利用，彻底改变了现有设计模型施工无法应用的现状。

② 系统自带的BIM调优功能非常实际和实惠。在其他第三方软件里看到的基于模型的一些基本操作（包括浏览、剖切、漫游、透视等功能）都被集成到这个平台中。

③ 设计的模型信息可以无缝、无损导入系统平台，进行算量、组价、挂接进度等。同时，基于国内清单定额算量规则的内置，也是这套系统的一大亮点，尽管还不完善。

④ 系统自带的数据库功能非常强大，包含了成本定额、材料价格、组价信息等，基本上企业常用的一些关乎成本的数据，指标库里面都涉及了，如果企业自身的成本控制体系作得比较完善，可以直接将相应的企业定额、材料、组价信息导入系统，为项目的成本控制提供强大的后台数据支持。

⑤ 这套系统在德国起初也是从造价成本开始，所以整体的核心功能还是围绕成本和造价，对于成本的动态控制非常到位，内部的各类数据钩稽、报表功能非常强大。

⑥ 系统整体架构较好，这也是国外软件的共同优势。之前看到很多基于BIM的功能可能需要借助第三方软件，而这套系统中最大化地集成了项目施工建造中所需要的各类功能，比如集成了分包模块、投标回标模块等。

为了验证系统各模块的功能，××集团选取了自己开发建设的一个项目进行了系统内的全流程、全功能的真实应用。从设计模型到系统算量、组价、进度关联、总控报表等，一一进行了实际的验证和操作，最终在系统内基于项目真实留下了相关的数据和信息，基于iTWO的应用也取得了阶段性的成果。为了方便大家较为全面系统地了解这套系统，结合系统的模块功能，此协同实际应用分享如下。

## 二、协同内容

### 1. 模型的建立和导入检查

这部分主要工作是从三维模型搭建工具到iTWO的转换过程，真正实现了从前期设计模型到后期的算量。首先要在模型软件中按照国内算量及计价的要求搭建模型，通过iTWO的插件导出CPI文件，再导入iTWO中进行模型检查、修正等工作。当模型符合要求后就可以进行算量、计价、挂接进度等工作。目前除了Revit以外，Bentley、Tekla、ArchiCAD也可以通过CPI文件导入iTWO中进行后续工作。主要工作流程如图2-8所示。

### 2. 基于设计模型的算量组价

（1）基本功能介绍

① 模型的来源。设计模型应严格根据建模要求建立模型，并在iTWO系统中进行初步的模型检测。

② 清单的来源。可以根据业主招标所用的工程量清单，也可根据本企业固有的相似工

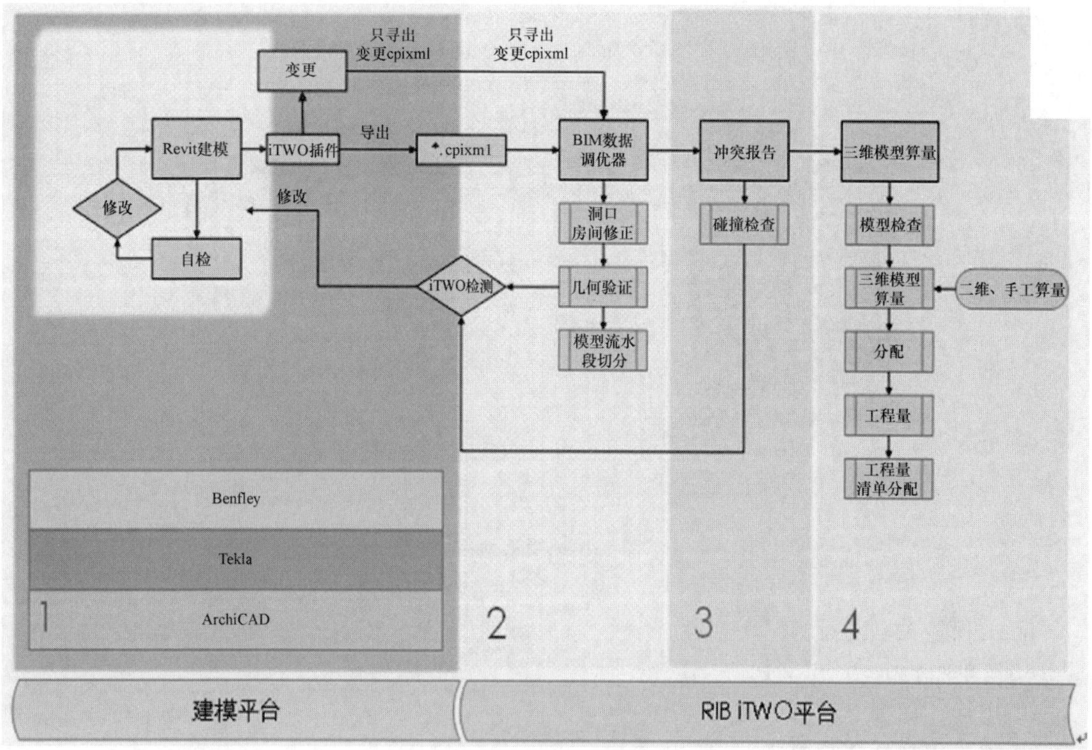


图 2-8　主要工作流程

程清单模板或传统方式在iTWO系统进行清单编制工作。

③ 三维模型算量。将三维模型算量与业主的工程量清单相关联，计算三维模型工程量。

④ 清单组价。在投标阶段可以根据地方定额或企业定额进行清单的组价工作，在施工阶段可以根据企业消耗定额来编制项目施工成本清单，变更清单可以根据合同要求进行编制。

⑤ 招标管理。根据施工成本清单或目标清单进行清单的分解，生成分包任务进行招标、评标、定标管理工作。

(2) 业务工作流程图及模块应用界面

① 业务工作流程（图 2-9）。

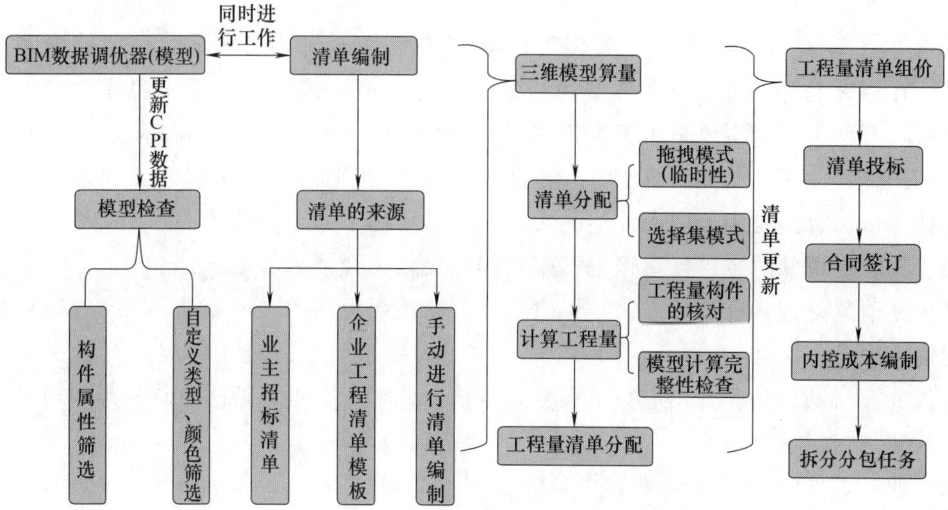


图 2-9　业务工作流程示意

② 算量模块应用界面。

a. 模型检查（图 2-10）。

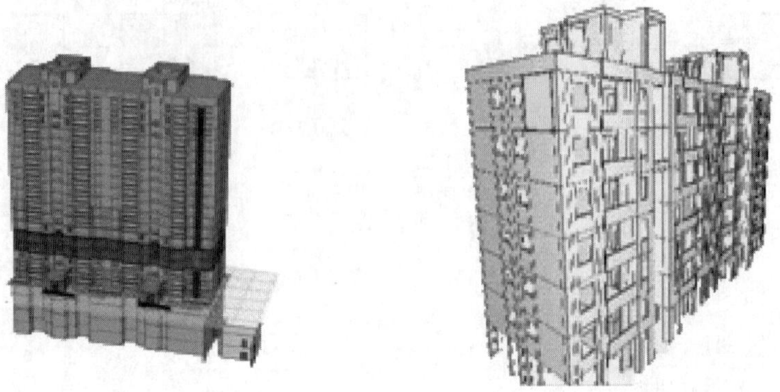

图 2-10　模型检查

b. 工程量关联与计算。

c. 清单组价。

d. 招标、回标、评标、定标。

**3. 基于模型的项目管理**

（1）基本功能

① 施工组织。在施工组织模块中，用户可将任一层级的计价子目/工程量清单子目与施工活动子目灵活地建立多对多、一对多、多对一的映射关系，也可将进度计划按照计价的需求完成映射关系。对应的成本与收入也会随着映射关系关联到施工组织模块中。在计价模块中的成本代码和材料可设置成施工组织模块中的资源进行管理，这就可以在施工组织中对关键材料、关键成本等信息实施管控。施工组织的输入方式可有多种，其中主要为以下两种。

a. 用户可自行在模块中设计进度计划、甘特图。

b. 可以从 Primavera 6、Microsoft Project 等工具软件中导入进度计划，当中的资源与价格都可与这些工具软件同步。

② 安装工程量/开票工程量。安装工程量/开票工程量即为按照实际进度计划完成的施工产值。在 iTWO 系统中，施工现场可以根据实际进度完成情况，录入实际完成产值暨安装工程量。开票工程量主要是用于工程款的申请和支付。

③ 账单。当项目处于施工阶段时，用户可以进一步通过两个不同的工程量对项目状态进行评估考核，分别是用于内部评估的安装工程量和用于向业主请款的开票工程量。为了节省时间，用户在请款时也可以直接把安装工程量导入为开票工程量。

iTWO 请款处理具有多种方式，用户不仅可以按照上述的进度款进行处理，还可以对总款进行请款处理。例如，总承包在请款时，除了需要根据实际施工情况进行进度款申请以外，还需要针对其他一些费用进行里程碑款申请，此时用户可以通过总款的形式对进度款和里程碑款实现打包请款。

（2）业务工作流程图及模块应用界面

① 施工组织（图 2-11）。

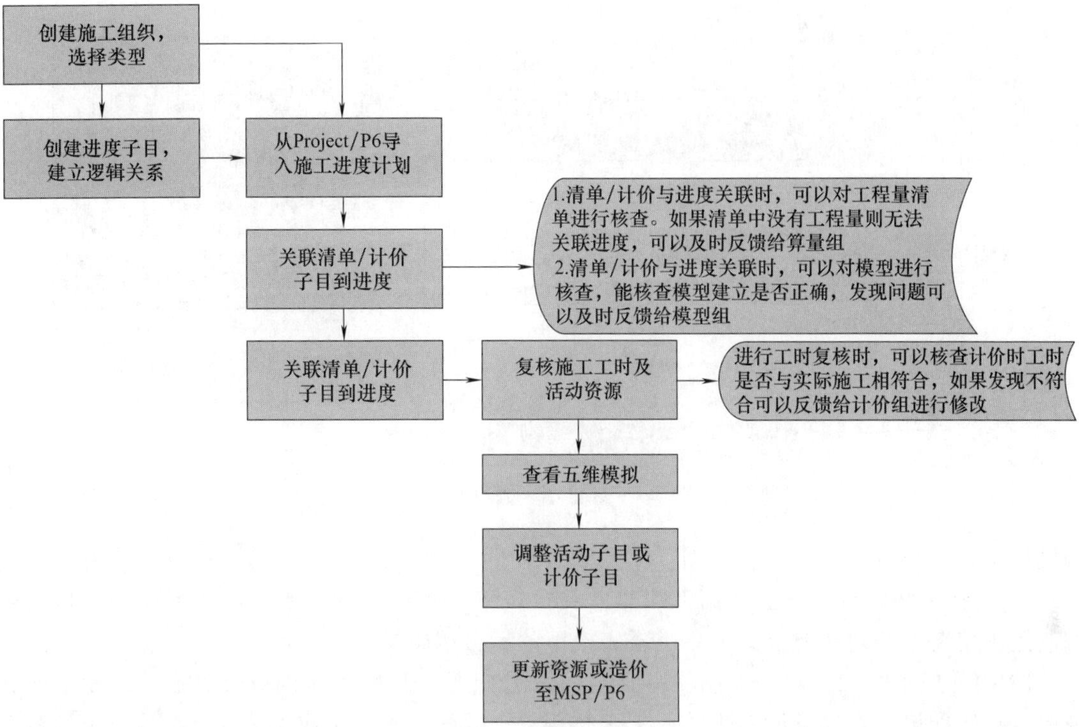


图 2-11　施工组织

② 安装工程量/开票工程量和账单（图 2-12，图 2-13）。

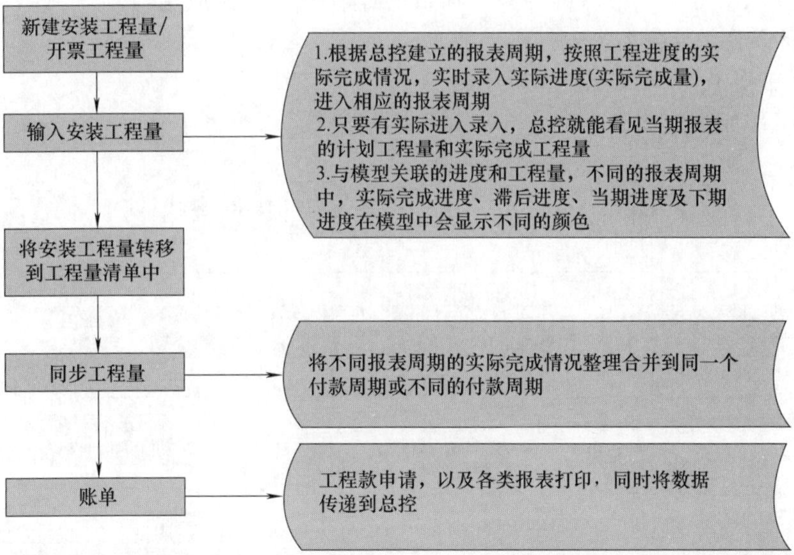


图 2-12　安装工程量/开票工程量

### 4. 基于 5D 项目信息模型的总控管理

（1）基本功能介绍

① 控制结构。在前面各小组完成后进行框架结构的编制工作，框架结构的编制需要结合集团的管理模型及管理目标进行编制控制结构信息。

② 进度匹配。建立完成控制结构后选择进度计划（已完成工程量的挂接计划），对应控

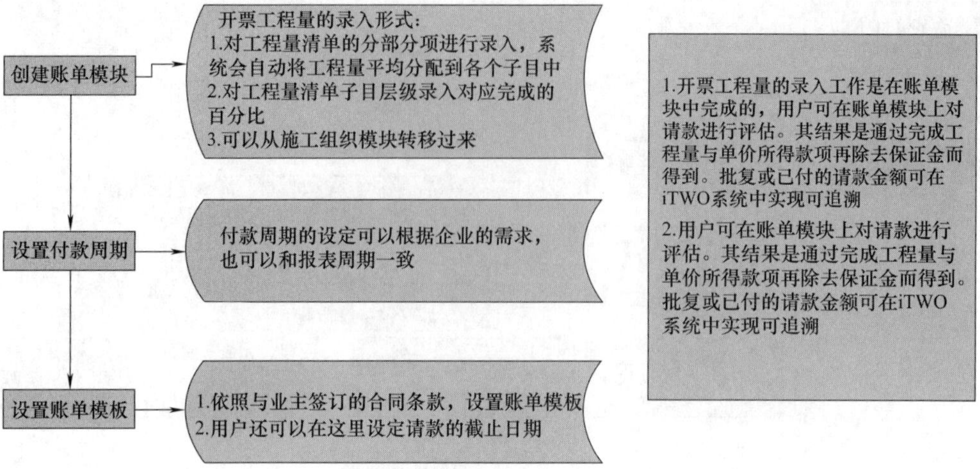


图 2-13 账单

制结构进行组合所需要的进度计划。

③ 进行系统配置，完成数据库的建立及报表编制系统配置主要用于数据整合，报表的编制用于后期本公司所要查看的各类报表模型的后台编辑。

④ 实际成本录入。对于控制项中某时间段进行逐一匹配，即在相应的施工进度工作任务中进行匹配该工作任务所发生的人工、材料、机械的实际发生成本情况，精度要求按各公司管理需求而定。

⑤ 时间轴分析。选择所需的控制周期及控制类型，可以按线性图表的形式进行展示。

⑥ 多项管理及打印。可以进行多个项目的经济分析对比应用与管理工作，可进行穿透打印（分级别穿透）及各类报表打印功能。

（2）业务工作流程图及模块应用界面

① 业务工作流程（图 2-14）。

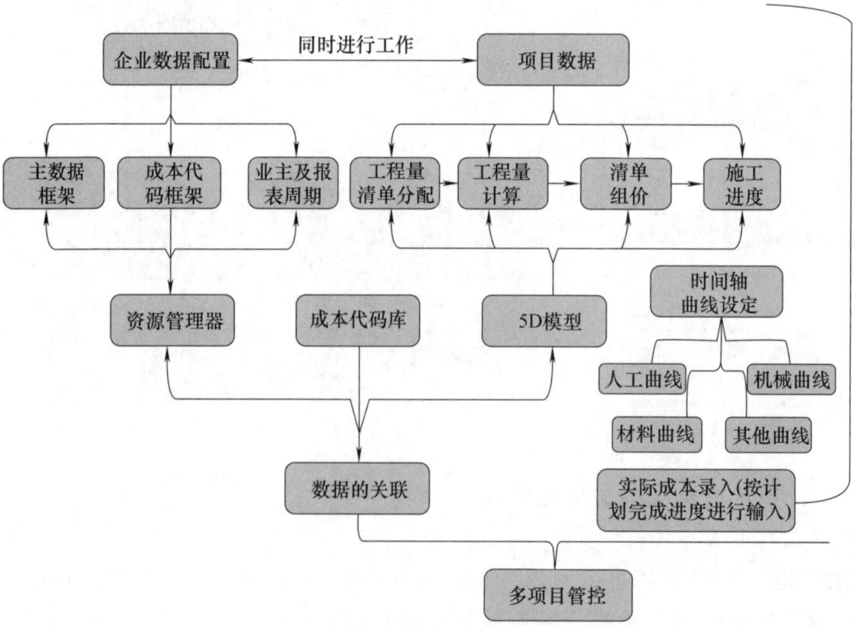


图 2-14 业务工作流程

② 多项目管控（图 2-15）。

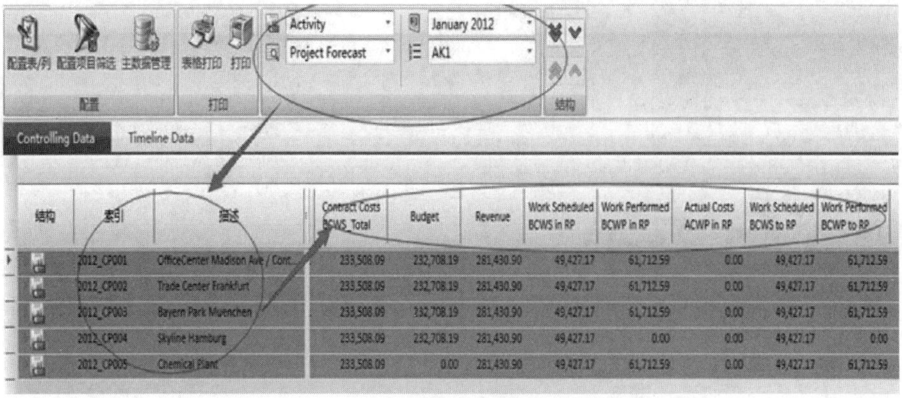


图 2-15 多项目管控

总结：iTWO 系统功能比较强大，虽然本土化已经做了多年，但鉴于国内项目管理的实际，很多地方需要大力完善和提升。比如这套软件对钢筋无法算量，其内部的工作流功能也比较薄弱，施工阶段的一些机械、物流、方案模拟等，也暂时无法实现。其实无论对单个的建模软件，还是对一个系统平台来讲，在 BIM 的道路上，没有最好，只有更好。基于 BIM 的项目全生命周期解决也不可能指望一两个软件和平台解决，基于大数据平台的系统整合与集成应该是 BIM 协同发展的方向和趋势。

CHAPTER 3

# 第三章 BIM项目决策

## 第一节 BIM 技术管理范围

### 一、适合 BIM 运用的项目类型

#### 1. 住宅和常规商业建筑项目

此类建筑物造型比较规则，有以往成熟的项目设计图纸等资源可供参考，使用常规三维 BIM 设计工具即可完成，且此类项目是组建并锻炼 BIM 团队的最佳选择。从建筑专业开始，先掌握最基本的 BIM 基本设计功能、施工图设计流程等，再由易到难逐步向复杂项目、多专业、多阶段及设计全程拓展，规避风险。

#### 2. 体育场、剧院和文艺中心等复杂造型建筑项目

此类建筑物造型复杂，没有设计图纸等资源可以参考利用，传统 CAD 设计工具的平、立、剖面等无法表达其设计创意，现有的模型不够智能化，只能一次性表达设计创意，且此类项目可以充分发挥和体现 BIM 设计的价值。为提高设计效率，设计人员应从概念设计或方案设计阶段入手，使用可编写程序脚本的高级三维 BIM 设计工具或基于 Revit Architecture 等 BIM 设计工具编写程序、定制工具插件等完成异型设计和设计优化，再在 Revit 系列中进行管线综合设计。图 3-1 为某剧院复杂结构模型。

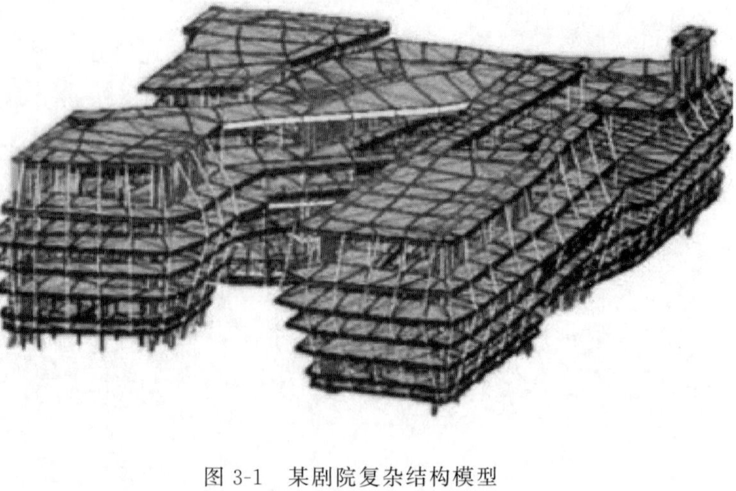

图 3-1　某剧院复杂结构模型

3. 工厂和医疗等建筑项目

此类建筑物造型较规则，但专业机电设备和管线系统复杂，管线综合是设计难点。可以在施工图设计阶段介入，特别是对于总承包项目，可以充分体现 BIM 设计的价值。

不同的项目设计师和业主关注的内容不同，将决定项目中实施 BIM 的异型设计、施工图设计、管线综合设计、性能分析等。

## 二、BIM 设计模型

BIM 既是一种工具，也是一种管理模式，在建设项目采用 BIM 技术的根本目的是为了更好地管理项目。设计方完成施工图设计，同时提交业主 BIM 模型，通过审查后交付施工阶段使用，为保证 BIM 工作质量，对模型质量要求如下：

① 所提交的模型，必须都已经经过碰撞检查，确保不存在碰撞问题；

② 严格按照规划的建模要求创建模型，深度等级达到 LOD300；

③ 严格保证 BIM 模型与二维 CAD 图纸所包含的信息一致；

④ 根据约定的软件进行模型构建；

⑤ 为限制文件大小，所有模型在提交时必须清除未使用项，删除所有导入文件和外部参照链接（机电模型不删除链接进来的建筑结构模型文件）；

⑥ 与模型文件一同提交的说明文档中必须包括模型的原点坐标描述、模型建立所参照的 CAD 图纸情况。

从技术层面达到某种程度的 BIM 目标，是目前国内 BIM 工作进展的主要内容。以建设项目设计阶段为例，采用先进的 BIM 技术，改变传统的技术手段，达到更好地为工程服务的目的。表 3-1 所示为传统技术手段与 BIM 技术辅助对比。

表 3-1 传统技术手段与 BIM 技术辅助对比

| 所属阶段 | 技术工作 | 传统技术阶段 | BIM 技术辅助 |
|---|---|---|---|
| 设计阶段 | 建筑方案分析 | 图片描述、计算 | 3D 演示 |
| | 结构受力分析 | 公式计算 | 模型受力计算 |
| | 设计结果交付 | 2D 出图，效果图 | 3D 建模，模型 |

BIM 模型在使用过程中，由于设计变更、用途调整、深化设计协调等原因，将伴随大量的模型修改和更新工作，事实上，模型的更新和维护是保证 BIM 模型信息数据准确有效的重要途径。模型更新往往遵循以下规则：

① 已出具设计变更单，或通过其他形式已确认修改内容的，需及时更新模型；

② 需要在相关模型基础上进行相应 BIM 应用的，应用前需根据实际情况更新模型；

③ 模型发生重大修改的，需立即更新模型；

④ 除此之外，模型应至少保证每 60 天更新一次。

## 三、BIM 实施模式

设计企业的 BIM 实施模式有 BIM 外包服务、BIM 项目合作设计、自建 BIM 团队三种模式。

1. BIM 外包服务

将特定阶段的 BIM 设计业务外包给有实力的 BIM 服务商独立完成，设计企业在服务商的成果上进一步深化设计；在此过程中 BIM 服务商扮演着“辅助设计”的角色。

2. BIM 项目合作设计

在项目设计的特定阶段，由设计方和 BIM 服务商合作完成设计；在此过程中 BIM 服务商更多起着技术培训、设计难题技术支持、局部参与设计的“协助设计”的作用，项目设计主要由设计师完成。通过多个项目、不同类型项目的 BIM 实施，达到在设计师中逐步推广普及 BIM 应用的目的。

3. 自建 BIM 团队

成立专职的 BIM 团队或部门，使用 BIM 技术服务于设计院内部所有需要 BIM 的项目；该方式的重点是团队自身的建设与技术水平的提升，在运作前期，BIM 服务商的专业培训和技术支持至关重要。

# 第二节 BIM 设计协同管理

## 一、三维设计

当前 BIM 技术的发展，更加发展和完善了三维设计领域。BIM 技术引入的参数化设计理念，简化了设计本身的工作量，继承了初代三维设计的形体表现技术，将设计带入一个全新的领域。通过信息的集成，使得三维设计的三维模型具备更多的可供读取的信息，对于后期的生产提供更大的支持。

BIM 由三维立体模型表述，从初始就是可视化的、协调的，基于 BIM 的三维设计能够精确表达建筑的几何特征，其直观形象地表现出建筑建成后的样子，然后根据需要从模型中提取信息，将复杂的问题简单化。相对于二维图纸设计，三维设计不存在几何表达障碍，对任意复杂的建筑造型均能准确表现。

通过进一步将非几何信息集成到三维构件中，使得建筑构件成为实体，三维模型升级为 BIM 模型。BIM 模型可以通过图形运算并考虑专业出图规则自动获得二维图纸，并可以提取其他的文档，还可以将模型用于建筑能耗分析、日照分析、结构分析、照明分析、声学分析、客流物流分析等多方面。图 3-2 所示为某水电站枢纽工程协同设计效果图。

图 3-2 某水电站枢纽工程协同设计效果图

## 二、BIM 协同设计

协同设计可使各专业设计人员协同工作。协同设计有两个技术分支：一个主要适合于大型公建，复杂结构的三维 BIM 协同；另一个主要适合普通建筑及住宅的二维 CAD 协同。通过协同设计建立统一的设计标准，包括图层、颜色、线型、打印样式等。

所有设计专业及人员在统一的平台上进行设计，从而减少现行各专业之间由于沟通不畅或沟通不及时导致的错、漏、碰、缺。

协同设计也对设计项目的规范化管理起到重要作用，包括进度管理、设计文件统一管理、人员负荷管理、审批流程管理、自动批量打印等。

协同设计工作是以一种协作的方式，使成本降低、设计效率提高，由流程、协作和管理三类模块构成，设计、校审和管理等不同角色人员利用该平台中的相关功能实现各自工作。

协同设计很大程度上是指基于网络的一种设计沟通手段和设计流程的组织管理方式。通过 CAD 文件之间的外部参照，使工种之间的数据得到可视化共享；通过网络消息、视频会议等方式，使设计人员之间可以跨越部门、地域甚至国界进行成果交流、开展方案评审或讨论设计变更；通过建立网络资源库，使设计者能获得统一的设计标准；通过网络管理软件的辅助，使项目组成员以特定角色登录，可以保证成果的实时性及唯一性，并实现正确的设计流程管理。

BIM 技术与协同设计技术将成为互相依赖、密不可分的整体。协同是 BIM 的核心概念，同一构建元素，只需输入一次。各工种共享元素数据，并于不同专业角度操作该构件元素。从这个意义上说，基于 BIM 的协同设计已经不再是简单的文件参照。协同设计又细分为 2D 协同设计与 3D 协同设计，这是设计软件本身具备的协同功能。

**1. 2D 协同设计**

2D 协同设计是以 AutoCAD 外部参照功能为基础的 dwg 文件之间的文件级协同，是一种文件定期更新的阶段性协同设计模式。

如将一个建筑设计的轴网、标高、外立面墙与门窗、内墙与门窗布局、核心筒、楼梯与坡道、卫浴家具构件等拆分为多个 dwg 文件，由几位设计师分别设计，设计过程中根据需要通过外部参照的方式将其连接组装为多个建筑平立面图，这时如果轴网文件发生变更，所有参照该文件的图纸都可以自动更新。

**2. 3D 协同设计**

3D 协同设计在专业内和专业间的模式不同，具体内容如下。

（1）专业内 3D 协同设计　是一种数据级的实时协同设计模式，即工作组成员在本地计算机上对同一个 3D 工程信息模型进行设计，每个人的设计内容都可以及时同步到文件服务器上的项目中心文件中，甚至成员间还可以互相借用属于对方的某些建筑图元进行交叉设计，从而实现成员间的实时数据共享。

（2）专业间 3D 协同设计　当每个专业都有了 3D 工程信息模型文件时，即可通过外部链接的方式，在专业模型间进行管线综合设计。这个工作可以在设计过程中的每个关键时间点进行，因此专业间 3D 协同设计和 2D 协同设计同样是文件级的阶段性协同设计模式。

除上述两种模式外，不同 BIM 设计软件间的数据交互也属于同设计的范畴。如在 Revit 系列、AutoCAD、Navisworks、ads Max、SketchUp、Ecotect、PKPM 等工具间的数据交互，都可以通过专用的导入或导出工具、dwg/dxf/fbx/sat/ifc 等中间数据格式进行交互。不同工具的协同方式与数据交互方式略有不同。

协同作业是设计之外的各种设计文件与办公文档管理、人员权限管理、设计校审流程、计划任务、项目状态查询统计等的与设计相关的管理功能，以及设计方与业主、施工方、监理方、材料供应商、运营商等与项目相关各方，进行文件交互、沟通交流等的协同管理系统。

## 三、设计效果图及动画展示

BIM系列软件具有强大的建模、渲染和动画功能，可将专业、抽象的二维建筑描述通俗化、直观化，使业主等非专业人员对项目功能性的判断更为明确和高效。若设计意图或使用功能发生改变，基于已有BIM模型，可以短时间内修改完毕，效果图和动画也能及时更新。且效果图和动画的制作功能是BIM技术的一个附加功能，其成本较专门的动画设计或效果图的制作大大降低，从而使得企业在较少的投入下能获得更多的回报。如对于规划方案，基于BIM能够进行预演，方便业主和设计方进行场地分析、建筑性能预测和成本估算，对不合理或不健全的方案及时进行更新和补充。

利用BIM技术输出建筑的效果图，通过图片传媒来表达建筑所需要的效果；通过BIM技术和虚拟现实技术来模拟真实环境和建筑。效果图的主要功能是将平面的图纸三维化，通过高仿真的制作，来检查设计方案的细微瑕疵或进行项目方案修改的推敲。动画展示更加形象具体，现在的建筑形式越来越复杂，利用BIM提供的三维模型，可以更好地将复杂多变的建筑物转化为动画的形式，使设计者的设计意图更直观、真实、详尽地展现出来，既能为建筑投资方提供直观的感受，也能为施工阶段提供很好的依据。图3-3为BIM三维室内效果渲染图。

(a) 导入虚拟现实软件进行渲染　(b) 想象渲染图像

(c) 使用“真实”视觉图像　(d) 效果图

图3-3　BIM三维室内效果渲染图

## 四、设计阶段BIM实施

在建筑设计阶段实施BIM的最终结果一定是所有设计师将其应用到设计全程。但在目前尚不具备全程应用条件的情况下，局部项目、局部专业、局部过程的应用将成为未来过渡期内的一种常态。因此，根据具体项目设计需求、BIM团队情况、设计周期等条件，可以选择在以下不同的设计阶段中实施BIM。

### 1. 概念设计阶段

在前期概念设计中使用BIM，在完美表现设计创意的同时，还可以进行各种面积分析、体形系数分析、商业地产收益分析、可视度分析、日照轨迹分析等。

2. 方案设计阶段

此阶段使用 BIM，特别是对复杂造型设计项目将起到重要的设计优化、方案对比和方案可行性分析作用；同时建筑性能分析、能耗分析、采光分析、日照分析、疏散分析等都将对建筑设计起到重要的设计优化作用。

3. 施工图设计阶段

对复杂造型设计等用二维设计手段施工图无法表达的项目，BIM 则是最佳的解决方案。当然在目前 BIM 人才紧缺、施工图设计任务重、时间紧的情况下，可以采用 BIM 与 AutoCAD 相结合的模式，前提是基于 BIM 成果用 AutoCAD 深化设计，以尽可能保证设计质量。

4. 专业管线综合阶段

对大型工厂设计、机场与地铁等交通枢纽、医疗体育剧院等公共项目的复杂专业管线设计，BIM 是彻底、高效解决这一难题的唯一途径。

5. 可视化设计阶段

效果图、动画、实时漫游、虚拟现实系统等项目展示手段也是 BIM 应用的一部分。

## 第三节 BIM 方案设计阶段应用管理

方案设计阶段的 BIM 应用主要是利用 BIM 技术对项目的可行性进行验证，对下一步深化工作进行推导和方案细化。利用 BIM 软件对建筑项目所处的场地环境进行必要的分析，如坡度、方向、高程、纵横断面、填挖方、等高线、流域等，作为方案设计的依据。进一步利用 BIM 软件建立建筑模型，输入场地环境相应的信息，进而对建筑物的物理环境（如气候、风速、地表热辐射、采光、通风等）、出入口、人车流动、结构、节能排放等方面进行模拟分析，选择最优的工程设计方案。BIM 方案设计阶段应用主要包括利用 BIM 技术进行概念设计、场地规划和方案比选。

### 一、BIM 方案设计

概念设计即是利用设计概念并以其为主线贯穿全部设计过程的设计方法。它是完整而全面的设计过程，通过设计概念将设计者繁复的感性和瞬间思维上升到统一的理性思维从而完成整个设计。概念设计阶段是整个设计阶段的开始，设计成果是否合理、是否满足业主要求对整个项目的以下阶段实施具有关键性作用。

基于 BIM 技术的高度可视化、协同性和参数化的特性，建筑师在概念设计阶段可实现在设计思路上的快速精确表达的同时实现与各领域工程师无障碍信息交流与传递，从而实现了设计初期的质量、信息管理的可视化和协同化。在业主要求或设计思路改变时，基于参数化操作可快速实现设计成果的更改，从而大大提高了方案阶段的设计进度。

BIM 技术在概念设计中应用主要体现在空间形式思考、饰面装饰及材料运用、室内装饰色彩选择等方面，如表 3-2 所示。

表 3-2 BIM 方案设计阶段方案比选

| 项目 | 内容 |
|---|---|
| 空间设计 | 空间形式及研究的初步阶段在概念设计中称其为区段划分，是设计概念运用中首要考虑的部分。<br>(1)空间造型 空间造型设计即对建筑进行空间流线的概念化设计，例如某设计是以创造海洋或海底世界的感觉为概念，则其空间流线将应多采用曲线、弧线、波浪线的形式为主。当对形体结构复杂的建筑进行空间造型设计时，利用 BIM 技术的参数化设计可实现空间形体的基于变量的形体生成和调整，从而避免传统概念设计中的工作重复、设计表达不直观等问题 |

续表

| 项目 | 内　容 |
| --- | --- |
| 空间设计 | 以图 3-4 所示的某体育馆概念设计为例，体现了 BIM 技术在概念设计阶段空间形体设计中的应用。该体育场追寻的是一种轻盈的律动感，通过编织的概念，将原本生硬的结构骨架转化为呼应场地曲线的柔美形态，再以一种秩序将这些体态轻盈的结构系统编织起来，最终形成了体育场的主体造型。<br>在概念设计初期，使用 Grasshopper 编写的脚本可以生成整个园林景观形体和结构，如图 3-5 所示，而后设计师通过参数调节单元形体的单元数量快速、准确地生成一组比选方案，使设计师可以做出更准确的决定，从而实现柔美轻盈的设计概念的同时满足工业生产对标准化的要求。<br>(2)空间功能　空间功能设计即对各个空间组成部分的功能合理性进行分析设计，传统方式中可采用列表分析、图例比较的方法对空间进行分析，思考各空间的相互关系、人流量的大小、空间地位的主次、私密性的比较、相对空间的动静研究等。<br>基于 BIM 技术可对建筑空间外部和内部进行仿真模拟，在符合建筑设计功能性规范要求的基础上，高度可视化模型可帮助建筑设计师更好地分析其空间功能是否合理，从而实现进一步的改进、完善。这样便有利于在平面布置上更有效、合理地运用现有空间，使空间的实用性充分发挥 |
| 饰面装饰方案设计 | 饰面装饰设计来源于对设计概念以及概念发散所产生的形的分解，对材料的选择是影响是否能准确有利地表达设计概念的重要因素。选择具有人性化的带有民族风格的天然材料，还是选择高科技的、现代感强烈的饰材，都是由不同的设计概念而决定的。基于 BIM 技术，可对模型进行外部材质选择和渲染，甚至还可对建筑周边环境景观进行模拟(如图 3-6 所示)，从而能够帮助建筑师高度仿真地置身整体模型中对饰面装修设计方案进行体验和修改 |
| 室内装饰方案设计 | 色彩的选择往往决定了整个室内气氛，同时也是表达设计概念的重要组成部分。在室内设计中设计概念既是设计思维的演变过程也是设计得出所能表达概念的结果。基于 BIM 技术，可对建筑模型进行高度仿真性内部渲染，包括室内材质、颜色、质感甚至家具、设备的选择和布置，从而有利于建筑设计师更好选择和优化室内装饰初步方案 |

图 3-4　形体结构概念图

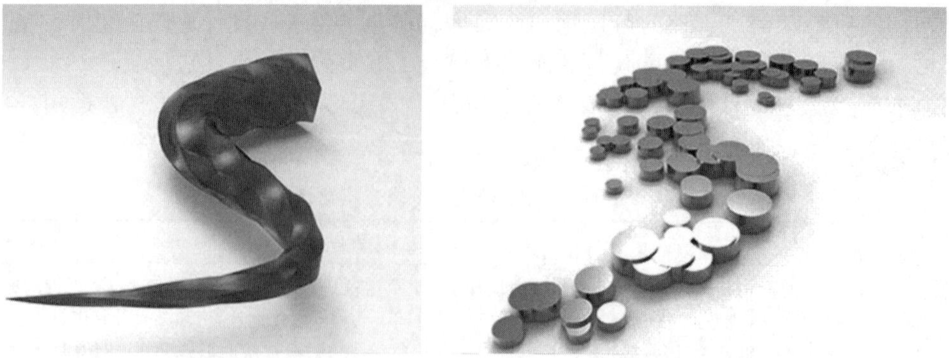

(a) 曲线变截面　　(b) 曲线随机陈列

图 3-5　基于参数化设计造型方案比较

图 3-6 室内渲染图

## 二、场地规划方案

场地规划是指为了达到某种需求，人们对土地进行长时间的刻意的人工改造与利用。这其实是对所有和谐的适应关系的一种图示，即分区与建筑，分区与分区。所有这些土地利用都与场地地形适应。

基于 BIM 技术的场地规划实施管理流程和内容见表 3-3。

表 3-3 场地规划实施管理流程表

| 步骤 | 流程 | 实施管理内容 |
|---|---|---|
| 1 | 数据准备 | (1)地勘报告、工程水文资料、现有规划文件、建设地块信息；<br>(2)电子地图(周边地形、建筑属性、道路用地性质等信息)、GIS 数据 |
| 2 | 操作实施 | (1)建立相应的场地模型，借助软件模拟分析场地数据，如坡度、方向、高程、纵横断面、填挖方、等高线等；<br>(2)根据场地分析结果，评估场地设计方案或工程设计方案的可行性，判断是否需要调整设计方案；模拟分析、设计方案调整是一个需多次推敲的过程，直到最终确定最佳场地设计方案或工程设计方案 |
| 3 | 成果 | (1)场地模型。模型应体现场地边界(如用地红线、高程、正北向)、地形表面、建筑地坪、场地道路等；<br>(2)场地分析报告。报告应体现三维场地模型图像、场地分析结果，以及对场地设计方案或工程设计方案的场地分析数据对比 |

BIM 技术在场地规划中的应用主要包括场地分析和整体规划，见表 3-4。

表 3-4 BIM 技术在场地规划中的应用

| 项目 | 内　容 |
|---|---|
| 场地分析 | 场地分析是对建筑物的定位、建筑物的空间方位及外观、建筑物和周边环境的关系、建筑物将来的车流、物流、人流等各方面的因素进行集成数据分析的综合。场地设计需要解决的问题主要有，建筑及周边的竖向设计确定、主出入口和次出入口的位置选择、考虑景观和市政需要配合的各种条件。在方案策划阶段，景观规划、环境现状、施工配套及建成后交通流量等方面，与场地的地貌、植被、气候条件等因素关系较大。传统的场地分析存在诸如定量分析不足、主观因素过重、无法处理大量数据信息等弊端。通过 BIM 结合 GIS 进行场地分析模拟，得出较好的分析数据，能够为设计单位后期设计提供最理想的场地规划、交通流线组织关系、建筑布局等关键决策。如图 3-7 所示，利用相关软件对场地地形条件和日照阴影情况进行模拟分析，帮助管理者更好地把握项目的决策 |

续表

| 项　目 | 内　容 |
|---|---|
| 整体规划 | 通过BIM建立模型能够更好地对项目做出总体规划，并得出大量的直观数据作为方案决策的支撑。例如在可行性研究阶段，管理者需要确定出建设项目方案在满足类型、质量、功能等要求下是否具有技术与经济可行性，而BIM能够帮助提高技术经济可行性论证结果的准确性和可靠性。通过对项目与周边环境的关系、朝向可视度、形体、色彩、经济指标等进行分析对比，化解功能与投资之间的矛盾，使策划方案更加合理，为下一步的方案与设计提供直观、带有数据支撑的依据，如图3-8所示 |

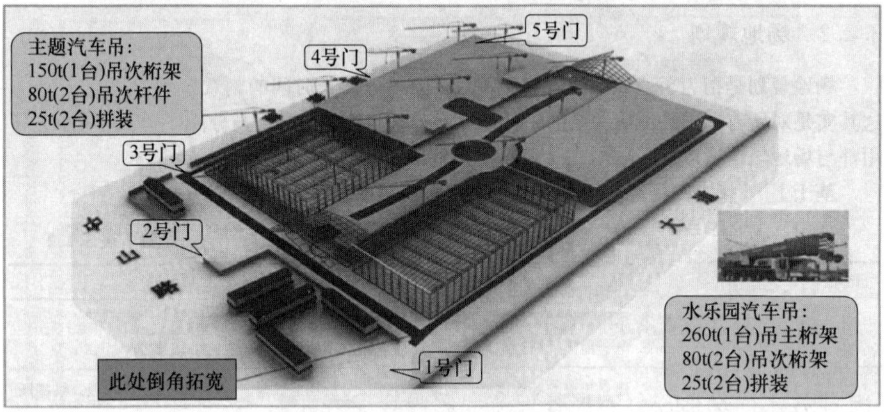


图3-7　场地分析图

图3-8　整体规划图

## 三、方案比选

基于BIM技术的方案设计是利用BIM软件，通过制作或局部调整方式，形成多个备选的建筑设计方案模型进行比选，使建筑项目方案的沟通、讨论、决策在可视化的三维场景下进行，实现项目设计方案决策的直观和高效。BIM系列软件具有强大的建模、渲染和动画技术，通过BIM可以将专业、抽象的二维建筑描述通俗化、三维直观化，使得业主等非专业人员对项目功能性的判断更为明确、高效，决策更为准确。同时基于BIM技术和虚拟现实技术对真实建筑及环境进行模拟，同时可出具高度仿真的效果图，设计者可以完全按照自己的构思去构建装饰“虚拟”的房间，并可以任意变换自己在房间中的位置，去观察设计的效果，直到满意为止。这样就使设计者各设计意图能够更加直观、真实、详尽地展现出来，既能为建筑的投资方提供直观的感受，也能为后面的施工提供很好的依据。

# 第四节 BIM 初步设计管理

BIM 初步设计阶段应用：根据初步设计的各专业图纸，建立扩初模型。协助项目公司进一步确认设计的建筑空间和多系统关系，应用 BIM 技术对设计进行初步体验，进行各专业间碰撞检查，把检查报告和相应优化建议碰撞提交给项目公司及相关设计单位，在拿到设计方修改的图纸后，更新复合模型，帮助优化项目设计，规避一些错误，从而减少之后更改带来的浪费。

BIM 初步设计阶段应用管理主要表现在以下几方面，见表 3-5。

表 3-5 BIM 初步设计阶段应用管理

| 项　目 | 内　容 |
|---|---|
| 结构分析 | 利用计算机软件进行结构分析有前处理、内力分析、后处理的步骤如下：<br>(1)前处理。该阶段通过人机交互式输入结构简图、荷载、材料参数及其他结构分析参数的过程，是整个结构分析中的关键步骤，因此该过程是比较耗时的过程。<br>(2)内力分析。该阶段是结构分析软件的自动执行过程，其性能取决于软件和硬件，内力分析过程的结果是结构构件在不同工况下的位移和内力值。<br>(3)后处理。该阶段将内力值与材料的抗力值进行对比产生安全提示，或者按照相应的设计规范计算出满足内力承载能力要求的钢筋配置数据。该过程人工干预程度也较低，主要由软件自动执行。<br>基于 BIM 技术的结构分析主要体现在以下方面：<br>(1)通过 IFC 或 Structure Model Center 数据计算模型；<br>(2)开展抗震、抗风、抗火等结构性能设计，如图 3-9 所示；<br>(3)结构计算结果存储在 BIM 模型或信息管理平台中，便于后续应用。图 3-10 所示为某项目的结构三维模型及局部梁三维模型 |
| 性能分析 | 建设项目建筑节能设计的景观可视度、日照、风环境、热环境、声环境等性能指标在开发前就已经基本确定，但由于缺少合适的手段，一般项目很难有时间和费用对各性能指标进行多方案分析模拟，BIM 技术为建筑性能普及应用提供了平台。利用 BIM 技术，可以赋予虚拟建筑模型大量建筑信息，并将 BIM 模型导入相关性能分析软件，可得到相应分析结果，降低工作周期，提高设计质量。<br>基于 BIM 的建筑性能化分析的内容，如表 3-6 所示。<br>图 3-11 所示为某项目模拟能耗分析 |
| 工程量计算 | 利用 BIM 技术，可以加快工程量计算的速度，在三维模型中加入工程建设的所有信息，且模型能自动生成符合国家工程量清单计价规范标准的工程量清单及报表，快速统计和查询各专业工程量，对材料计划和使用作精细化管理控制，避免材料浪费。图 3-12 所示为某工程鲁班软件利用施工要求和楼层、构件参数条件统计工程量。<br>(1)土方工程量计算。利用 BIM 模型，对场地平整的工程量，可直接根据模型中建筑物首层面积计算。挖土方量和回填土方量按结构基础的体积、所占面积以及所处的层高进行工程量计算。<br>(2)基础工程量计算。BIM 自带表单功能可以自动统计出基础的工程量，也可以通过属性窗口获取任意位置的基础工程量。大部分类型的基础都可以按特定的基础族模板建模，某些特殊基础没有特定的建模方式，可利用软件中的梁、板、柱等建模，只需改变这些构件的类别属性，与其来源建筑类型的元素相区分，利于工程量的数据统计。<br>(3)混凝土构件工程量计算。BIM 软件能精确计算混凝土梁、板、柱和墙的工程量，BIM 软件能根据表单得出单个混凝土构件的工程量，对板和墙可扣除预留洞所占体积的工程量，如图 3-13 所示。<br>(4)钢筋工程量计算。BIM 结构设计软件提供了用于混凝土柱、梁、板、墙和基础中的钢筋建模工具，可调入钢筋系统族或创建新的族来选择钢筋类型。计算钢筋质量所需要的长度都是按照考虑钢筋量度差值的精确长度，如图 3-14 所示。<br>(5)墙体工程量计算。墙体有多种建模方式：一是已知结构构件位置和尺寸时，以墙体实际设计尺寸进行建模，将墙体与结构构件边界线对齐，这种方式有悖于常规建筑设计顺序，且建模的效率很低，出现误差的概率较大；二是直接将墙体设置到楼层建筑或结构标高处，这样可以大幅度提升建模速度。BIM 技术可以精确计算出墙体面积和体积。<br>还有门窗工程量计算和装饰工程量计算，此处不作详细介绍。图 3-15 所示为某工程门窗工程量提取界面 |

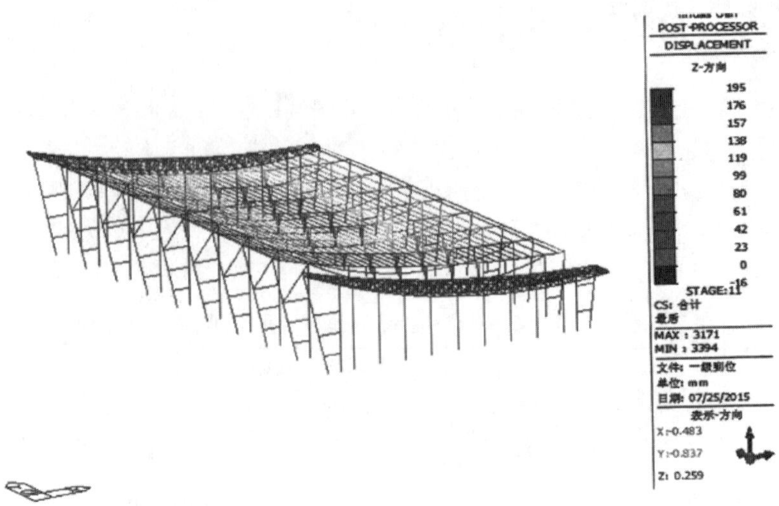


图 3-9 结构分析图

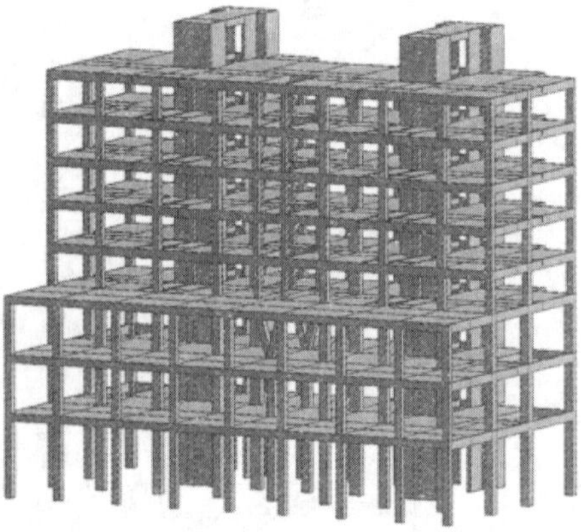

(a) BIM中的三维结构模型

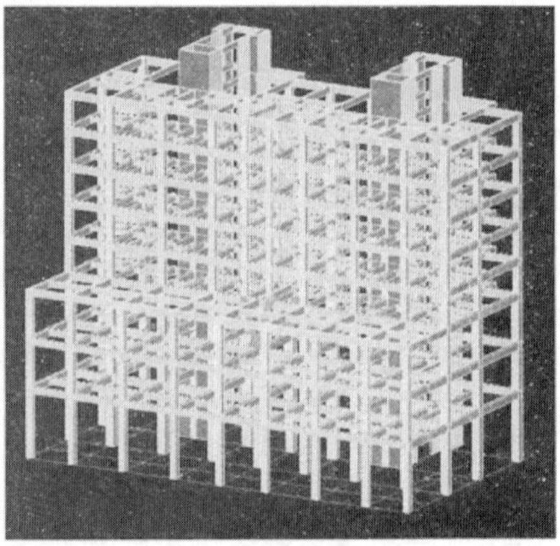

(b) 结构计算三维模型

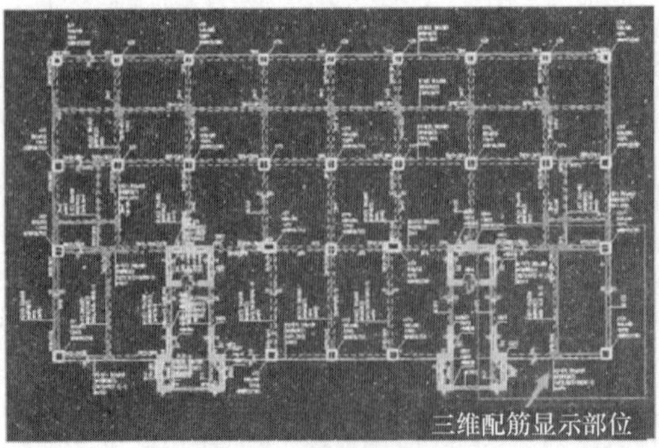


(c) 梁平法施工图

(d) 梁柱墙三维配筋图

图 3-10 某项目的结构三维模型及局部梁三维模型

表 3-6　基于 BIM 的建筑性能化分析

| 项　目 | 内　容 |
|---|---|
| 室外风环境模拟 | 改善住区建筑周边人行区域的舒适度，通过调整规划方案建筑布局、景观绿化布置，改善住区空间分布，提高住区环境质量；分析大风情况下，可能因狭管效应引发安全隐患等 |
| 自然采光模拟 | 分析相关设计方案的室内自然采光效果，通过调整建筑布局、饰面材料、围护结构的可见光透射比等，改善室内自然采光效果，并根据采光效果调整室内布局等，如图 3-16 及图 3-17 所示 |
| 室内自然通风模拟 | 分析相关设计方案，通过调整风口位置、尺寸、建筑布局等改善室内流场分布情况，并引导室内气流组织有效的通风换气，改善室内舒适情况 |
| 小区热环境模拟分析 | 模拟分析住宅区的热岛效应，采用合理优化建筑单体设计、群体布局和加强绿化等方式削弱热岛效应 |
| 建筑环境噪声模拟分析 | 计算机声环境模拟的优势在于，建立几何模型之后，能够在短时间内通过材质的变化及房间内部装修的变化，来预测建筑的声学质量，以及对建筑声学改造方案进行可行性预测 |
| 建筑综合节能分析 | 由于节能设计涉及多个专业，各个节能措施之间相互影响，仅靠定性化分析很难综合优化节能方案，因此引入定量化分析工具，根据模拟结果来改进建筑及设备系统设计，达到方案的综合最优。将 BIM 模型直接输入到节能分析软件中，根据 BIM 模型中的信息来预测建筑全年的能耗，再根据能耗的大小调整建筑的各个参数，以实现最终的节能目标。建筑能耗分析建筑模型如图 3-18 所示 |

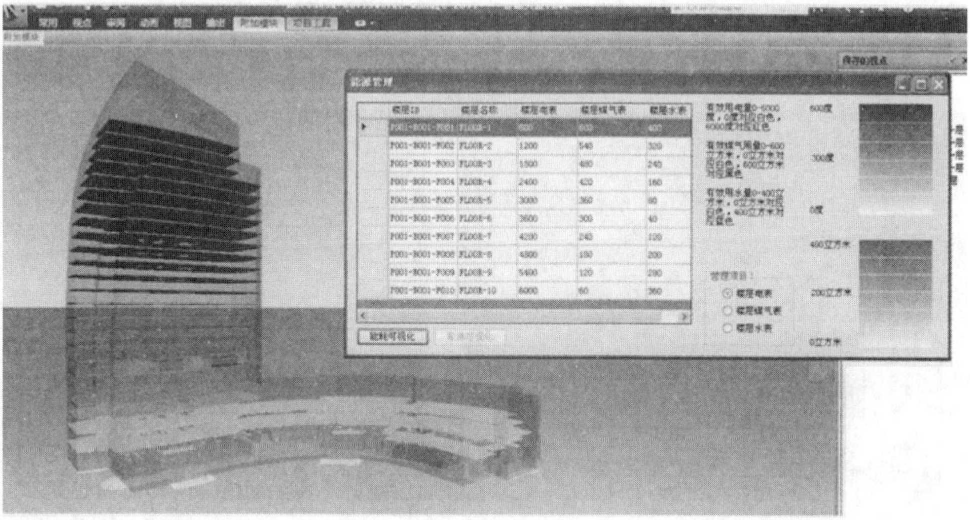

图 3-11　某项目模拟能耗分析

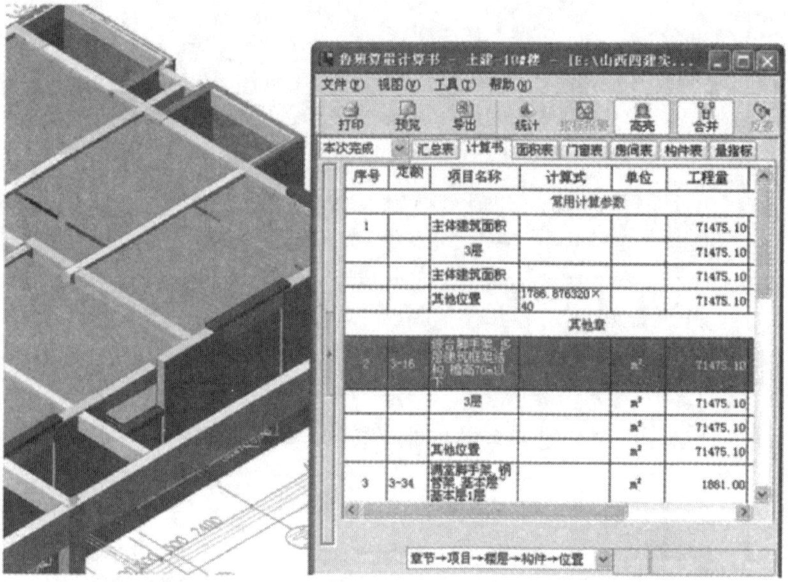


图 3-12 某工程空间维度获得数据

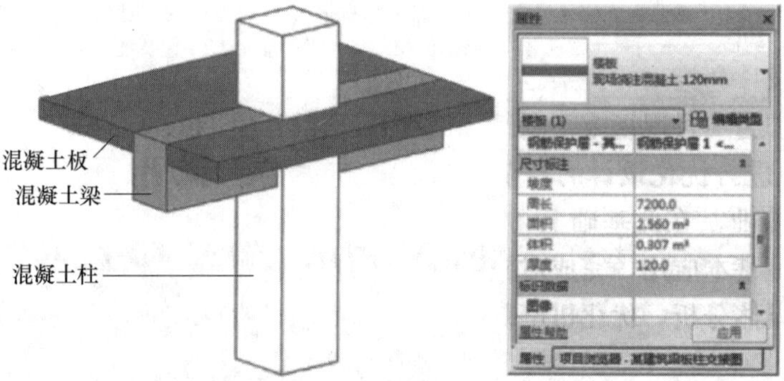


图 3-13 梁板柱交接处节点图及楼板工程量

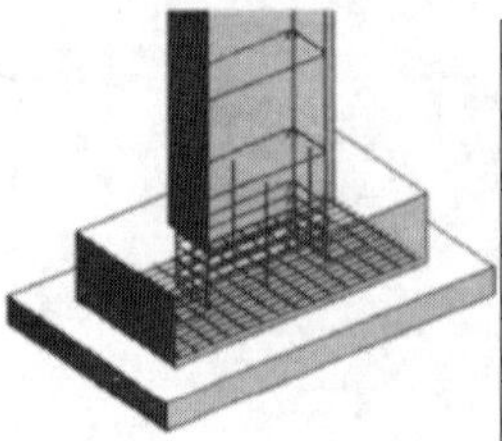

| 钢筋统计 | | | | | | | |
|---|---|---|---|---|---|---|---|
| 主体类别 | 分区 | 族与类别 | 样式 | 弯曲直径 | 钢筋直径 | 根数 | 钢筋总长度 |
| 结构基础 | A区 | 钢筋:HRB335 | 标准 | 56mm | 14mm | 38 | 52.21m |
| 结构基础 | A区 | 钢筋:HRB335 | 箍筋 | 56mm | 14mm | 5 | 13.87m |
| 结构柱 | A区 | 钢筋:HRB400 | 标准 | 100mm | 25mm | 4 | 58.16m |
| 结构柱 | A区 | 钢筋:HRB335 | 箍筋 | 100mm | 25mm | 20 | 50.53m |
| 总计 | | | | | | 67 | 174.78m |

图 3-14 部分结构基础内部钢筋布置图及钢筋工程量统计表单

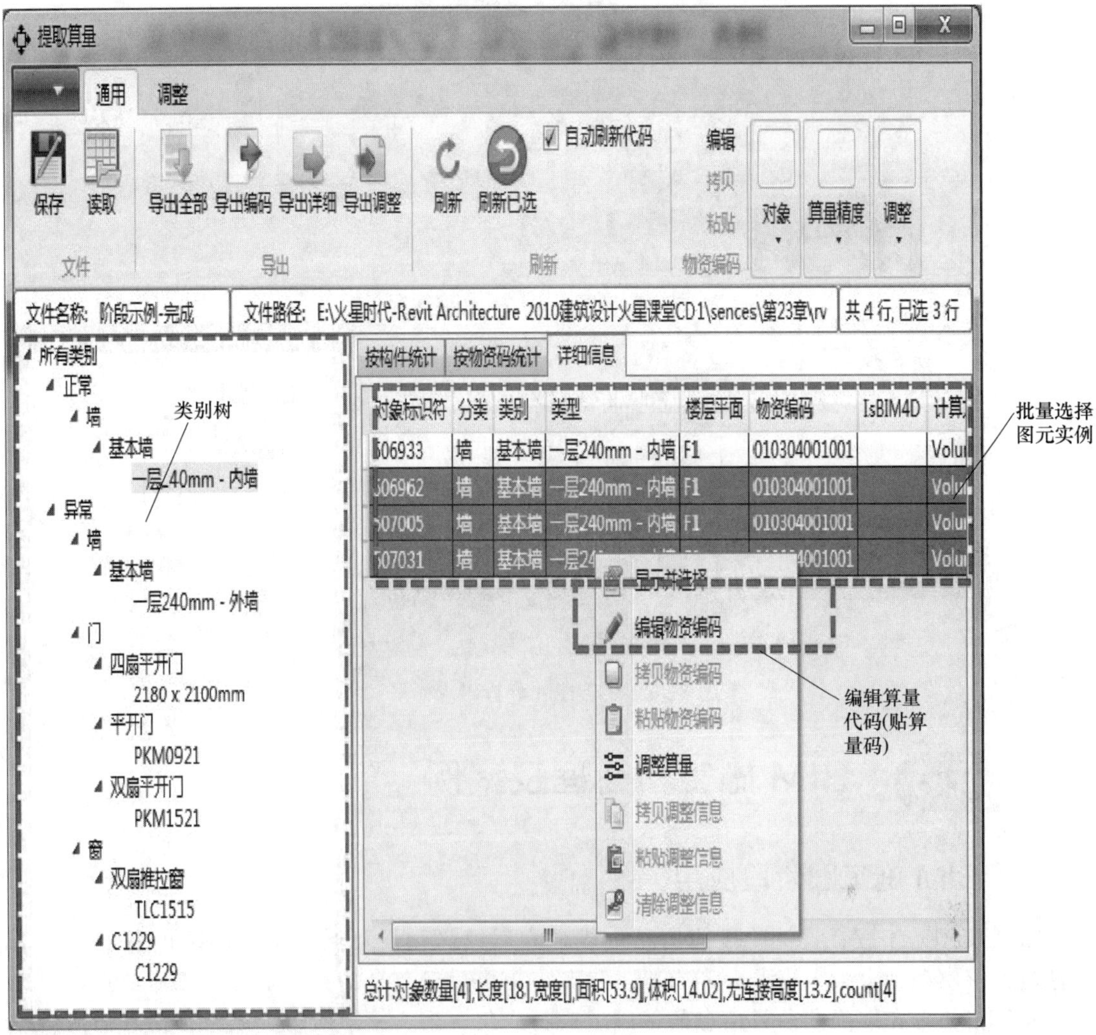


图 3-15　某工程门窗工程量提取界面

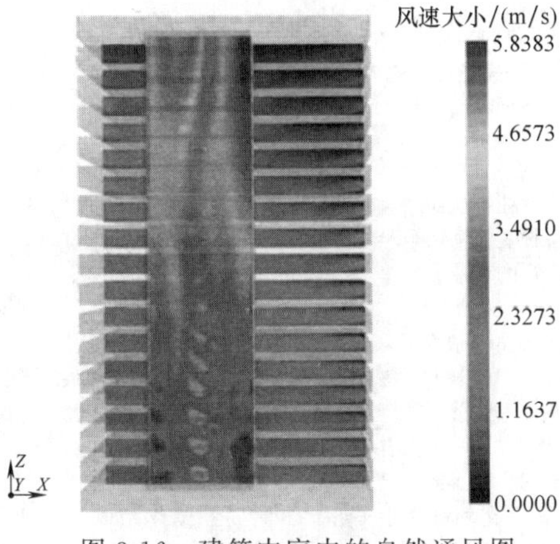


图 3-16　建筑中庭内的自然通风图

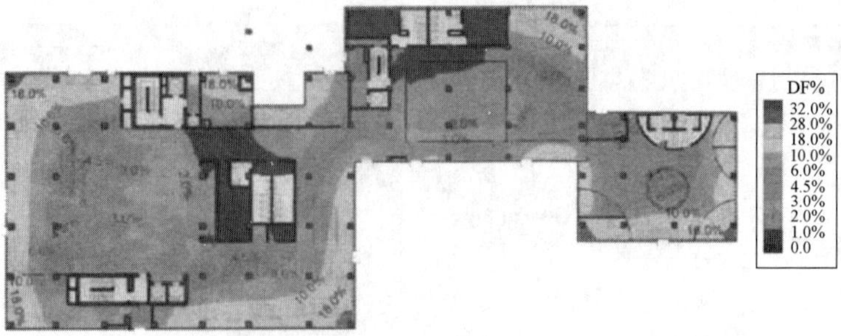


图 3-17　大楼首层室内自然采光模拟分析结果

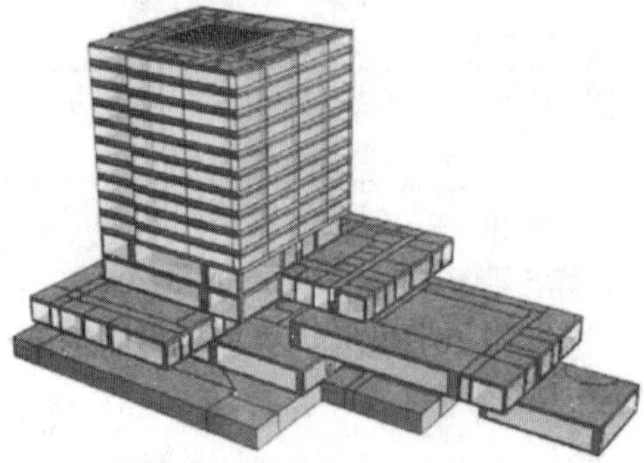

图 3-18　建筑能耗分析建筑模型

# 第五节　BIM 施工图管理及案例

## 一、BIM 施工图阶段应用

BIM 模型是工程在设计阶段的信息集成，为后续深化设计调整提供准确的各专业汇总信息，更新模型为重大工程调整和中小工程调整提供信息整合的数据平台和工作节点，有助于工程各相关方在准确的项目信息的基础上进行深化调整、施工研讨、成本预估，做出准确的决策。根据最终版方施工图，建立包含建筑、结构、机电等完整的 BIM 模型，模型深度要满足施工图深度规范要求，进行碰撞检查、提出优化建议给项目公司，根据设计院提交的更新后图纸复核更新模型。可以在施工前提前发现相关问题并解决，有效提高设计质量，有利于项目成本和工期的控制。

BIM 施工图阶段应用管理见表 3-7。

表 3-7　BIM 施工图阶段应用管理

| 项　目 | 内　容 |
| --- | --- |
| 协同设计与碰撞检查 | BIM 为工程设计的专业协调提供了两种途径，一种是在设计过程中通过有效、适时的专业间协同工作避免产生大量的专业冲突问题，即协同设计；另一种是通过对 3D 模型的冲突进行检查、查找并修改，即冲突检查（碰撞检查）。至今，冲突检查已成为人们认识 BIM 价值的代名词，实践证明，BIM 的冲突检查已取得良好的效果。<br>（1）协同设计<br>传统意义上的协同设计很大程度上是指基于网络的一种设计沟通交流手段，以及设计流程的组织管理形式，包括通过 CAD 文件、视频会议，通过建立网络资源库、借助网络管理软件等。<br>基于 BIM 技术的协同设计是指建立统一的设计标准，包括图层、颜色、线型、打印样式等，在此基础上，所有设计专业及人员在一个统一的平台上进行设计，从而减少现行各专业之间（以及专业内部）由于沟通不畅或沟通不及时导致的错、漏、碰、缺，真正实现所有图纸信息元的单一性，实现一处修改其他自动修改，提升设计效率和设计质量。协同设计工作是以一种协作的方式，使成本可以降低，可以在更快地完成设计的同时，也对设计项目的规范化管理起到重要作用。 |

续表

| 项　目 | 内　容 |
|---|---|
| 协同设计与碰撞检查 | 协同设计由流程、协作和管理三类模块构成。设计、校审和管理等不同角色人员利用该平台中的相关功能实现各自工作。<br>(2)碰撞检查<br>二维图纸不能用于空间表达，使得图纸中存在许多意想不到的碰撞盲区。并且，目前的设计方式多为"隔断式"设计，各专业分工作业，依赖人工协调项目内容和分段，这也导致设计往往存在专业间碰撞。同时，在机电设备和管道线路的安装方面还存在软碰撞的问题(即实际设备、管线间不存在实际的碰撞，但在安装方面会造成安装人员、机具不能到达安装位置的问题)。<br>基于 BIM 技术可将两个不同专业的模型集成为两个模型，通过软件提供的空间冲突检查功能查找两个专业构件之间的空间冲突可疑点，软件可以在发现可疑点时向操作者报警，经人工确认该冲突。冲突检查一般从初步设计后期开始进行，随着设计的进展，反复进行"冲突检查—确认修改—更新模型"的 BIM 设计过程，直到所有冲突都被检查出来并修正，最后一次检查所发现的冲突数为零，则标志着设计已达到 100%的协调。一般情况下，由于不同专业是分别设计、分别建模的，因此任何两个专业之间都可能产生冲突，故冲突检查的工作将覆盖任何两个专业之间的冲突关系，如：①建筑与结构专业，标高、剪力墙、柱等位置不一致，或梁与门冲突；②结构与设备专业，设备管道与梁柱冲突；③设备内部各专业，各专业与管线冲突；④设备与室内装修，管线末端与室内吊顶冲突。冲突检查过程是需要计划与组织管理的过程，冲突检查人员也被称作"BIM 协调工程师"，他们将负责对检查结果进行记录、提交、跟踪提醒与覆盖确认。工程中的碰撞检查如图 3-19 和图 3-20 所示 |
| 施工图纸生成 | 设计成果中最重要的表现形式就是施工图，施工图是含有大量技术标注的图纸，在建筑工程的施工方法仍然以人工操作为主的技术条件下，施工图有其不可替代的作用。CAD 的应用大幅度提升了设计人员绘制施工图的效率，传统的方式存在的不足也是非常明显的：在产生了施工图之后，如果工程的某个局部发生设计更新，则会同时影响与该局部相关的多张图纸，如一个柱子的断面尺寸发生变化，则含有该柱的结构平面布置图、柱配筋图、建筑平面图、建筑详图等都需要再次修改，这种问题在一定程度上影响了设计质量的提高。<br>模型是完整描述建筑空间与构件的模型，图纸可以看作模型在某一视角上的平行投影视图。基于模型自动生成图纸是一种理想的图纸产出方法，理论上，基于唯一的模型数据源，任何对工程设计的实质性修改都将反映在模型中，软件可以依据模型的修改信息自动更新所有与该修改相关的图纸，由模型到图纸的自动更新将为设计人员节省大量的图纸修改时间。<br>施工图生成也是优秀建模软件多年来努力发展的主要功能之一，目前，软件的自动出图功能还在发展中，实际应用时还需人工干预，包括修正标注信息、整理图面等工作，其效率还不十分令人满意，相信随软件的发展，该功能会逐步增强，工作效率会逐步提高 |
| 三维渲染图出具 | 三维渲染图同施工图纸一样，都是建筑方案设计阶段重要的展示成果，既可以向业主展示建筑设计的仿真效果，也可以供团队交流、讨论使用，同时三维渲染图也是现阶段建筑方案设计阶段需要交付的重要成果之一。Revit Architecture 软件自带的渲染引擎，可以生成建筑模型各角度的渲染图，同时 Revit Architecture 软件具有 3ds max 软件的软件接口，支持三维模型导出。Revit Architecture 软件的渲染步骤与目前建筑师常用的渲染软件大致相同，分别为：创建三维视图、配景设置、设置材质的渲染外观、设置照明条件、渲染参数设置、渲染并保存图像。某复杂节点的三维可视化图片如图 3-21 所示 |

图 3-19　某工程碰撞检查（一）

## 二、Revit 施工图设计综合案例

BIM 施工图设计的应用不仅从根本上改变了设计师目前采用的设计方式和手段，而且改变了整个设计理念，设计阶段不再割裂成一个个阶段，而是贯穿于整个建筑生命期。在模型设计的过程中，业主、设计、施工、运营等各个行业所有相关参与者都能够通过 BIM 技

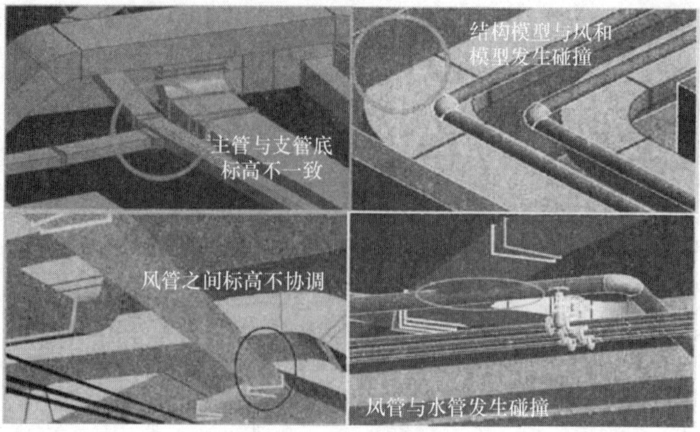


图 3-20 某工程碰撞检查（二）

术紧密结合，为施工图设计提供前所未有的广阔平台。

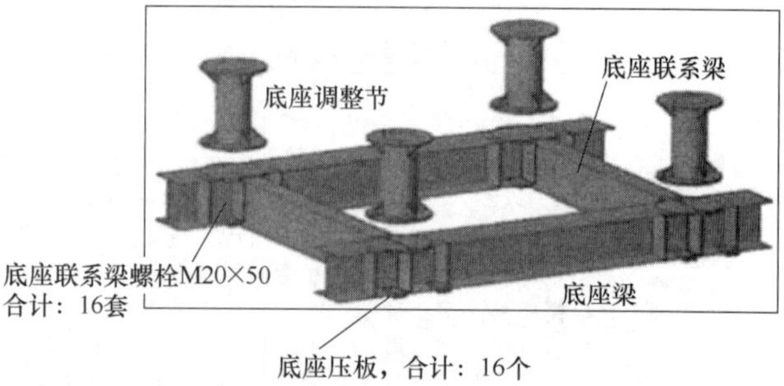


图 3-21 复杂节点三维图

**1. 项目背景**

本项目从 BIM 施工图设计和各专业配合两个方向入手，在建筑设计阶段，利用 Autodesk Revit 系列软件进行协同设计，完成建筑、结构、设备、电气施工图模型设计以及后续的出图工作，并从中总结出一套优化的四个专业基于 BIM 设计的施工图设计流程。最后，对在设计过程中出现的问题进行分析研究，以期可以应用推广到其他的设计项目中。

但应注意，在协同设计的过程中，各专业应尽量避免频繁地进行模型的更新同步，应根据设计进度设置更新节点，在建模时使用其他专业提供的条件模型，而不是用其设计模型，避免模型更新过于频繁。模型设计的目标是能够直接指导施工，所以设计深度会大于传统施工图设计深度，部分内容向施工延伸，工作量加大，但同时会为施工环节提升效率减少浪费。

**2. BIM 应用内容**

（1）模型加工出图　施工图设计全流程全专业使用 Revit 软件，不使用二维设计软件辅助。在完成模型设计后，在模型的基础上添加标注等附加信息，完成制图工作。图纸深度基本达到 CAD 施工图纸深度要求，表示方法没有必要与传统的二维 CAD 图纸画法完全一致，但必须表达明了到位，使专业人员能够看懂，能够符合内审外审要求。最终输出全套施工图纸。

（2）建筑专业工作流程

① 建立方案初设阶段模型，确定轴网、标高及墙体和保温等大致位置，建立模型，完善平面（主要包括确定门窗洞口尺寸位置、房间名称及用途）。

② 完成初设阶段模型，提供给结构专业进行建筑主体配筋受力计算。电气与设备专业用初步模型进行初步设计，排线排管。

③ 经过结构专业软件计算、模型生成、调整模型，反提给建筑专业进行深化。在模型深化中遇到问题需要和各专业协调，其中包括结构体系模型部分构件错位、尺寸不对，设备专业管线反提，电气专业电箱位置共同商榷。在设备、电气专业模型基本搭建完成后，建筑

专业需从两专业处链接 Revit 文件并进行确认，经过多次试验最终确定条件。施工图设计建模阶段的模型深度需满足施工图设计要求，各专业综合深度应达到北京市《民用建筑设计信息模型设计标准》BIM 模型深度要求 3.0 级模型深度。

④ 结束与各专业之间的深入模型设计后，建筑专业还需对其他各种类图纸进行绘制，其中包括立面图、剖面图、楼梯详图、墙身图等。这一阶段主要为建筑专业独立完成，结构专业配合完成。在这一过程中还需要建筑专业补充建筑结构体系外的建筑构件，其中包括楼面层、保温层、隔墙板等。最终完成模型制作，调整出图模板里的线型等问题，完成整个 BIM 设计项目。

（3）结构专业工作流程

① 参照计算模型，把建筑模型进行拆分，拆出结构构件并修改命名和属性。

② 剖切模型生成对应视图，并调整图元显示，制作各类型图纸的视图样板，调整全部视图。

③ 按 CAD 图面，使用专用标注族标注出所需的尺寸、配筋等信息，并沿用 CAD 中的设计方法，通过标注为模型的各个构件配筋。

④ 制作连梁明细表，补全各字段信息，过滤出相应楼层的参数，并放入图纸中。

⑤ 使用专用负筋详图构件，绘制板负筋（分为板边和跨中两种），使用负筋标记标注钢筋。

⑥ 使用图例视图绘制暗柱详图，在图例视图中拖入暗柱族，显示平面选择低于参照标高。在图例中，族无法旋转，所以绘制暗柱时注意方向的正确性，以保证符合出图要求。用专用墙线标记标注墙的位置，手动填写配筋信息。使用专用钢筋详图构件绘制暗柱钢筋。

图纸说明可以在图纸视图中画，也可以做成图例插入。

（4）设备专业工作流程　设备和电气图纸与建筑结构图纸的一个很大差异就是建筑结构图纸的图面中构件的尺寸定位等与实际是一致的，但设备和电气图纸中存在大量的示意性内容。管线位置、标高、管件等都存在着大量的示意内容，导致了设备、电气图纸的图面和模型存在着大量的冲突，同时按实际情况建模也导致了巨大的建模工作量和图面整理工作量。

和建筑专业遇到的问题一样，BIM 通过模型把原来离散的各个专业、各个设计师都紧密连接在一起，反复地修改、调整建模的顺序、深化的顺序等原来不是问题的事情通通变成了问题。同时，设备、电气专业还有一个建筑底图的问题，这意味着影响设备、电气图面的不只是设备、电气自己的图元，还有建筑的图元，这就需要综合统筹全部专业的出图需求，然后制订对应的建模标准，从而保证各个专业图面表达的正确性。

工作流程如下。

① 建中心文件　根据建筑专业提供的条件模型建立设备专业中心文件。

② 搭建模型　分离本地文件后，绘制模型。

模型深度要求：北京 BIM 标准综合深度 3.0 级。

③ 提收条件

a. 提的条件：针对各专业要求，制作条件模型，存放在服务器中的指定位置，方便其他专业查找。

b. 收的条件：建筑结构专业综合各专业条件，重新调整模型，提给各专业。设备专业注意结构的连梁暗柱避让问题。

④ 平面视图管理　为避免重复出相同的平面图，首先选择要出平面图的楼层；其次用“带细节复制”楼层平面视口，通过过滤器功能，使平面楼层的信息按系统表示。

⑤ 末端设备的二维表示　在“详细程度”为“中等”，“图形显示样式”为“隐藏线”的设置下，末端设备的表示方法没有必要与 CAD 图纸的表达方法完全一致，但必须表达明了到位，使专业人员能够看懂。且末端设备族中应该输入基本信息，如设备编号、规格及型号、基本性能参数等，以备标注时读取。

⑥ 添加图纸

a. 平面图：在图纸浏览器中添加图纸，以“图纸编号＋图名”命名。添加图框，在“视图”选项里添加相应的视图，添加图名及比例。

b. 剖面图：添加图框后，用同样的方法添加剖面。双击添加的视图，进入剖面视图，添加相应的标注，右键点击“取消激活视图”退出，最后添加图名及比例。

(5) 电气专业工作流程

① 根据建筑 Revit 模型建立电气模型，在建筑模型下，根据房间要求和家具摆放，设计照明灯具、电视插座、电话网络接线插座、火灾自动报警及电气箱体的摆放。根据点位设计，设计电气模型。

② 从电气中心文件分离出一个文件筛选出标准层给建筑专业。建筑专业通过筛选告知只需要强弱电箱点位，从给建筑专业的文件中筛选出强弱电箱，提给建筑专业。

③ 从设备中心文件中提取出需要电量的设备原件点位，设备专业通过 Revit 出的图纸，圈出点位。

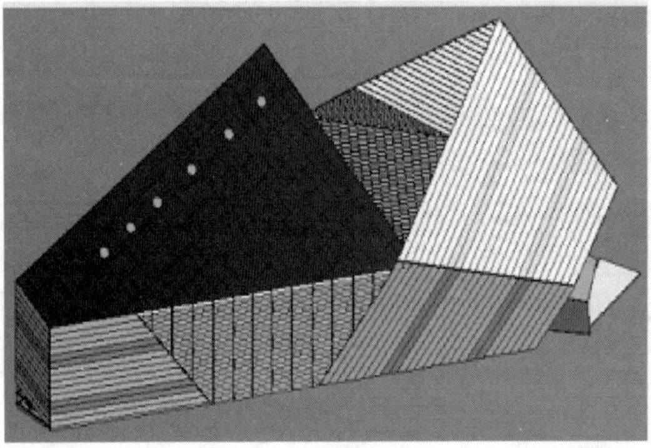

图 3-22 综合模型

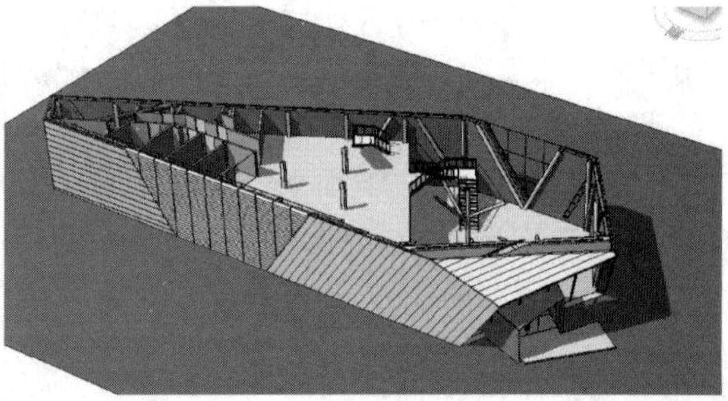

图 3-23 渲染结构图

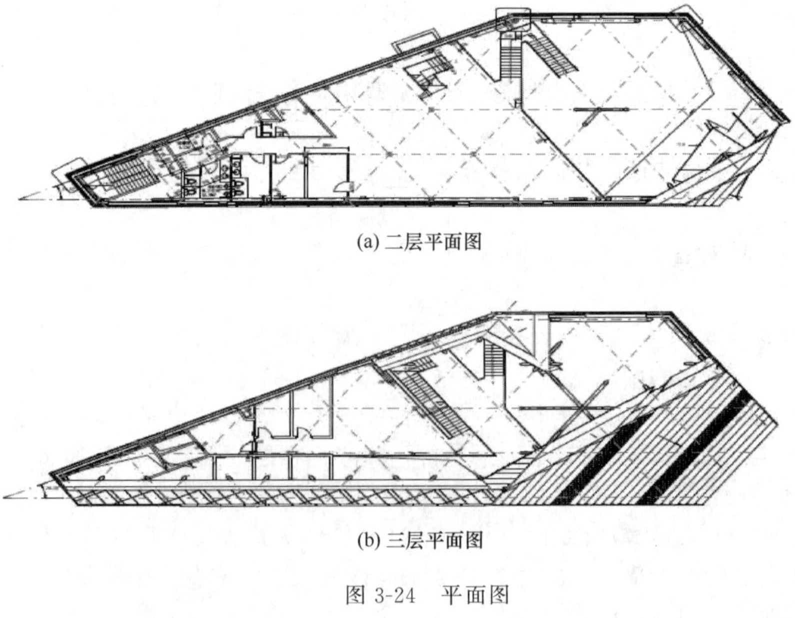

(a) 二层平面图

(b) 三层平面图

图 3-24 平面图

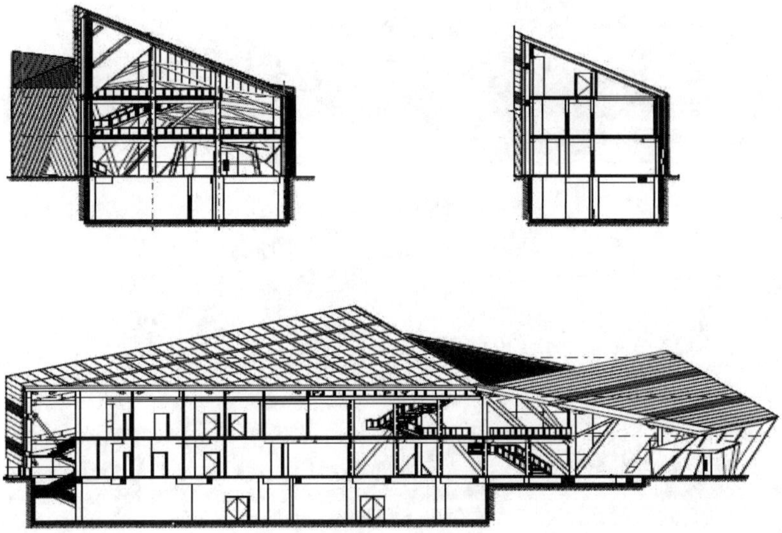

图 3-25 综合剖面图

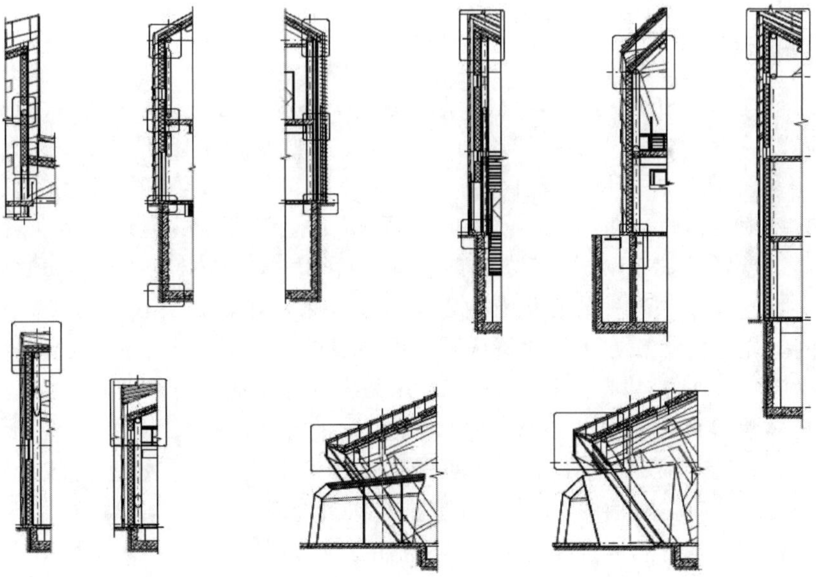

图 3-26 墙身剖面图

④ 接收设备原件点位，进族修改设备原件图例，改为电气图例。为了避免算量重复计算，设备原件用 86 接线盒代替。

⑤ 在模型内，各电气图纸加标注，其中照明标注导线根数、导线回路。弱电标注管线型号。火灾自动报警系统用标注族在电气线管上标注，区分各线管型号。

Revit 施工图设计案例见图 3-22～图 3-27。

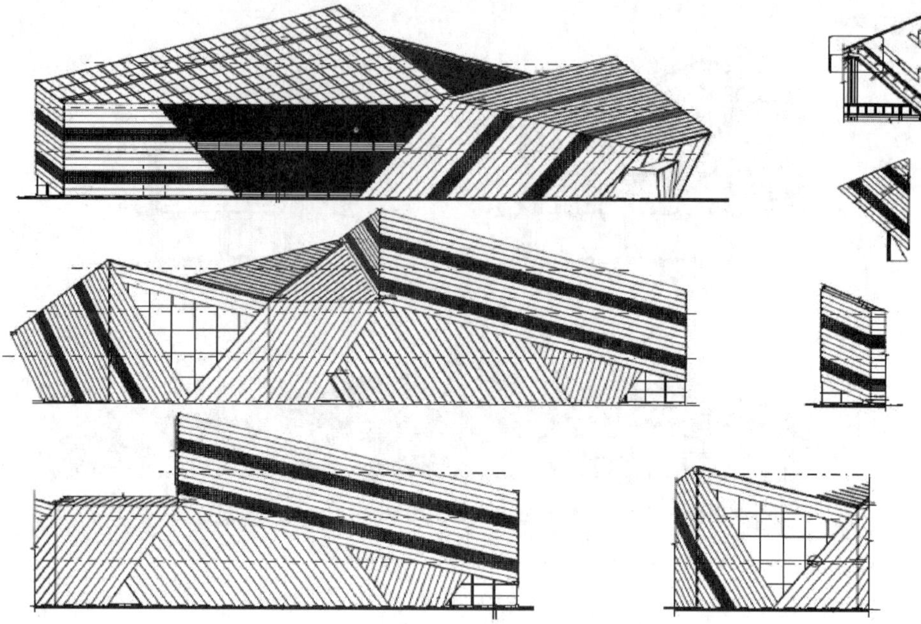

图 3-27　立面图

## 第六节　绿色 BIM 应用

建筑信息模型（BIM）技术，就是绿色建筑在技术上的变革与创新。在 21 世纪第一个十年的发展以后，BIM 对于工程建设行业的从业者们来说早已不再是一个陌生的名词了。如何把 BIM 技术在建设项目的设计、施工、运营整个生命周期中较好地使用起来，提升项目质量、缩短项目实施周期和控制项目造价的课题，摆到了越来越多的从业者面前。

绿色建筑需要借助 BIM 技术来有效实现，采用 BIM 技术可以更好地实现绿色设计，BIM 技术为绿色建筑快速发展提供有效保障。在未来，如果利用 BIM 理念，使用 BIM 云技术、互联网等先进技术和方法，建筑从开始设计时就可以更加绿色。在设计阶段，进行土地规划设计时应用 BIM 技术，可以从设计源头就开始有效地进行“节地”，应用 BIM 协同管理、BIM 云技术等可以实现办公场所的“节地”；进行给水排水设计时，应用 BIM 技术合理排布给水排水管道、采用节水设备等，可以从设计源头就开始有效地进行“节水”；进行暖通空调和电气设计时，应用 BIM 技术合理排布暖通空调、电气管道、采用节能设备等，可以从设计源头就开始有效地进行“节能”，应用 BIM 进行合理的建筑平面布置对比和窗墙比分析有利于“节能”，通过 BIM 技术提高设计效率，减少计算机、电气设备等运行率，在一定程度上可以为办公环境“节能”；通过应用 BIM 技术，可以有效减少设计中的错、漏、碰、缺等问题，避免在施工阶段发生不必要的变更，从而节省材料，保护环境。

在《绿色建筑评价标准》（GB/T 50378—2014）中，将标准适用范围由住宅建筑和公共建筑中的办公建筑、商场建筑和旅馆建筑，扩展至各类民用建筑。

BIM 在绿色建筑设计中的应用大致有两种途径：第一种，BIM 核心模型增加相应信息，在 BIM 模型创建完成后，通过统计功能判定是否达到绿色建筑评价相应条文要求；第二种，需要建筑第三方相关模拟分析软件，进行相应计算分析，根据模拟分析的结果判定是否满足绿色建筑相关条文要求。简单来说，第一种途径为绿色建筑对 BIM 核心模型的信息要求，第二种为第三方模拟分析软件共享 BIM 核心模型，通过在核心模型中提取所需信息，进行专项计算分析。

### 1. 节地与室外环境

节地与室外环境部分达标分析见表 3-8。

**表 3-8 节地与室外环境部分达标分析**

| 名称 | 类别 | 编号 | 标准条文 | BIM 应用要求 |
|---|---|---|---|---|
| 节地与室外环境 | 控制项 | 4.1.4 | 建筑规划布局应满足日照标准，且不得降低周边建筑的日照标准 | BIM 应用 |
| | 评分项 | 4.2.1 | 节约集约利用土地 | |
| | | 4.2.3 | 合理开发利用地下空间 | |
| | | 4.2.4 | 建筑及照明设计避免产生光污染 | |
| | | 4.2.6 | 场地内风环境有利于室外行走、活动舒适和建筑的自然通风 | |
| | | 4.2.8 | 场地与公共交通设施具有便捷的联系 | |
| | | 4.2.10 | 合理设置停车场所 | |
| | | 4.2.11 | 提供便利的公共服务 | |
| | | 4.2.12 | 结合现状地形地貌进行场地设计与建筑布局 | |
| | | 4.2.13 | 充分利用场地空间合理设置绿色雨水基础设施 | |
| | | 4.2.14 | 合理规划地表与屋面雨水径流，对场地雨水实施外排总量控制 | |

### 2. 节能与能源利用

节能与能源利用部分达标分析见表 3-9。

**表 3-9 节能与能源利用部分达标分析**

| 名称 | 类别 | 编号 | 标准条文 | BIM 应用要求 |
|---|---|---|---|---|
| 节能与能源利用 | 评分项 | 5.2.1 | 结合场地自然条件，对建筑的体形、朝向、楼距、窗墙比等进行优化设计 | BIM 应用 |
| | | 5.2.2 | 外窗、玻璃幕墙的可开启部分能使建筑获得良好的通风 | |

### 3. 节水与水资源利用

节水与水资源利用部分达标分析见表 3-10。

**表 3-10 节水与水资源利用部分达标分析**

| 名称 | 类别 | 编号 | 标准条文 | BIM 应用要求 |
|---|---|---|---|---|
| 节水与水资源利用 | 控制项 | 6.1.2 | 给排水系统设置应合理、完善、安全 | BIM 应用 |
| | 评分项 | 6.2.12 | 结合雨水利用设施进行景观水体设计 | |

### 4. 节材与材料资源利用

节材与材料资源部分达标分析见表 3-11。

**表 3-11 节材与材料资源部分达标分析**

| 名称 | 类别 | 编号 | 标准条文 | BIM 应用要求 |
|---|---|---|---|---|
| 节材与材料资源利用 | 评分项 | 7.2.2 | 对地基基础、结构体系、结构构件进行优化设计 | BIM 应用 |
| | | 7.2.3 | 土建工程与装修工程一体化设计 | |
| | | 7.2.5 | 采用工业化生产的预制构件 | |

### 5. 室内质量环境

室内质量环境部分达标分析见表3-12。

**表3-12 室内质量环境部分达标分析**

| 名称 | 类别 | 编号 | 标准条文 | BIM应用要求 |
|---|---|---|---|---|
| 室内质量环境 | 评分项 | 8.2.5 | 建筑主要功能房间具有良好的户外视野 | BIM应用 |
| | | 8.2.6 | 主要功能房间的采光系数满足现行国家标准 | |
| | | 8.2.10 | 优化建筑空间、平面布局和构造设计，改善自然通风效果 | |

### 6. 提高与创新

提高与创新部分达标分析见表3-13。

**表3-13 提高与创新部分达标分析**

| 名称 | 类别 | 编号 | 标准条文 | BIM应用要求 |
|---|---|---|---|---|
| 节地与室外环境 | 评分项 | 8.2.5 | 应用建筑信息模型(BIM)技术 | BIM应用 |

## 一、BIM绿色建筑评价标准的协同

通过统计功能，分析是否满足《绿色建筑评价标准》相应条文要求。通过增加各构件的相应属性，实时显示调整结果，辅助绿色建筑设计。通过梳理，在绿色建筑评价中，有22条可以采用BIM方式实现。详见表3-14。

**表3-14 《绿色建筑评价标准》条文与BIM实现途径一览表**

| 条文编号 | 条文内容 | 实现途径 |
|---|---|---|
| 4.1.4 | 建筑规划布局应满足日照标准，且不得降低周边建筑的日照标准 | 基于BIM的日照模拟分析 |
| 4.2.1 | 节约集约利用土地 | 基于BIM模拟分析土地利用率 |
| 4.2.3 | 合理开发利用地下空间 | 基于BIM计算分析地下空间利用率 |
| 4.2.4 | 建筑及照明设计避免产生光污染 | 基于BIM的幕墙设计 |
| 4.2.6 | 场地内风环境有利于室外行走、活动舒适和建筑的自然通风 | 基于BIM的CFD分析 |
| 4.2.8 | 场地与公共交通设施具有便捷的联系 | 基于BIM的场地分析 |
| 4.2.10 | 合理设置停车场所 | 基于BIM的车位布置分析 |
| 4.2.11 | 提供便利的公共服务 | 基于BIM公共空间的分析 |
| 4.2.12 | 结合现状地形地貌进行场地设计与建筑布局 | 基于BIM的场地分析 |
| 4.2.13 | 充分利用场地空间合理设置绿色雨水基础设施 | 基于BIM的空间分析 |
| 4.2.14 | 合理规划地表与屋面雨水径流，对场地雨水实施外排总量控制 | 基于BIM的雨水模拟分析 |
| 5.2.1 | 结合场地自然条件，对建筑的体形、朝向、楼距、窗墙比等进行优化设计 | 基于BIM的模拟分析 |
| 5.2.2 | 外窗、玻璃幕墙的可开启部分能使建筑获得良好的通风 | 基于BIM的通风模拟 |
| 6.1.2 | 给排水系统设置应合理、完善、安全 | 基于BIM的水系统模拟 |

续表

| 条文编号 | 条文内容 | 实现途径 |
|---|---|---|
| 6.2.12 | 结合雨水利用设施进行景观水体设计 | 基于 BIM 的景观模拟 |
| 7.2.2 | 对地基基础、结构体系、结构构件进行优化设计 | 基于 BIM 的结构分析 |
| 7.2.3 | 土建工程与装修工程一体化设计 | 基于 BIM 的一体化设计 |
| 7.2.5 | 采用工业化生产的预制构件 | 基于 BIM 的预制装配式设计 |
| 8.2.5 | 建筑主要功能房间具有良好的户外视野 | 基于 BIM 的建筑功能视野分析 |
| 8.2.6 | 主要功能房间的采光系数满足现行国家标准 | 基于 BIM 的采光分析 |
| 8.2.10 | 优化建筑空间、平面布局和构造设计，改善自然通风效果 | 基于 BlM 的 CFD 分析 |
| 8.2.5 | 应用建筑信息模型(BIM)技术 | 基于 BIM 的应用 |

## 二、基于 BIM 绿色设计软件协同管理

基于 BIM 绿色设计软件协同管理见表 3-15。

**表 3-15　基于 BIM 绿色设计软件协同管理**

| 项　目 | 内　容 |
|---|---|
| 基于 BIM 的 CFD 模拟分析 | 1. 绿色建筑设计对 CFD 软件的要求<br>绿色建筑涉及的技术范围更广，要求更高，所以，从中央政府到地方各级政府都在积极推广绿色建筑。全面推进建筑节能与推广绿色建筑已成为国家发展战略，一系列国家层面的重大决策和行动正在快速展开。住房和城乡建设部为贯彻执行节约资源和保护环境的国家技术经济政策，推进可持续发展，规范绿色建筑的评价，制定了《绿色建筑评价标准》。绿色建筑设计对 CFD 软件计算分析提出了一定要求，如图 3-28 所示。<br>CFD 软件应用与 BIM 前期，可以有效地优化建筑布局，对建筑运行能耗的降低、室内通风状况的改善均有较大帮助。<br>2. 常用 CFD 软件的评估<br>Fluent 软件是目前市场上最流行的 CFD 软件，它在美国的市场占有率达到 60%。在进行网上调查中发现，Fluent 在中国也是得到最广泛使用的 CFD 软件。其前处理软件主要有 Gambit 与 ICEM，ICEM 直接几何接口包括 Catia、CADDS5、ICEM Surf/DDN、IDEAS、Solid Works、Solid Edge、Pro-Engineer and Unigraphics。较为简单的建筑模型可以直接导入，当建筑模型较为复杂时，则需遵循从点—线—面的顺序建立建筑模型。<br>使用商用 CFD 软件的工作中，大约有 80%的时间是花费在网格划分上的，可以说网格划分能力的高低是决定工作效率的主要因素之一。Fluent 软件采用非结构网格与适应性网格相结合的方式进行网格划分。<br>与结构化网格和分块结构网格相比，非结构网格划分便于处理复杂外形的网格划分，而适应性网格则便于计算流场参数变化剧烈、梯度很大的流动，同时这种划分方式也便于网格的细化或粗化，使得网格划分更加灵活、简便。<br>Fluent 划分网格的途径有两种：一种是用 Fluent 提供的专用网格软件 Gambit 进行网格划分，另一种则是由其他的 CAD 软件完成造型工作，在导入 Gambit 中生成网格。还可以用其他网格生成软件生成与 Fluent 兼容的网格用于 Fluent 计算。可以用于造型工作的 CAD 软件包括 I-DEAS、Solid Works、Solid Edge、Pro/E 等。除了 Gambit 外，可以生成 Fluent 网格的网格软件还有 ICEMCFD、Gridgen 等。Fluent 可以划分二维的三角形和四边形网格，三维的四面体网格、六面体网格、金字塔形网格、楔形网格，以及由上述网格类型构成的混合型网格。<br>3. BIM 模型与 CFD 软件的对接<br>从绿色建筑设计要求来看，热岛计算要求建立出整个建筑小区的道路、建筑外轮廓、水体、绿地等模型；室内自然通风计算及室外风场计算需建立出建筑的外轮廓及室内布局，从 BIM 应用系统中直接导出软件可接受格式的模型文件是比较好的选择。<br>综合各类软件，选用 Phoenics 作为与 BIM 应用配合完成绿色建筑设计的 CFD 软件，可以直接导入建筑模型，大大减少建筑模型建立的工作量，故本书建议选用 Phoenics 与 BIM 进行配合设计 |

续表

| 项　目 | 内　容 |
| --- | --- |
| 基于 BIM 的 CFD 模拟分析 | BIM 设计与 Phoenics 的配合流程如图 3-29 所示。<br>4. BIM 模型与 CFD 计算分析的配合<br>(1)BIM 模型配合 CFD 计算热岛强度。由协同设计平台导出建筑、河流、道路、绿地的模型文件，模型文件的导出可采取两种路径：直接导出 3DS 格式的模型文件；导出 CAD 格式的文件，再在 CAD 文件中建立三维模型，导出 STL 格式的模型文件。<br>(2)BIM 模型配合 CFD 计算室外风速。由协同设计平台导出建筑外表面的模型文件，模型文件的导出可采取两种路径：直接导出 3DS 格式的模型文件；导出 CAD 格式的文件，再在 CAD 文件中建立三维模型，导出 STL 格式的模型文件。<br>由 BIM 应用系统导出模型时，可只包含建筑外表面及周围地形信息，且导出的建筑模型应封闭好，以免 CFD 软件导入模型时发生错误。<br>(3)BIM 模型配合(2FI)计算室内通风。可分为两种方法计算：一是导出整栋建筑外墙及内墙信息，整栋建筑同时参与室内及室外的风场计算；二是按照室外风速场计算的例子，计算出建筑物表面风压，单独进行某层楼的室内通风计算。<br>由协同设计平台导出建筑外表面的模型文件，模型文件的导出可采取两种路径：直接导出 3DS 格式的模型文件；导出 CAD 格式的文件，再在 CAD 文件中建立三维模型，导出 STL 格式的模型文件 |
| 基于 BIM 的建筑热工和能耗模拟分析 | 1. 建筑热工和能耗模拟分析<br>建筑节能必须从建筑方案规划、建筑设备系统的设计开始。不同的建筑造型、不同的建筑材料、不同的建筑设备系统可以组合成很多方案，要从众多方案中选出最节能的方案，必须对每个方案的能耗进行估计。大型建筑非常复杂，建筑与环境、系统以及机房存在动态作用，这些都需要建立模型，进行动态模拟和分析。<br>建筑模拟已经在建筑环境和能源领域取得了越来越广泛的应用，贯穿于建筑的整个寿命期，具体应用有如下方面：<br>(1)建筑冷/热负荷的计算，用于空调设备的选型；<br>(2)在设计建筑或者改造既有建筑时，对建筑进行能耗分析，以优化设计或者节能改造方案；<br>(3)建筑能耗管理和控制模式的设定与制定，保证室内环境的舒适度，并挖掘节能潜力；<br>(4)与各种标准规范相结合，帮助设计人员设计出符合国家标准或当地标准的建筑；<br>(5)对建筑进行经济性分析，使设计人员对各种设计方案从能耗与费用两方面进行比较。<br>由此可见，建筑能耗模拟分析与 BIM 有非常大的关联性，建筑能耗模拟需要 BIM 的信息，但又有别于 BIM 的信息。建筑能耗模拟模型与 BIM 模型的差异如下：<br>(1)建筑能耗模拟需要对 BIM 模型简化。在能耗模拟中，按照空气系统进行分区，每个分区的内部温度一致，而所有的墙体和窗口等围护结构的构件都被处理为没有厚度的表面，而在建筑设计当中的墙体是有厚度的，为了解决这个问题，避免重复建模，建筑能耗模拟软件希望从 BIM 信息中获得的构件是没有厚度的一组坐标。<br>除了对围护结构的简化外，由于实际的建筑和空调系统往往非常复杂，完全真实的表述不仅太过繁杂，而且也没有必要，必须做一些简化处理。比如热区的个数，往往受程序的限制，即使在程序的限制以内，也不能过多，以免速度过慢。<br>(2)补充建筑构件的热工特性参数。BIM 模型中含有建筑构件的很多信息，例如尺寸、材料等，但能耗模拟软件的热工性能参数往往没有，这就需要我们进行补充和完善。<br>(3)负荷时间表。要想得到建筑的冷/热负荷，必须知道建筑的使用情况，即对负荷的时间表进行设置，这在 BIM 模型中往往是没有的，必须在能耗模拟软件中单独进行设置。由于还有其他模拟要基于 BIM 信息进行计算(比如采光和 CFD 模拟)，所以可以在 BIM 信息中增加负荷时间表，降低模拟软件的工作量。<br>2. 常用的建筑能耗模拟分析软件<br>用于建筑能耗模拟分析的软件有很多，美国能源部统计了全世界范围内用于建筑能效、可再生能源、建筑可持续等方面评价的软件工具，到目前为止共有 393 款。其中比较流行的主要有：Energy-10、HAP、TRACE、DOE-2、BLAST、Energyplus、TRAN-SYS、ESP-r、Dest 等。<br>目前国内外有许多软件工具也是以 Energyplus 为计算内核开发了一些商用的计算软件，如 Design-Builder、OpenStudio、Simergy 等。本书仅以 Simergy 为例，说明基于 BIM 的热工能耗模拟计算 |

续表

| 项　目 | 内　容 |
|---|---|
| 基于 BIM 的建筑热工和能耗模拟分析 | 3. Simergy 基于 BIM 的能耗模拟<br>Simergy 热工能耗模拟计算应用流程如图 3-30 所示。<br>(1)导入模型。BIM 模型中包含了很多的建筑信息,数据量非常大。对于能耗模拟计算,仅仅需要建筑的几何尺寸、窗洞口位置等基本信息,目前的 gbXML 文件格式就是包含这类信息的一种文件,所以直接从 BIM 建模软件中导出 gbXML 文件就可以了。<br>(2)房间功能及围护结构设置。由于模型传输的过程中有可能会出现数据的丢失,因此需要对模型进行校对以保证信息的完整。<br>一栋建筑中有很多不同功能要求的房间,必须分别设置采暖空调房间和非采暖空调房间,对于室内温度要求不一样的房间,也应该进行单独设置;同时,对于大型建筑,某些功能空间要求和室内环境有一样的使用时间,为了减少计算资源的占用,需要合并房间时也在该操作中进行。<br>(3)模拟基本参数设置。在设置空调系统之前,必须对模拟类型和模拟周期等进行设置。所有参数设置完成后,需要将以上设置内容保存为模板以供模拟运行时进行调用。<br>(4)空调系统设置。要保证计算能耗与实际结果的一致性,必须按照实际空调系统的设置情况对空调系统进行配置。具体的容量设置包括:空调类型、冷气环路、冷凝水环路、冷却水环路等 |
| 基于 BIM 的声学模拟分析 | 1. 基于 BIM 的室内声学分析<br>人员密集的空间尤其是声学品质要求较高的厅堂,如音乐厅、剧场、体育馆、教室以及多功能厅等,在进行绿色建筑设计时,需要关注建筑的室内声学状况,因而有必要对这些厅堂进行室内声学模拟分析。基于 BIM 的室内声学分析流程如图 3-31 所示。<br>室内声学设计主要包括建筑声学设计和电声设计两部分。其中建筑声学是室内声学设计的基础,而电声设计只是补充部分。因此,在进行声学设计时,应着重进行建筑声学设计。常用的建筑声学设计软件有:Odeon、Raynoise 和 EASE。其中,Odeon 只用于室内音质分析,而 Raynoise 兼做室外噪声模拟分析,EASE 可做电声设计。<br>三种室内声学分析软件都是基于 CAD 输出平台,包括 Rhino、SketchUp 等建模软件都可以通过 CAD 输出 DXF、DWG 文件导入软件,或者是通过软件自带建模功能建模,但软件自带建模功能过于复杂,一般不予考虑。<br>从软件的操作便捷性来看,Odeon 软件操作更为简便;Raynoise 软件虽然对模型要求较为简单,不必是闭合模型,但导入模型后难以合并,不便操作;EASE 软件操作较为烦琐,且对模型要求较高,较为不便。<br>从软件的使用功能来看,Odeon 软件对室内声学分析更具权威性,而且覆盖功能更加全面,包括厅堂音乐声、语音声的客观评价指标以及关于舞台声环境各项指标,涵盖室内音质分析,并可作室外噪声模拟;EASE 在室内音质模拟方面不具权威性,虽然开发的 Aura 插件包括一些基础的客观声环境指标,但覆盖范围有限,其优势在于进行电声系统模拟。<br>在实现 BIM 应用与室内声学模拟分析软件的对接过程中,应注意以下几点:<br>(1)在使用 Revit 软件建立信息化模型时,可忽略对室内表面材料参数的定义,导出模型只存储几何模型;<br>(2)Revit 建立的模型应以 DXF 形式导出,并在 AutoCAD 中读取;<br>(3)Revit 导出的三维模型中的门窗等构件都是以组件的形式在 CAD 中显示的,可先删去,再用 3Dface-命令重新定义门窗面;<br>(4)Revit 导出的三维模型中的墙体、屋顶以及楼板等都是有一定厚度的,导入 Odeon 等声学分析软件后进行材料参数设置时,只对表面定义吸声扩散系数。<br>2. 基于 BIN 的室外声学分析<br>在进行绿色建筑设计时,尤其关注室外环境中的环境噪声,一般进行环境噪声的模拟分析是使用 Cadna/A 软件。Cadna/A 软件可以进行以下模拟:工业噪声计算与评估、道路和铁路噪声计算与预测、机场噪声计算与预测、噪声图。基于 BIM 的室外噪声分析流程如图 3-32 所示。<br>在进行道路交通噪声的预测分析时,输入信息包含各等级公路及高速公路等,用户可输入车速、车流量等值获得道路源强,也可直接输入类比的源强。普通铁路、高速铁路等铁路噪声,可输入列车类型、等级、车流量、车速等参数。经过预测计算后可输出结果表、计算的受声点的噪声级、声级的关系曲线图、水平噪声图、建筑物噪声图等。输出文件为噪声等值线图和彩色噪声分布图。<br>在实现 BIM 应用与室外环境噪声模拟分析软件对接过程中,应注意以下几点:<br>(1)使用 Revit 软件建模时,需将整个总平面信息以及相邻的建筑信息体现出来;<br>(2)导出模型时应选择导出 DXF 格式,并在 CAD 中读取;<br>(3)在 CAD 中简化模型时,应保存用地红线、道路、绿化与景观的位置,同时用 PL 线勾勒三维模型平面(包括相邻建筑),并记录各单栋建筑的高度,最后保存成新的 DXF 文件导入模拟软件中;<br>(4)模拟时先根据导入的建筑模型的平面线和记录的高度在模拟软件中建模,赋予建筑定义 |

续表

| 项　　目 | 内　　容 |
|---|---|
| 基于 BIM 的光学模拟分析 | 1. 建筑采光模拟软件选择<br>按照模拟对象及状态的不同，建筑采光模拟软件大致可分为静态和动态两大类。<br>静态采光模拟软件可以模拟某一时间点建筑采光的静态图像和光学数据。静态采光分析软件主要有 Radiance、Ecotect 等。<br>动态采光模拟软件可以依据项目所属区域的全年气象数据逐时计算工作面的天然光照度，以此为基础，可以得出全年人工照明产生的能耗，为照明节能控制策略的制订提供数据支持。动态采光模拟软件主要有 Adeline、Lightswitch Wizard、Sport 和 Daysim，前三款软件存在计算精度不足的缺陷，相比较 Daysim 的计算精度较高。<br>2. BIM 模型与 Ecotect Analysis 软件的对接<br>BIM 模型与 Ecotect Analysis 软件之间的信息交换是不完全双向的，即 BIM 模型信息可以进入 Ecotect Analysis 软件中模拟分析，反之则只能誊抄数据或者通过 DXF 格式文件到 BIM 模型文件里作为参考，如图 3-33 所示。从 BIM 到 EcotectAnalysis 的数据交换主要通过 gbXML 或 DXF 两种文件格式进行。<br>(1)通过 gbXML 格式的信息交换。gbXML 格式的文件主要可以用来分析建筑的热环境、光环境、声环境、资源消耗量与环境影响、太阳辐射分析，也可以进行阴影遮挡、可视度等方面分析。gbXML 格式的文件是以空间为基础的模型。房间的围护结构，包含“屋顶”“内墙和外墙”“楼板和板”“窗”“门”以及“窗口”，都是以面的形式简化表达的，并没有厚度。BIM 模型通过 gbXML 格式与 Ecotect Analysis 间的数据交换时，必须对 BIM 模型进行一定的处理，主要是在 BIM 模型中创建“房间”构件。<br>(2)通过 DXF 格式的信息交换。DXF 格式的文件适用于光环境分析、阴影遮挡分析、可视度分析。DXF、文件是详细的 3D 模型，因为其建筑构件有厚度，同 gbXML 文件相比，分析的结果显示效果更好一些。但是对于较为复杂的模型来说，DXF 文件从 BIM 模型文件导出或者导入 Ecotect Analysis 的速度都会很慢，建议先对 BIM 模型进行简化 |

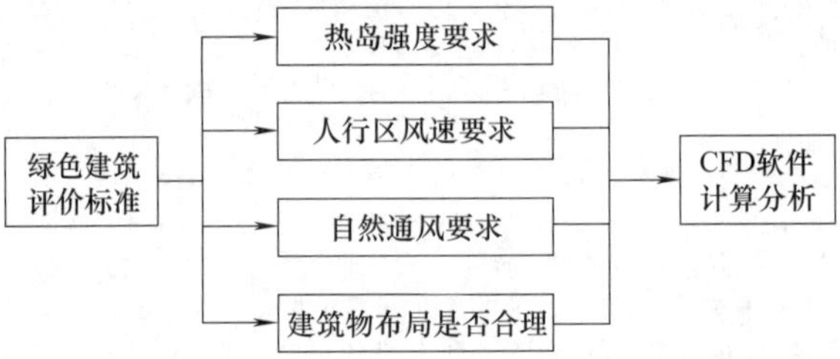


图 3-28　绿色建筑设计对 CFD 软件计算分析的要求

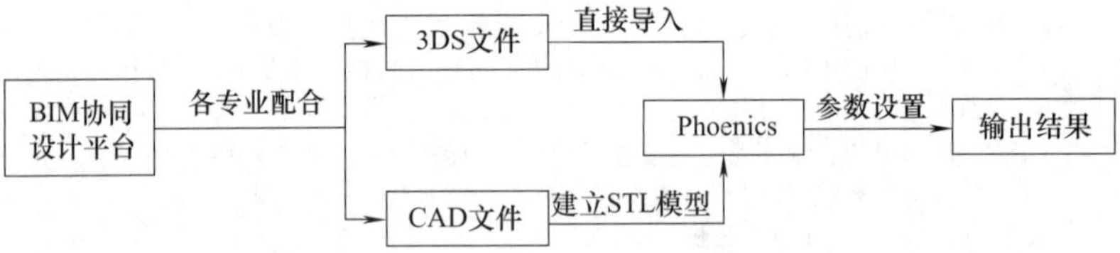


图 3-29　BIM 设计与 Phoenics 的配合流程

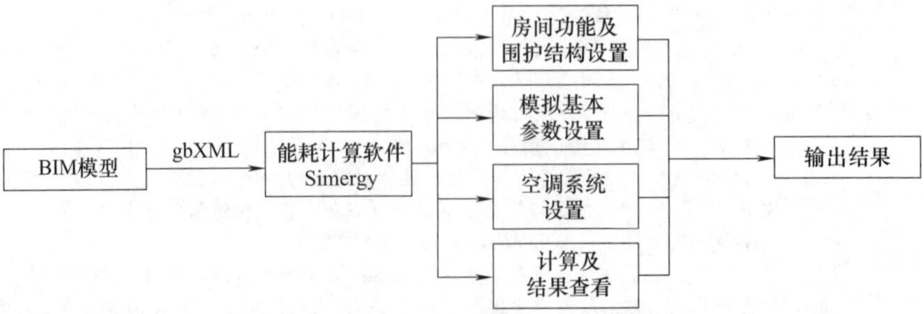


图 3-30　Simergy 热工能耗模拟计算应用流程

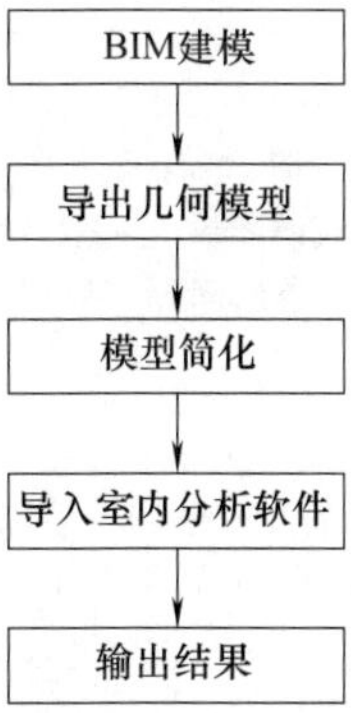


图 3-31 基于 BIM 的室内声学分析流程

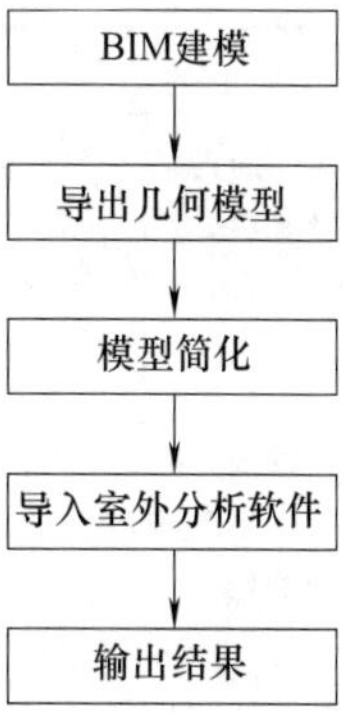


图 3-32 基于 BIM 的室外噪声分析流程

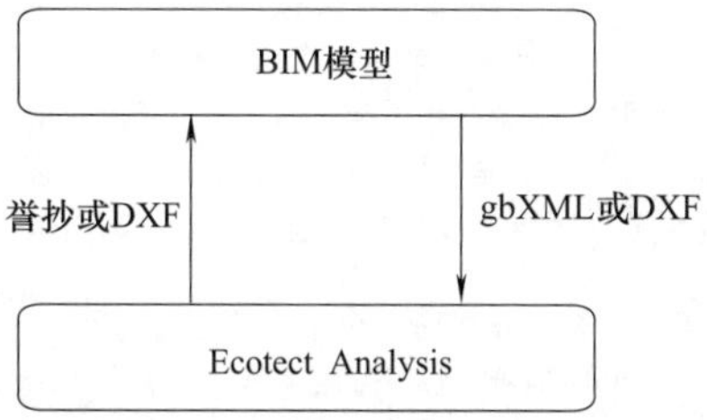


图 3-33 BIM 模型与 Ecotect Analysis 之间的信息交换

# 第七节 BIM 设计变更应用管理

在实践中，工程变更管理存在很多问题，主要表现在：工程变更管理不重视设计阶段的预先控制，导致后期的工程变更增多；工程变更发生之后的信息管理手段落后，缺乏系统的软件支持；项目参与方之间沟通协调困难。BIM 技术的应用正好可以有效地解决这些问题，达到缩短工期、节约成本、减少变更的作用。

BIM 技术的发展使设计精度、设计效率大大提高，可以减少因为设计带来的变更。其次，工程变更管理手段过于单一，基本上停留在手工作业上，导致处理时间过长，效率低下，由于项目在建成过程中的高效动态变化，数据不容易获取，尤其当发生变更时，不光是设计人员工作量增加，相应的施工人员和造价工程师等的劳动量也增加。再次，传统的变更管理多依赖与项目管理者的经验，难以形成标准化、规范化管理模式，组织关系混乱，管理结构和人员权责不明确。

结合 BIM 技术的应用现状，通过前面对工程变更管理现存问题分析，总结出工程变更管理中需要 BIM 技术的以下功能，这些功能的综合应用可以实现对工程变更的有效管理的动态控制，见表 3-16。

**表 3-16 基于 BIM 设计变更应用管理**

| 项 目 | 内 容 |
| --- | --- |
| 参数化变更管理 | BIM 中建筑基本单元是参数化构件。构件参数化可以为设计提供开放式的图形式系统，可以逐步细化设计用途，参数化之间的相互关系可以用于支持 BIM 所提供的协调和变更管理功能。BIM 的一个基本特性是能够协调变更并始终保持一致，所有 BIM 模型信息都存储在一个位置，比如说建筑专业添加了一堵墙，那么 MEP 专业无需再添加任何墙，会自动更新到 MEP 专业中，因为这堵墙在整个 BIM 模型中是唯一的。任何一处变更都可以同时有效地更新到整个模型，所有相关内容随之自动变更，无需用户干预即可实现关联内容的更新，信息更新快，对设计修改比较容易 |

续表

| 项　　目 | 内　　容 |
| --- | --- |
| 可视化程度高 | BIM软件在管线综合排布的时候，可以任意调到各种视图，如平面、立面、剖面。平面有利于布置水平管线，立面有利于垂直管线的布置，剖面有利于建筑物内部管线的布置。可以任意调到各种角度查看构件位置，解决传统绘图各专业靠空间想象力来描绘建筑物全貌的问题。可以实现水暖电系统图表达精准化、各专业大样图表达形象化，提高设计深度 |
| 协同设计 | 以前在建筑、结构完成之后，水暖电各专业都是在建筑和结构的基础上为建筑物添加管道和设备，虽然水暖电各专业都是基于同样的建筑设计来确定管线设备位置，但不容易确定水暖电各专业之间的碰撞交叉点的位置，各个专业的设计师沟通不及时，提出的修改意见要经过书面报告，信息传递速度慢。BIM技术可以通过中心文件来实现项目共享，在中心文件上可以实时看到其他专业的模型更新或修改信息，通过计算机的操作来实现协同共享，无需通过中间过程的传递。BIM的协同设计可以解决各专业之间配合不当的问题 |
| 施工资源动态跟踪 | 施工信息动态跟踪是在3D实体模型的基础上增加了资源的使用情况，建立基于BIM的4D模型。4D模型的应用可以实现建设项目资源的动态管理和成本实时监控，对施工工程量、造价统计和分析、及时发现和解决施工资源与成本的矛盾与冲突、减少工程变更发生的可能性，变更资料的搜集更加快速、有效。如图3-34所示，BIM技术的应用在数据管理方面有巨大的优势，可以知道任意节点的资源使用情况，帮助管理者实时掌握工程量的计划完工和实际完工情况 |
| BIM信息平台 | BIM信息平台就是项目参与方在同一个平台下工作，这个平台叫作BIM平台，不同专业人员将自己各自创建的模型上传到BIM平台，通过服务器可以从平台上查看和下载其他专业部件的信息，为建设方、设计方等众多单位在同一个平台上实现数据共享，使沟通更为便捷，管理更为有效，传统的沟通方式杂乱无序，杂乱的沟通方式导致工作效率不高，沟通不畅有可能导致变更的发生。基于BIM平台之后，项目参与方拿到的模型都是一致的，通过BIM平台进行沟通交流，对于业主的需求通过BIM模型来展现，让设计方、承包方明白其意图，便于沟通交流和管理，对于不满意的方案可以直接调用修改模型。利用BIM模型促进项目参与方之间沟通稳而有序，保证信息传递的可靠性 |

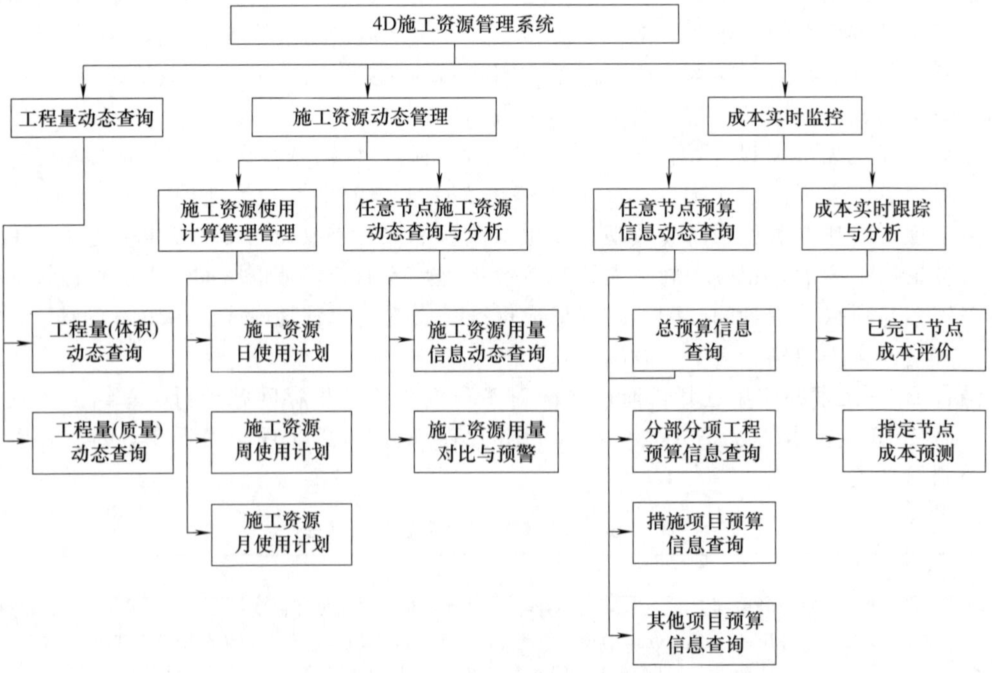


图3-34　4D施工资源管理系统

CHAPTER 4

# 第四章 BIM招投标管理

新的《建设工程工程量清单计价规范》的发布以及科技的发展使得让企业自主报价的权利得到了更充分地体现，不但进一步明确了各方主体的责权利，同时也对企业提出了更高的要求。

**1. 针对建设单位而言**

现在的工程招投标项目时间紧、任务重，甚至还出现边勘测边设计边施工的工程，甲方招标清单的编制质量难以得到保障。而施工过程中的过程支付以及施工结算是以合同清单为准，直接导致了施工过程中变更难以控制，结算费用一超再超的情况时有发生。

要想有效地控制施工过程中的变更多、索赔多、结算超预算等问题，关键是要把控招标清单的完整性、清单工程量的准确性以及与合同清单价格的合理性。

**2. 针对施工单位而言**

由于投标时间比较紧张，要求投标方高效、灵巧、精确地完成工程量计算，把更多时间运用在投标报价技巧上。这些单靠手工是很难按时、保质、保量完成的。而且随着现代建筑造型趋向于复杂化、艺术化，人工计算工程量的难度越来越大，快速、准确地形成工程量清单成为招投标阶段工作的难点和瓶颈。这些关键工作的完成也迫切需要信息化手段来支撑，进一步提高效率，提升准确度。

BIM 对于建设项目生命周期内的管理水平提升和生产效率提高具有不可比拟的优势。利用 BIM 技术可以提高招标投标的质量和效率，有力地保障工程量清单的全面和精确，促进投标报价的科学、合理，加强招投标管理的精细化水平，减少风险，进一步促进招标投标市场的规范化、市场化、标准化的发展。可以说 BIM 技术的全面应用，将对建筑行业的科技进步产生无可估量的影响，大大提高建筑工程的集成化程度和参建各方的工作效率。同时，也为建筑行业的发展带来巨大效益，使规划、设计、施工乃至整个项目全生命周期的质量和效益得到显著提高。

BIM 技术的推广与应用，极大地促进了招投标管理的精细化程度和管理水平。在招投标过程中，招标方根据 BIM 模型可以编制准确的工程量清单，达到清单完整、快速算量、精确算量，有效地避免漏项和错算等情况，最大限度地减少施工阶段因工程量问题而引起的纠纷。投标方根据 BIM 模型快速获取正确的工程量信息，与招标文件的工程量清单比较，可以制订更好的投标策略。

## 第一节 BIM 招标管理

在招标控制环节，准确和全面的工程量清单是核心关键。而工程量计算是招投标阶段耗费时间和精力最多的重要工作。而 BIM 是一个富含工程信息的数据库，可以真实地提供工程量计算所需要的物理和空间信息。借助这些信息，计算机可以快速对各种构件进行统计分析，从而大大减少根据图纸统计工程量带来的烦琐的人工操作和潜在错误，在效率和准确性上得到显著提高。

**1. 建立或复用设计阶段的BIM模型**

在招投标阶段，各专业的BIM模型建立是BIM应用的重要基础工作。BIM模型建立的质量和效率直接影响后续应用的成效。模型的建立主要有三种途径：

① 直接按照施工图纸重新建立BIM模型，这也是最基础、最常用的方式。

② 如果可以得到二维施工图的AutoCAD格式的电子文件，利用软件提供的识图转图功能，将DWG二维图转成BIM模型。

③ 复用和导入设计软件提供的BIM模型，生成BIM算量模型。这是从整个BIM流程来看最合理的方式，可以避免重新建模所带来的大量手工工作及可能产生的错误。

**2. 基于BIM的快速、精确算量**

基于BIM算量可以大大提高工程量计算的效率。基于BIM的自动化算量方法将人们从手工烦琐的劳动中解放出来，节省更多时间和精力用于更有价值的工作，如询价、评估风险等，并可以利用节约的时间编制更精确的预算。

基于BIM算量提高了工程量计算的准确性。工程量计算是编制工程预算的基础，但计算过程非常烦琐，造价工程师容易因各种人为原因而导致很多的计算错误。BIM模型是一个存储项目构件信息的数据库，可以为造价人员提供造价编制所需的项目构件信息，从而大大减少根据图纸人工识别构件信息的工作量以及由此引起的潜在错误。BIM的自动化算量功能可以使工程量计算工作摆脱人为因素影响，得到更加客观的数据。

# 第二节 BIM投标管理

## 一、BIM的施工方案模拟

借助BIM手段可以直观地进行项目虚拟场景漫游，在虚拟现实中身临其境般地进行方案体验和论证。基于BIM模型，对施工组织设计方案进行论证，就施工中的重要环节进行可视化模拟分析，按时间进度进行施工安装方案的模拟和优化。对于一些重要的施工环节或采用新施工工艺的关键部位、施工现场平面布置等施工指导措施进行模拟和分析，以提高计划的可行性。在投标过程中，通过对施工方案的模拟，直观、形象地展示给甲方。

## 二、BIM的4D进度模拟

建筑施工是一个高度动态和复杂的过程，当前建筑工程项目管理中经常用于表示进度计划的网络计划，由于专业性强、可视化程度低，无法清晰描述施工进度以及各种复杂关系，难以形象表达工程施工的动态变化过程。通过将BIM与施工进度计划相连接，将空间信息与时间信息整合在一个可视的4D（3D+Time）模型中，可以直观、精确地反映整个建筑的施工过程和虚拟形象进度。4D施工模拟技术可以在项目建造过程中合理制订施工计划、精确掌握施工进度，优化使用施工资源以及科学地进行场地布置，对整个工程的施工进度、资源和质量进行统一管理和控制，以缩短工期、降低成本、提高质量。此外借助4D模型，施工企业在工程项目投标中将获得竞标优势，BIM可以让业主直观地了解投标单位对投标项目主要施工的控制方法、施工安排是否均衡、总体计划是否基本合理等，从而对投标单位的施工经验和实力作出有效评估。

## 三、BIM 的资源优化与资金计划

利用 BIM 可以方便、快捷地进行施工进度模拟、资源优化，以及预计产值和编制资金计划。通过进度计划与模型的关联，以及造价数据与进度关联，可以实现不同维度（空间、时间、流水段）的造价管理与分析。

将三维模型和进度计划相结合，模拟出每个施工进度计划任务对应所需的资金和资源，形成进度计划对应的资金和资源曲线，便于选择更加合理的进度安排。

通过对 BIM 模型的流水段划分，可以按照流水段自动关联快速计算出人工、材料、机械设备和资金等的资源需用量计划。所见即所得的方式，不但有助于投标单位制订合理的施工方案，还能形象地展示给甲方。

## 四、碰撞检查

BIM 最直观的特点在于三维可视化，利用 BIM 的三维技术在施工前期、中期可以进行碰撞检查，这样既可以优化项目设计，减少建筑施工阶段可能存在的错误损失和返工的可能性，又加快了施工进度，为业主降低建造成本。某投标项目实例基于 BIM 技术的碰撞检查如图 4-1 所示。

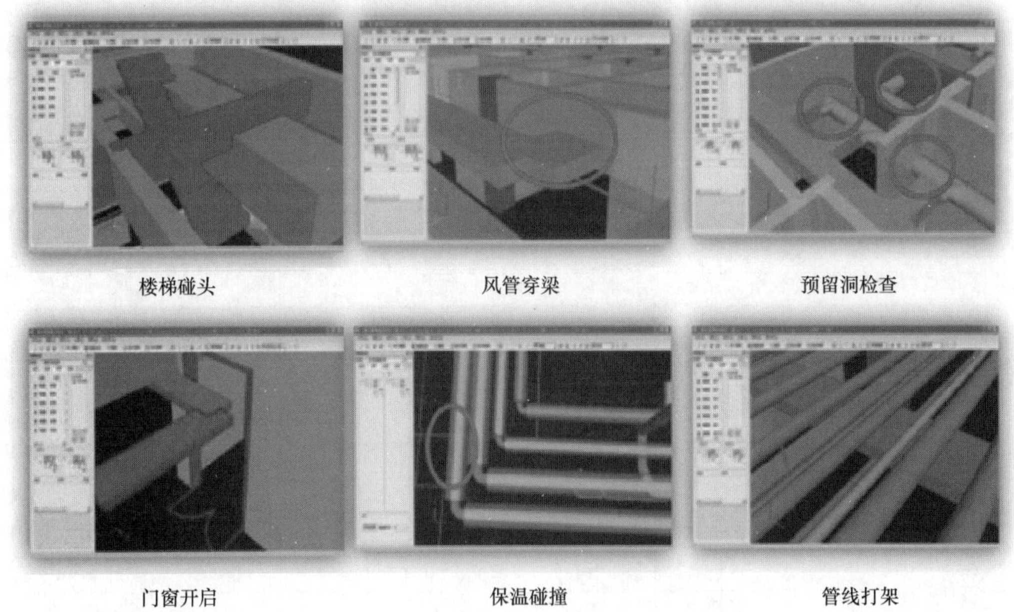


图 4-1　碰撞检查图

## 五、虚拟施工

运用 BIM 三维可视化功能再加上时间维度，利用碰撞优化后的方案，可以进行施工交底、施工模拟，发现本工程的重难点施工部位，按照场地特点、国家规范制订详细的施工方案，将施工方案模型化、动漫化，让评标专家甚至非工程行业出身的业主领导都对施工方案的各种问题和情况了如指掌，如图 4-2 所示。

## 六、排除施工隐患

BIM 模型中，对洞口、临边、电梯井等存在安全隐患的位置（图 4-3），布置上安全围

**表 4-1 清单工程量对比表**

| 序号 | 项目编码 | 项目名称 | 计量单位 | 工程量 | | | | 单价 | | 合价 | | | | 备注 |
|---|---|---|---|---|---|---|---|---|---|---|---|---|---|---|
| | | | | 实算值 | 参考值 | 差值 | 偏差值 | 实算值 | 参考值 | 实算值 | 参考值 | 差值 | 偏差率 | |
| A.2 桩与地基基础工程 | | | | | | | | | | | | | | |
| 1 | 010201003001 | 混凝土灌注桩<br>(1)土壤级别<br>(2)单桩长度、根数<br>(3)桩截面<br>(4)成孔方法<br>(5)混凝土强度等级:C35 | m | 909.86 | 904.86 | 5.00 | 0.55% | 140.54 | 140.54 | 127871.72 | 127169.02 | 702.70 | 0.55% | |
| A.3 砌筑工程 | | | | | | | | | | | | | | |
| 2 | 010304001001 | 空心砖墙、砌块墙<br>(1)墙体类型<br>(2)墙体厚度:640<br>(3)空心砖、砌块品种、规格、强度等级:MU10<br>(4)勾缝要求<br>(5)砂浆强度等级、配合比:MS | $m^3$ | 2267.85 | 2287.85 | −20.00 | −0.87% | 417.14 | 417.14 | 946010.80 | 954353.60 | −8342.80 | −0.87% | |
| A.4 混凝土及钢筋混凝土工程 | | | | | | | | | | | | | | |
| 3 | 010401003001 | 满堂基础<br>(1)混凝土强度等级<br>(2)混凝土拌合料要求:C30P6<br>(3)砂浆强度等级 | $m^3$ | 985.30 | 988.30 | −3.00 | −0.30% | 334.23 | 334.23 | 329318.16 | 330320.85 | −1002.69 | −0.30% | |

续表

| 序号 | 项目编码 | 项目名称 | 计量单位 | 工程量 | | | | 单价 | | 合价 | | | | 备注 |
|---|---|---|---|---|---|---|---|---|---|---|---|---|---|---|
| | | | | 实算值 | 参考值 | 差值 | 偏差值 | 实算值 | 参考值 | 实算值 | 参考值 | 差值 | 偏差率 | |
| A. 4 混凝土及钢筋混凝土工程 | | | | | | | | | | | | | | |
| 4 | 010401004001 | 设备基础<br>(1)混凝土强度等级<br>(2)混凝土拌合料要求:C30P6<br>(3)砂浆强度等级 | $m^3$ | 307.05 | 307.43 | 0.38 | 0.12% | 334.23 | 334.23 | 102625.84 | 102751.51 | −125.67 | −0.12% | |
| 5 | 010402001001 | 矩形柱<br>(1)柱高度:600<br>(2)柱截面尺寸<br>(3)混凝土强度等级:C30<br>(4)混凝土拌合料要求 | $m^3$ | 1401.09 | 1391.09 | 10.00 | 0.72% | 334.23 | 334.23 | 468287.14 | 464944.84 | 3342.30 | 0.72% | |
| 6 | 010403002001 | 矩形梁<br>(1)梁底标高:3000<br>(2)梁截面<br>(3)混凝土强度等级:C30<br>(4)混凝土拌合料要求 | $m^3$ | 485.19 | 470.52 | 14.67 | 3.12% | 334.23 | 334.23 | 162165.22 | 157263.18 | 4902.04 | 3.12% | |
| 7 | 010403004001 | 圈梁<br>(1)梁底标高:2900<br>(2)梁截面<br>(3)混凝土强度等级:C30<br>(4)混凝土拌合料要求 | $m^3$ | 70.59 | 71.59 | −1.00 | −1.40% | 328.63 | 328.63 | 23197.76 | 23526.39 | −328.63 | −1.40% | |

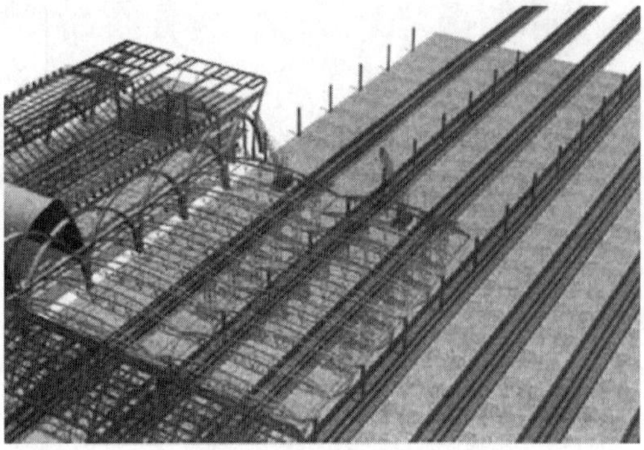

图 4-2　虚拟施工图

栏。施工前，对施工人员进行安全交底，形象、直观，让施工人员对安全隐患位置有较深的影响，确保施工过程不出安全事故。

## 七、材料分区域统计

BIM 不仅可实现三维可视化，它还是一个 6D 关联数据库。利用已经建立的模型，可以准确快速地统计到每个区域、每个构件的材料用量，点对点的材料运输，使得材料一次性到位，减少材料的二次搬运，进而有效提高各工序的配合程度，加快施工进度。

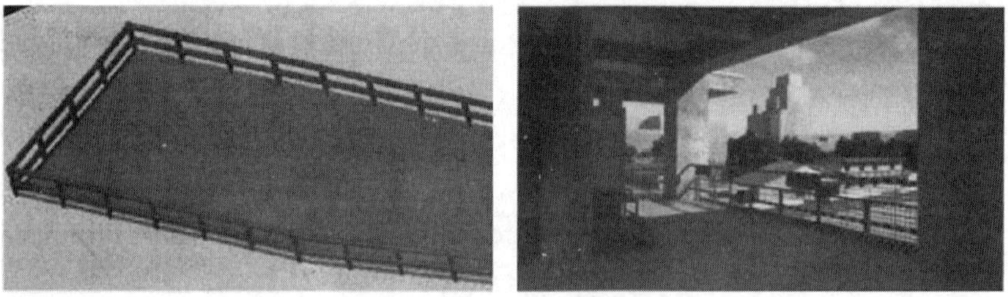

图 4-3　施工安全隐患图

## 八、工程量计算及报价

传统的招投标中由于投标时间比较紧张，要求投标方高效、灵巧、精确地完成工程量计算，把更多时间运用在投标报价技巧上。这些单靠手工是很难按时、保质、保量完成的。而且随着现代建筑造型趋向于复杂化，人工计算工程量的难度越来越大，快速、准确地形成工程量清单成为招投标阶段工作的难点和瓶颈。这些关键工作的完成也迫切需要信息化手段来支撑，进一步提高效率，提升准确度。

投标方根据 BIM 模型快速获取正确的工程量信息，与招标文件的工程量清单比较，可以制订更好的投标策略。按清单工程量对比表如表 4-1 所示。

# 第三节　BIM 招投标管理趋势

当下，招标投标行业已进入新常态。这种新常态具有以下明显的特点。一是以互联网为标志，大数据、BIM（建筑信息模型）技术、电子化三大科技手段正在促进工程建设领域快速发展，并产生质的飞跃，也为建筑业的改革发展带来革命性、方向性的变化。同时，PPP（公私合作模式）项目等一系列新的资本运作模式也给招投标方式带来新的挑战。二是我国的行政监管正在充分体现简政放权的理念，在取消非行政许可事项的同时，进一步简化审批事项，延伸服务内涵。三是全国招投标交易场所按国务院最新要求，正在进行全面整合。但总体目标依然是体现了可持续这一经济学的核心，其方向是明确的，即公共资源及建设工程交易中心从传统意义的监管服务方式向信息化、电子化交易服务平台转变。四是随着政府指导价格的放开、企业资格弱化，招标代理企业面临如何健康持续发展的新课题。

据《中国建筑施工行业信息化发展报告（2015）》透露：目前，BIM 技术在我国的应用现状是，全国有38％的建筑企业处于开始概念普及阶段，有26.1％的企业处于项目试点阶段，有10.4％的企业处于大面积推广阶段，有25.5％的企业处于尚未有推进计划阶段。

在建筑工程领域，关于BIM，有一点是行业内的共识，即在理想状态下，工程的各参与方能够基于同一个（套）项目BIM成果，来进行高效和广泛的流程管理。这里“各参与方”一般地包括业主方、设计方、施工方甚至运行维护方，也包括政府审批和监管部门。为促进BIM技术的加速发展，住房和城乡建设部在2011年5月10日印发的《2011～2015年建筑业信息化发展纲要》中8次提及BIM技术，在2014年7月1日印发的《关于推进建筑业发展和改革的若干意见》中指出，推进建筑信息模型（BIM）等信息技术在工程设计、施工和运行维护全过程的应用，提高综合效益。住房和城乡建设部又印发《关于推进建筑信息模型应用的指导意见》，加快推动BIM应用。各省也相应出台了推进BIM应用的相关文件，如：2014年7月，《山东省人民政府办公厅关于进一步提升建筑质量的意见》明确提出，推广建筑信息模型（BIM）技术。2014年10月29日，上海市政府颁布了《关于在上海推进建筑信息模型技术应用的指导意见》，明确规定大型项目和重点项目全面应用BIM技术。2015年2月，广东省住房和城乡建设厅确定了《广东省建筑信息模型应用统一标准》制订计划。2015年5月，深圳发布《深圳市建筑工务署政府公共工程BIM应用实施纲要》和《深圳市建筑工务署BIM实施管理标准》，明确了BIM应用的阶段性目标，BIM应用参与各方的职责和设计、施工、运行维护等阶段的BIM应用的标准和要求。2015年6月，福建省住房和城乡建设厅发布《2015年建筑产业现代化试点工作要点》，要求引导龙头骨干设计企业加大对建筑工业化设计的研究，探索实施BIM等先进技术在建筑工业化项目的应用，提升建筑工业化的设计深度水平。

毫无疑问，政府部门不断深入地指导和参与BIM的发展，是令人欢欣鼓舞的。为了这项事业能够持续推进下去，使各项政策落到实处，政府还需在审批层面加强管理。在对BIM技术的审批层面，要重点思考3个问题，即：标准化的支付体系、成熟的软硬件系统和符合BIM特征的审批思维。

近几年，BIM技术已迅速渗透到工程建设行业的方方面面。无论是大规模、复杂的概念性建筑，还是普遍存在的中小型实用建筑……BIM技术在我国经历了多年的市场孕育，已经开始起跑加速。

传统工程招投标管理的关键问题重点在以下方面。一是针对甲方而言，现在的工程招投标项目时间紧、任务重，甚至还出现边勘测边设计边施工的工程，甲方招标清单的编制质量难以得到保障。而施工过程中的过程支付以及施工结算是以合同清单为准，直接导致了施工过程中变更难以控制、结算费用一超再超的情况时有发生。要想有效地控制施工过程中的变更多、索赔多、结算超预算等问题，关键是要把控招标清单的完整性、清单工程量的准确性以及与合同清单价格的合理性。二是针对乙方而言，由于投标时间比较紧张，要求投标方高效、灵巧、精确地完成工程量计算，把更多时间运用在投标报价技巧上。这些单靠手工是很难按时、保质、保量完成的。而且随着现代建筑造型趋向于复杂化、艺术化，人工计算工程量的难度越来越大，快速、准确地形成工程量清单成为招投标阶段工作的难点和瓶颈。这些关键工作的完成也迫切需要信息化手段来支撑，进一步提高效率，提升准确度。

BIM技术的推广与应用，极大地促进了招投标中介咨询及服务机构的精细化程度和管理水平。在招投标过程中，招标方或代理机构根据BIM模型可以编制准确的工程量清单，达到清单完整、快速算量、精确算量，有效地避免漏项和错算等情况，最大限度地减少施工阶段因工程量问题而引起的纠纷。投标方根据BIM模型快速获取正确的工程量信息，与招标文件的工程量清单比较，可以制定更好的投标策略。在BIM技术被推广的同时，招投标监管部门和监管人员必须熟悉和掌握 BIM 技术的广泛应用，做到与时俱进，适时调整监管内容。政府监管部门参与 BIM 流程，也是行业内一个重要的发展方向。从政策层面推动 BIM 技术的应用，会极大促使其广泛使用和普及。

利用 BIM 技术在促进建筑业施工管理全面升级换代的同时，可以提高招标投标的质量和效率，有力地保障工程量清单的全面和精确，促进投标报价的科学、合理，加强招投标管理的精细化水平，减少风险，进一步促进招标投标市场的规范化、市场化、标准化发展。

## 第四节 BIM 招投标管理案例

### 一、案例一： BIM 招投标应用管理案例

#### 1. 项目背景

（1）BIM 应用的必要性　在招标控制环节，准确和全面的工程量清单是核心环节。而工程量计算是招标投标阶段耗费时间和精力最多的重要工作。而 BIM 是一个富含工程信息的数据库，可以真实地提供工程量计算所需要的物理和空间信息。借助这些信息，计算机可以快速对各种构件进行统计分析，从而大大减少根据图纸统计工程量带来的烦琐的人工操作和潜在错误，在效率和准确性上得到显著提高。

（2）本项目 BIM 应用重点　根据项目的实际考察情况，提出重点难点并进行分析与解答。

① 重难点：总承包管理要求高，组织协调难。

解决方式：BIM 深化设计协调管理流程：

a. 建立规范文件存储体系；

b. 制定统一的标准；

c. 深化设计变更管理；

d. 竣工模型管理。

② 重难点：项目占地面积大、单体建筑集中，场地交通组织、总平面管理困难。

解决方式：通过已经建立好的一段与两段实验楼模型对施工平面组织、材料堆场、现场临时建筑及运输通道进行模拟，调整建筑机械（塔式起重机、施工电梯）等安排；利用 BIM 模型分阶段统计工程量的功能，按照施工进度分阶段统计工程量，计算体积，再和建筑人工和建筑机械的使用安排结合，实现施工平面、设备材料进场的组织安排。具体应用组织如下。

a. 临时建筑：对现场临时建筑进行模拟，分阶段备工备料，计算出该建筑占地面积，科学计划施工时间和空间。

b. 场地堆放的布置：通过 BIM 模型分析各建筑以及机械等之间的关系，分阶段统计出现场材料的工程量，合理安排该阶段材料堆放的位置和堆放所需的空间，利于现场施工流水段顺利进行。

c. 机械运输（包括塔式起重机、施工电梯）等安排：塔式起重机安排，在施工平面中，以塔式起重机半径展开，确定塔式起重机吊装范围。通过四维系统模拟施工进度，显示整个施工进度中塔式起重机的安装及拆除过程，和现场塔式起重机的位置及高度变化进行对比。施工电梯安排，结合施工进度，利用 BIM 模型分阶段备工备料，统计出该阶段材料的量，加上该阶段的人员数量，与电梯运载能力对比，科学计算完成的工作量。

#### 2. BIM 应用内容

充分考虑 BIM 技术与项目施工管理的密切结合，同时注重 BIM 模型在施工过程中的变更、更新以及信息添加、信息分析应用，以保证 BIM 竣工模型在未来的运营维护管理中发挥作用。

应用本项目的 BIM 标准，在工程量的统计上，不仅可以把 BIM 模型直接导出到广联达软件中实现与定额标准的结合，直接算量计价，还可以直接用 Revit 模型实现按照施工进度要求实时地进行阶段算量，出具的清单分部分项与概预算专业的分部分项的项目编码和分类规则相一致。另外，通过制订统一的信息添加标准和规则，利用 Revit 软件的共享参数和族参数的统一设置，使得 BIM 模型的信息能够随意添加到建筑构件上，并被自由地查询、检索、统计。

（1）概念设计阶段 BIM 应用

① 冲突检测　冲突检测是指通过建立 BIM 三维空间几何模型，在数字模型中提前预警工程项目中各不同专业（建筑、结构、暖通、消防、给水排水、电气桥架、设备、幕墙等）在空间上的冲突、碰撞问题。通过预先发现和解决这些问题，提高工程项目的设计质量并减少对施工过程的不利影响。

通过 BIM 建筑结构水暖电模型的建立，导出到 Navisworks 里检查施工图的错漏碰缺，出具碰撞检查报告，并提交设计院，协商进行设计优化，使施工图设计实现零错误设计。同时可以根据项目需要直接从 BIM 模型输出无错 2D 施工图或设计变更。也可以根据项目需要进行净高检查，并与设计、施工规范要求、业主需求作对比检查。

② 模型构件的拆分　鉴于目前计算机软硬件的性能限制，整个项目都使用单一模型文件进行工作是不太可能实现的，必须对模型进行拆分。不同的建模软件和硬件环境对于模型的处理能力会有所不同，模型拆分也没有硬性的标准和规则，需根据实际情况灵活处理。

a. 一般模型拆分原则

Ⅰ. 按专业拆分，如土建模型、机电模型、幕墙模型等。

Ⅱ. 按建筑防火分区拆分。

Ⅲ. 按楼号拆分。

Ⅳ. 按施工缝拆分。

Ⅴ. 按楼层拆分。

b. 拆分要求　根据一般电脑配置情况分析，单专业模型，面积控制在 10000$m^2$ 以内，多专业模型（土建模型包含建筑与结构或者机电模型，包含水、暖、电等情况），面积控制在 6000$m^2$ 以内，单个文件大小小于 100MB。

（2）团队分工职责　见表 4-2。

**表 4-2　团队分工职责**

<table>
<tr><th colspan="2">岗　　位</th><th>职　　责</th></tr>
<tr><td colspan="2">BIM 项目经理</td><td>确保在整个项目实施中信息的统一和 BIM 团队潜力的充分发挥 BIM 技术总监。<br>参与项目实施过程中的 BIM 决策，制订 BIM 工作计划。<br>对 BIM 实施项目进行考核、评价和奖惩。<br>负责 BIM 实施环境的保障监督，协调并监督 IT 人员为各项目建立软硬件及网络环境</td></tr>
<tr><td colspan="2">BIM 高级顾问</td><td>为团队成员在项目实施过程中遇到的各种问题提供技术指导</td></tr>
<tr><td colspan="2">BIM 商务主管</td><td>负责在项目实施过程中与项目各参与方的商务对接</td></tr>
<tr><td rowspan="5">BIM 专业负责人</td><td>土建负责人</td><td rowspan="5">负责本专业内部的任务分工及协调。<br>将工程项目中每天的进程和遇到的问题准确反映在 BIM 模型之中，提供给项目经理作管理决策。<br>BIM 专业负责人在项目管理中是最直接的操作者和信息的提供者</td></tr>
<tr><td>机电负责人</td></tr>
<tr><td>造价负责人</td></tr>
<tr><td>钢结构负责人</td></tr>
<tr><td>幕墙负责人</td></tr>
</table>

续表

| 岗位 | | 职责 |
|---|---|---|
| BIM 高级工程师 | 土建 | 工程师根据设计单位提供的图纸与模型创建与修改，生成施工管理所需要的BIM模型。<br>编写各自专业在项目实施过程中的问题报告、汇报文件、制作视频等 |
| | 机电 | |
| | 钢结构 | |
| | 幕墙 | |
| | 造价 | |
| BIM 工程师 | 土建 | |
| | 机电 | |
| | 钢结构 | |
| | 幕墙 | |
| | 造价 | |

（3）BIM 深化设计的协调管理　图 4-4 中表现出了相关的步骤流程和相关团队的职责。

（4）BIM 系统实施保障

① 前提保障

a. 保证在实施前各项准备工作能按时完成；

b. 高层领导强有力地推进，保证人员的到位；

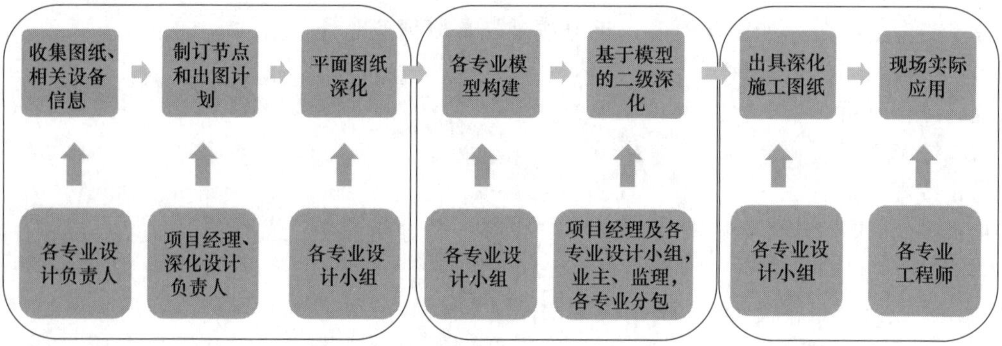


图 4-4　BIM 深化设计的协调管理图

c. 必须按正常渠道反馈实施中出现的问题；

d. 严格保证培训效果。

② 建立系统运行保障体系。

③ 编制 BIM 系统运行工作计划。

④ 建立 BIM 系统运行例会制度。

⑤ 建立系统运行检查机制。

（5）项目进度计划　见表 4-3。

BIM 对于建设项目生命周期内的管理水平提升和生产效率提高具有不可比拟的优势。利用 BIM 技术可以提高招标投标的质量和效率，有力地保障工程量清单的全面和精确，促进投标报价的科学、合理，加强招标投标管理的精细化水平，减少风险，进一步促进招标投标市场的规范化、市场化、标准化的发展。可以说 BIM 技术的全面应用，将为建筑行业的科技进步产生无可估量的影响，大大提高建筑工程的集成化程度和参建各方的工作效率。

表 4-3 项目进度计划

| 成果描述 | 完工时间 |
|---|---|
| BIM 组织架构表，组建本项目 BIM 团队 | 合同签订后的 15d 内 |
| BIM 执行计划书，包括 BIM 实施标准，实施规划的确定 | 合同签订后的 30d 内 |
| 基础模型的搭建，包括场地，园林景观，市政道路及管线，建筑结构，水暖电施工图模型 | 合同签订后收到相关施工图纸的 60d 内 |
| CSD、CBWD 等施工深化图纸 | 与图纸一起递交 BIM 模型 |
| 施工变更引起的模型修改 | 在收到变更单后的 7d 内 |
| 精装修模型搭建，幕墙、钢结构深化设计模型 | 在相应部门施工前的一个月内 |
| 碰撞检测报告及解决碰撞 | 在相应部门施工前的一个月内 |
| 4D 施工模拟及进度优化 | 在相应部门施工前的一个月内 |
| BIM 竣工模型 | 在出具完工证明以前 |

## 二、案例二：某工程施工投标 BIM 技术应用管理案例

BIM 应用能力作为体现企业创新能力和管理实力的重要标志，其效果在投标阶段也凸显出来。清单工程量的核对、询价、技术标的编制等都是投标中工作量比较大的管理工作。而 BIM 技术能够实现精准算量，从而辅助控制平衡投标价，而其使施工组织更加可视化，以及可视化展示技术方案的主要疑难内容，可以使技术标更加让招标人认可。熟练掌握 BIM 技术应用的投标队伍可极大地减少传统大量人员重复算量、二维图纸沟通不畅等诸多不便，把问题快速地排查清楚，能极大地减少投标参与人员，而且效率更高。本案例就土护降工程投标阶段如何在方案策划上综合应用 BIM 技术展开。

### 1. 项目背景

航站楼的中心区基坑及基础桩工程，其基坑面积达 19 万平方米、基坑周长约 2100m，土方量约 200 万平方米，护坡桩 1900 根，预应力锚杆约 80000 延米，降水井约 270 眼，基础桩 8400 根约 22 万立方米混凝土，桩间土开挖和 8400 根基础桩的桩头凿除和检测也包含在施工招标范围内，施工工程量非常大。基坑及基础桩工程要求 2014 年 9 月开工，2015 年 2 月（农历正月）竣工，工期 150 日历天，施工大部分时间处于冬季。工程有规模大、工序多、工期紧等特点。BIM 应用需要针对造价的准确性和工程管理的重点及难点展开。

### 2. BIM 应用内容

（1）策划　根据机场基坑面积大、深度大，基坑开槽标高多，支护形式多样，基坑排水面积大等特点，基坑工程施工信息技术应用如表 4-4 所示，基坑施工 BIM 整体应用方案示意图如图 4-5 所示。

表 4-4 基坑工程施工信息技术应用表

| 信息化系统 | 信息化应用内容 |
|---|---|
| 某机场工程项目管理信息系统 | 合同管理、文档管理、进度款管理、物资设备管理 |
| 基坑工程实时监测信息化应用系统 | 桩（坡）顶水平位移、桩（坡）顶垂直位移、地表沉降观测、锚杆拉力监测、地下水位监测 |
| BIM 可视化管理系统 | 三维场地布置、土方施工进度模拟、桩基 4D 施工进度模拟、可视化进度管理、桩基精细化控制 |
| 安全绿色文明施工信息化应用 | 实名制门禁管理、视频监控、施工场景三维 GIS 展现、会议室大屏中心建设、物料管理信息化 |

基于上述方案设计，策划施工过程拟采用 BIM 系列软件，以及位移监测、地表沉降监

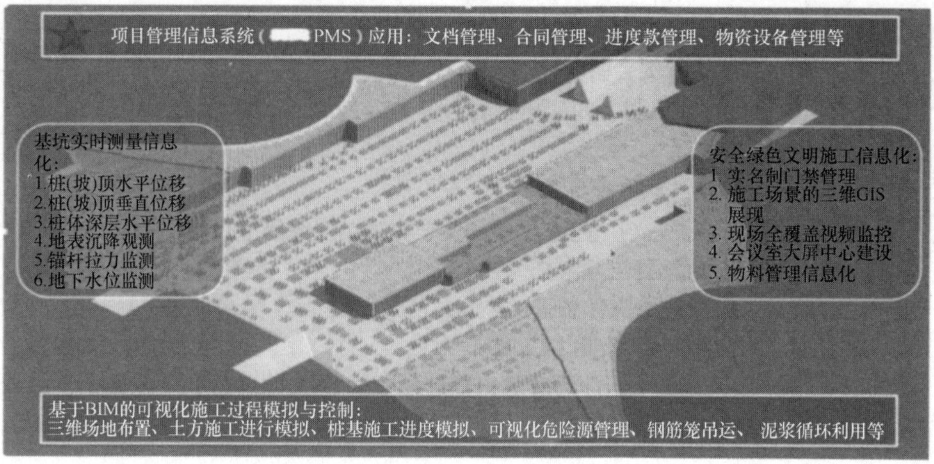


图 4-5 基坑施工 BIM 整体方案示意图

测、锚杆拉力监测、地下水位监测、大屏中心、门禁系统等硬件设备。同时，本工程将在施工现场布置如图 4-6 所示的硬件环境。

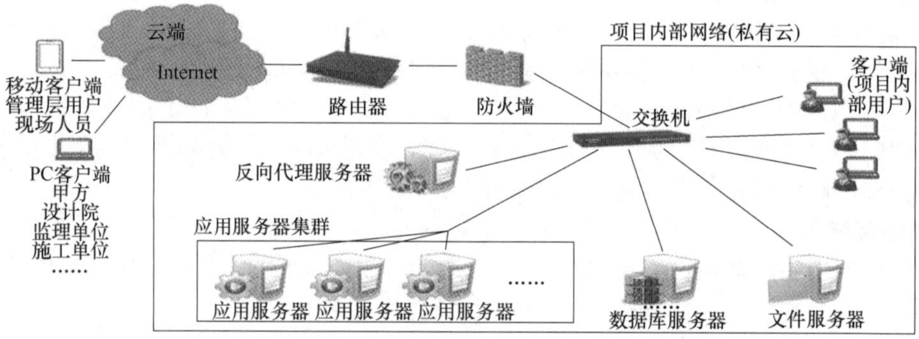


图 4-6 施工现场信息化硬件环境方案

（2）投标阶段 BIM 技术综合应用表述　见表 4-5。

表 4-5 投标阶段 BIM 技术综合应用解决的主要问题

| 解决的问题 | 采取的信息技术 |
|---|---|
| 施工进度及工况模拟 | 4D-BIM 平台或 Navisworks 等 |
| 施工机械管理 | GIS＋GPS＋BIM＋视频监控 |
| 土方开挖工程量控制 | 利用地表模型、进度模型、激光扫描、视频监控、机械计划、4D-BIM |
| 土方外运控制 | 利用地表模型、最终场控标高模型平衡土方外运 |
| 护坡桩检测 | 信息平台＋GIS，实现报警信息 |

（3）组织机构　为保证投标后 BIM 技术应用的质量和效果，选择具有 BIM 管理经验的人员，建立以投标项目经理为负责人的组织机构，将施工管理 BIM 应用落实到岗位职责和每个参与的管理人员。投标期间组建 BIM 团队，在投标组织机构中，由企业的 BIM 中心经理负责牵头 BIM 团队，对整个项目投标期间 BIM 工作的开展负责。团队参与组织、监督和协调项目投标全方向及全过程，参与支持重大事件决策，配置包括顾问、建模、算量、三维可视化模拟、深化设计、管理应用、服务支持、项目协调、技术支持等岗位成员，明晰岗位

职责。信息化实施组织机构图如图 4-7 所示。

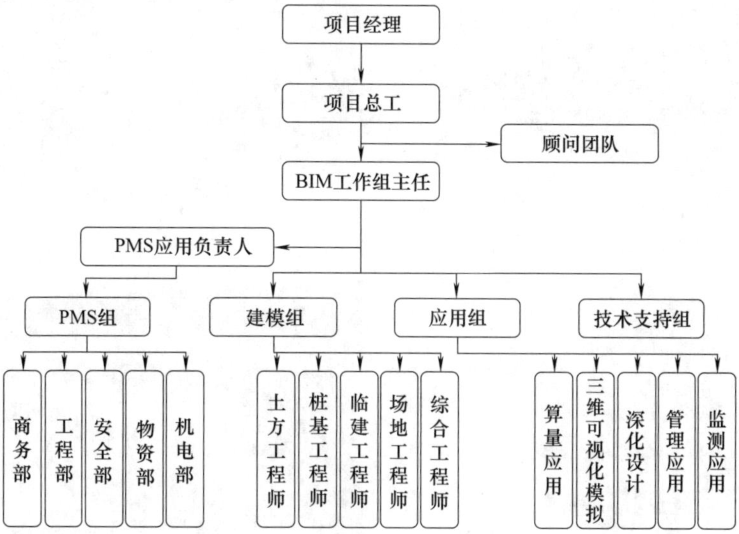


图 4-7 信息化实施组织机构图

(4) 制订实施计划　策划项目 BIM 应用实施计划，满足从进场开始直至基坑项目竣工，关键线路是软硬件的配置、软件操作培训及试运行、机场项目管理信息系统的应用及承包人自主基于 BIM 的项目管理系统的应用。

(5) BIM 建模、模型整合及施工模拟

① 各类模型的创建及整合。应用建模软件建立基坑施工的 BIM 模型、地表模型、现场临时设施、施工场地布置的模型（图 4-8），并且为土方施工、护坡施工、桩基施工、降排水等分项工程建立施工 BIM 模型。

图 4-8 场地模型

再结合施工项目管理技术，尤其是进度管理、成本管理的综合应用，形成基于 BIM 5D 技术的施工项目管理信息化管理应用（图 4-9）。

② 施工模拟。进行施工技术方案中关键工序、施工场地建模后的动态模拟，包括场地布置、打桩流程、泥浆制备、钢筋笼吊运、施工阶段终态模拟等（图 4-10～图 4-14）。

(6) 土方工程中的 BIM 应用

① 土方施工进度模拟。通过土方工程施工部署的动态模拟，通过可视化的方式优化土方施工方案及施工部署，提高方案的合理性、科学性。在施工过程中，通过施工进度模拟提高施工项目各方之间协调管理工作的质量和效率。

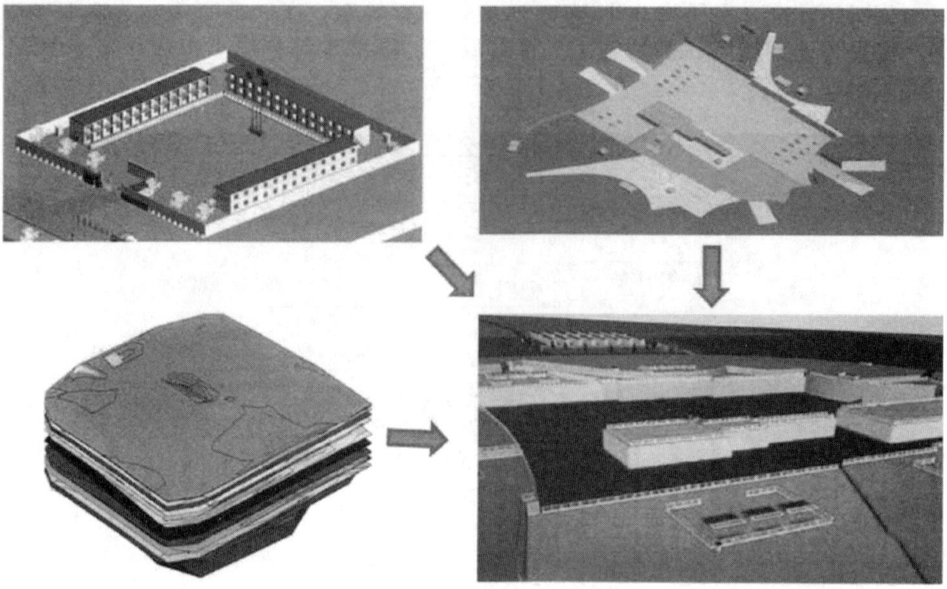

图 4-9　模型整合示意图

② 土方开挖工程量控制。运用 BIM 技术生成原始地形数字模型并在此基础上进行土方量计算，不但计算结果更加准确，时间上也仅仅需要几天即可完成。各种土方量计算结果能够以表格或报表方式输出。

图 4-10　施工场地布置模拟

图 4-11　桩基施工流程模拟

图 4-12　泥浆制备模拟

图 4-13　钢筋笼吊运

图 4-14　施工阶段终态模拟

a. 土方开挖工程量的计算流程。

Ⅰ. 依据地质勘察报告，创建地下土层模型，真实反映地下土层状况（图 4-15）。

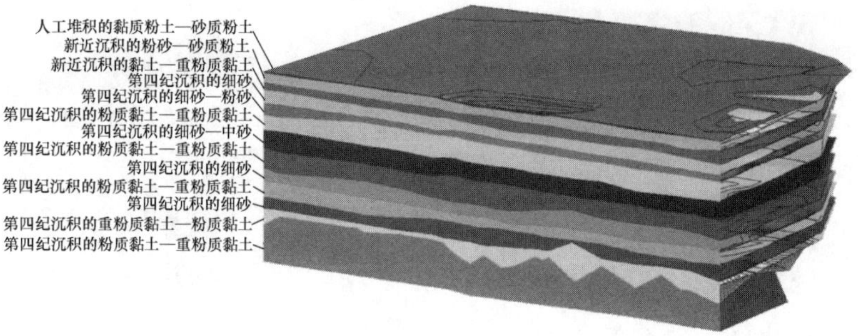


图 4-15 土层模型及对应土层列表

Ⅱ. 根据施工方案建立土方开挖的 BIM 模型（图 4-16）。

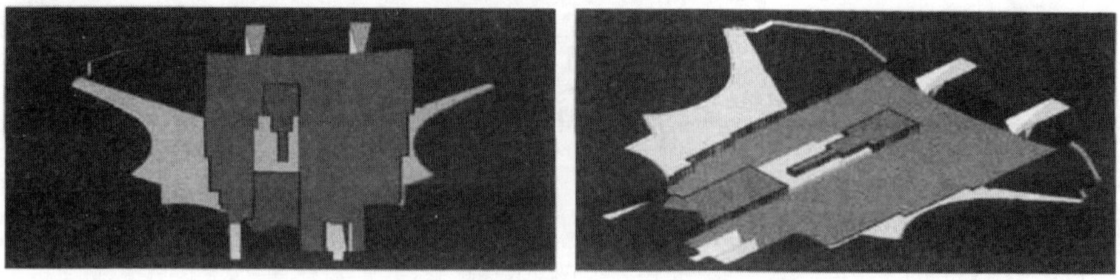

图 4-16 创建土方开挖的 BIM 模型

Ⅲ. 将土方开挖的 BIM 模型与地质土层模型进行对比（图 4-17）。

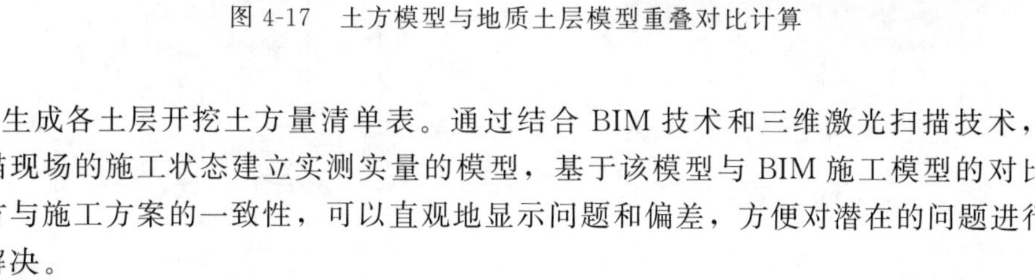

图 4-17 土方模型与地质土层模型重叠对比计算

Ⅳ. 生成各土层开挖土方量清单表。通过结合 BIM 技术和三维激光扫描技术，用三维激光扫描现场的施工状态建立实测实量的模型，基于该模型与 BIM 施工模型的对比，可以分析挖方与施工方案的一致性，可以直观地显示问题和偏差，方便对潜在的问题进行及时的监控和解决。

b. 检测土方施工误差的过程。

Ⅰ. 根据施工方案建立土方开挖的 BIM 模型。

Ⅱ. 使用三维激光扫描仪，扫描现场的土方施工状态，形成点云模型（图 4-18）。

Ⅲ. 使用 Revit 软件的导入点云数据的插件，根据点云模型自动生产施工现状模型。

Ⅳ. 通过模型的对比，直观地显示出现场施工状态与设计方案的对比情况（图 4-19）。

（7） 桩基工程的 BIM 应用

① 桩基施工进度模拟。通过桩基工程施工部署的动态模拟，通过可视化的方式优化桩

基施工方案及施工部署，提高方案的合理性、科学性。在施工过程中，通过施工进度模拟提高施工项目各方之间协调管理工作的质量和效率。

图 4-18　点云模型

图 4-19　BIM 模型与点云模型对比分析

② 桩施工精细化控制。建立基坑施工 BIM 模型，对 BIM 模型中的桩构件按照区域划分，为每根基础桩、护坡桩建立施工进度、质量信息库，通过移动端设备采集现场施工进展和质量验收情况，通过基于 BIM 大数据的统计和分析，实现桩施工过程中的精细控制和管理。

按照桩施工工艺过程，选择五个关键的控制节点，即测量放线、成孔、钢筋笼验收、灌注混凝土和后压浆。对每个节点的进度、质量验收信息进行及时、准确的跟踪，建立施工过程大数据模型。

精细化桩基施工过程的应用过程如下。

a. 根据建模规则，建立桩基工程 BIM 模型，每个基础桩、护坡桩具有唯一的编码，根据该编码可以查询桩施工过程中关键进度、质量的数据。

b. BIM 模型支持按照施工部署和现场协调安排进行区域划分，方便进行进度计划与 BIM 模型的关联。

c. 通过移动端设备，跟踪每根桩的施工开始、施工完成时间。在施工过程中可以按照施工工序录入该节点的完成时间，施工班组、施工设备和质量验收的信息。当每根桩施工完成时，需要点击完成按钮，如果有关键工序没有通过验收或者未点击完成，系统会给出提示，如图 4-20 所示。

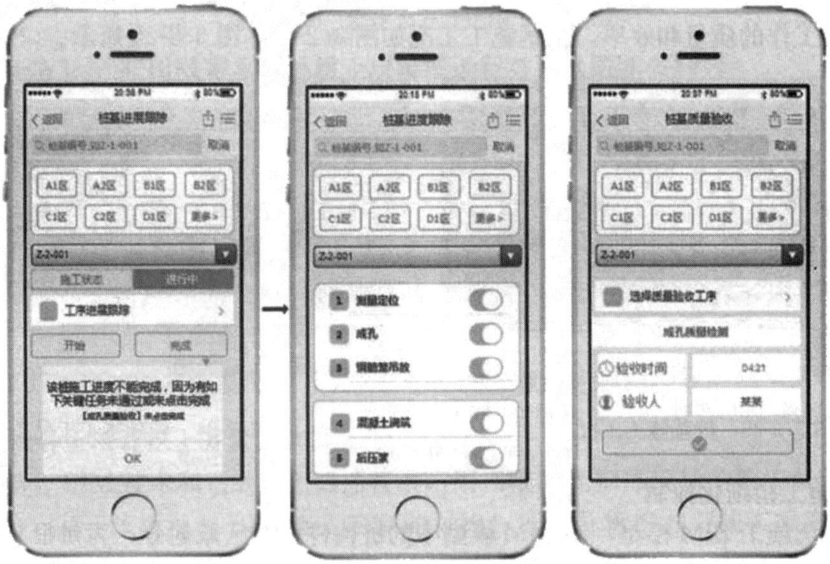


图 4-20　控制点进度、质量信息移动端收集

d. 桩基进度查看：通过 BIM 模型查看各区域的施工状态、质量过程的检验信息。基于桩基施工过程中关键进度、质量控制点的大数据收集，系统统计各工序的进度完成情况，统计各工序的质量完成情况。在各控制节点支持进行实际工程量统计，如钢筋笼数量的统计。

e. 施工提醒及预警：当施工进展和计划出现偏差时，根据内置的提醒和预警规则，系统进行自动的预警，并将预警通知发送到相关责任人的手机上。对现场施工计划和质量管理工作，系统通过提醒的方式提示管理人员，避免因工作忙乱导致的遗漏。

（8）降水工程的 BIM 应用　基于机场航站楼核心区基坑施工面积大、基坑开挖深、开槽标高多、排水范围广、支护形式多样等特点，迫切需要在降水施工前，利用数值分析和 BIM 手段对降水方案进行监测、仿真和预测，以及时掌控基坑核心区、基坑周边在施工过程中的降水面和降水井抽水量。

① 渗透系数的数值分析与反演。由于土的性质、土层厚度等复杂的地质情况，造成很难取得渗透系数的实际值。本项目在通用数值分析软件的基础上，建立降水的数值分析模型，对基坑降水设计方案进行数值仿真模拟。在施工过程中，根据实际降水监测数据与模拟效果对比，反演和修正渗透系数等降水关键参数。图 4-21 给出了模拟单井降水工况下地下水位下降过程的示意，施工过程中按照实际基坑和降水方案建模进行仿真模拟和反演计算。

图 4-21　单井降水后基坑地下水位变化示意图

② 地下水施工的动态预测与超前控制。降水施工过程中，建立数值计算模型，依据反演修正后的渗透系数等参数，对设计中的降水方案进行模拟分析，对于可能存在诸如由承压水导致的坑底隆起和暴雨等异常工况，通过数值模拟进行事先预测。这个分析过程随着降水过程多次进行，以实现降水过程中的动态分析，提前采取有效措施，指导后续降水。

（9）基于 BIM 技术的进度 4D 可视化管理

① 基于 BIM 技术的计划编制与模拟。通过建立基坑施工的 BIM 模型，以 BIM 模型提供的工程量作为参考，辅助进行进度计划的编制（图 4-22）。通过建立进度计划与模型的关联，按照进度计划的进程用 BIM 模型展现施工进展。通过 BIM 进度模拟可以检查进度计划

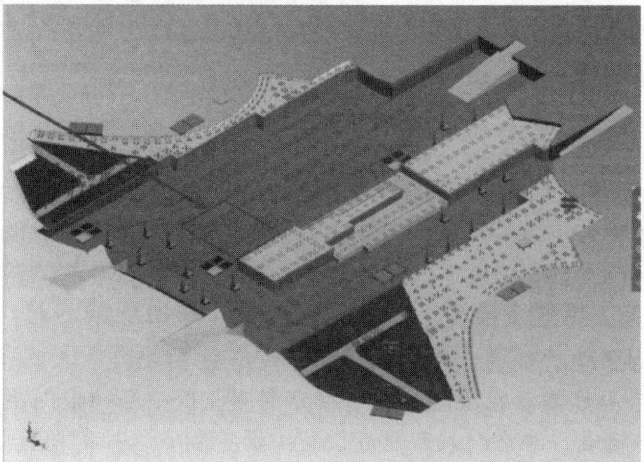

图 4-22　基于 BIM 的进度计划

的时间参数是否合理，工作之间的逻辑关系是否准确，各工序的工程量及劳动力的安排是否合理等。

② 施工日报。通过项目管理平台，现场管理人员对施工进度进行日常检查报告，随时检查实际工程进度（图 4-23）。

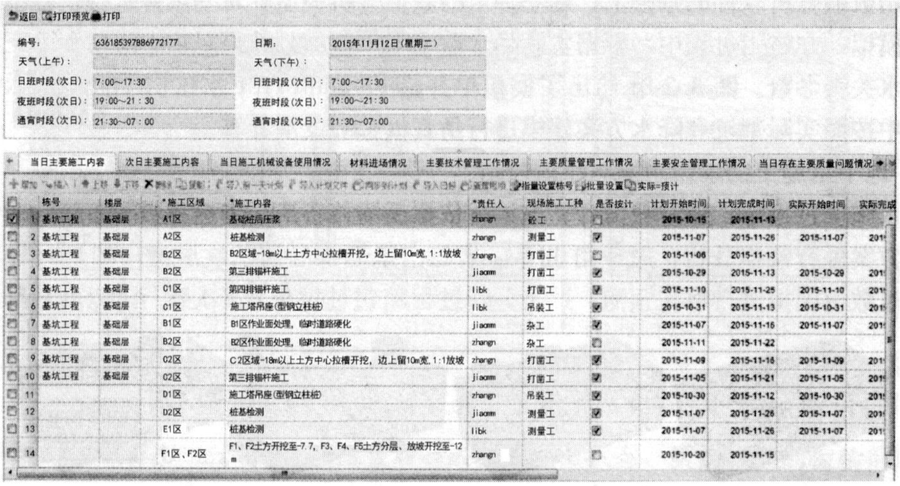


图 4-23 施工日报界面

③ 施工进度监控。通过工作面任务的进展状态（未开始、进行中、已经完成）显示出的不同颜色，帮助项目管理人员掌握现场实际施工情况。对于现场的进度偏差问题，通过系统的预警机制进行预警消息的推送（图 4-24）。

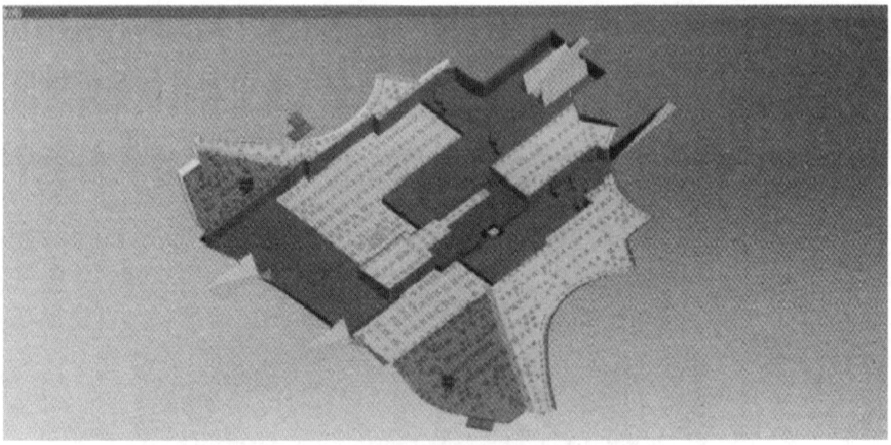

图 4-24 进度监控系统示意图

④ 基于 BIM 的进度计划分析。通过在 BIM 模型上集成进度计划和施工日报的信息后，可以通过模型直观地分析项目的进展情况，直观地显示处于不同施工状态的工作面。此外，通过查看分析图表，可以直观地查看计划进度和实际进度的对比，工程量的对比，包括各区的工程量的对比等。

（10）其他综合应用

① 会议室大屏中心建设。在现场会议室设立大屏监控中心，根据会议室墙面实际尺寸，大屏由若干块拼接屏组成，并在会议室侧面设置大屏控制室，控制监控画面。大屏左右两侧可分别显示监控画面和 BIM 模型，将 BIM 模型与现场监控进行对比，形象展现施工进度。

大屏监控中心平时主要用于现场安全监控、召开现场协调会等；在进度例会上可以在大屏上显示基于BIM模型的进展与现场监控图片的对比分析，显示进度的偏差和预警信息，支持对现场施工进展的分析和控制；当突发应急事件时，可作为临时应急指挥中心，通过多屏、多画面的实时影像，及时掌控现场情况，调动现场人员展开有序、高效的应急工作（图4-25）。

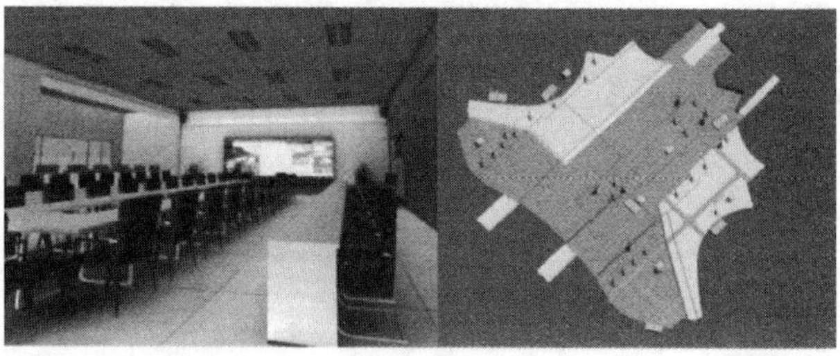

图4-25 会议室大屏中心示意图

② 基于二维码技术的混凝土量统计。施工阶段拟采用在混凝土的运送料单上打印载有混凝土运送信息的二维码，主要信息有：混凝土的方量、强度等级、坍落度、使用位置、浇筑时间、生产单位等。同时开发二维码扫描APP，混凝土罐车进入现场浇筑时，现场管理人员利用手机APP扫描二维码，“物联网混凝土统计系统”将自动读取混凝土的运送信息。根据混凝土浇筑位置、强度等级和方量，系统自动计算各区的混凝土累计浇筑完成总量、各强度等级完成总量、剩余完成量、完成比例等信息，同时，当出现浇筑缺陷时，根据浇筑时间，可查询该部位该车混凝土的运送信息，保证责任明晰，实现混凝土用量的精细化管理。混凝土完成量统计页面示意如图4-26所示。

混凝土详细表

| 序号 | 浇筑位置 | 总方量 | 剩余量 | 完成量 | 完成% |
|---|---|---|---|---|---|
| 1 | 5区 | 44851.97 | 7557.5 | 37294.47 | 17% |
| 2 | 6区 | 44345.11 | 11393.5 | 32951.61 | 26% |
| 3 | 7区 | 44491.31 | 11667 | 32824.31 | 26% |
| 4 | 8区 | 44852.17 | 9866 | 34986.17 | 22% |
| 5 | 9区 | 17033 | 9866 | 7167 | 37.20% |
| 6 | 10区 | 48074.49 | 25767.6 | 22306.89 | 54% |
| 7 | 11区 | 411552 | 77051.36 | 334500.64 | 19% |
| 8 | 12区 | 4154.74 | 2383.26 | 1771.48 | 57% |
| 9 | 13区 | 19419.87 | 10147.87 | 9272 | 37.7% |
| 10 | 14区 | 3330.16 | 2112.16 | 1218 | 36.6% |

10 第1 共2页 显示1到10

图4-26 混凝土完成量统计页面示意图

二维码技术的应用有效减少了现场管理人员手工统计混凝土浇筑量的工作量，提高了工作效率，节约了人力成本。

③ 基于GPS技术的机械设备管理。建立“施工机械设备GPS定位管理系统”，对现场主要的移动式机械设备进行GPS定位和跟踪管理，机械设备主要包括：长螺旋钻机、旋挖钻机、履带式起重机、汽车式起重机、混凝土泵车、混凝土车载泵、挖掘机、推土机、装载机、自卸汽车等。在机械设备进场时，将设备名称、型号、编号、负责人、联系方式、检测

时间、所属单位等全部信息登记到系统中，并为其发放一个小型的 GPS 定位器，将此设备固定在机械设备上，即可记录、跟踪机械设备的具体位置。登录“施工机械设备 GPS 定位管理系统”，输入该机械 GPS 定位器内置的卡号，即可查询此设备的当前位置和每天的行走路径。机械出场登记时，将定位器收回，以便下次使用（图 4-27）。

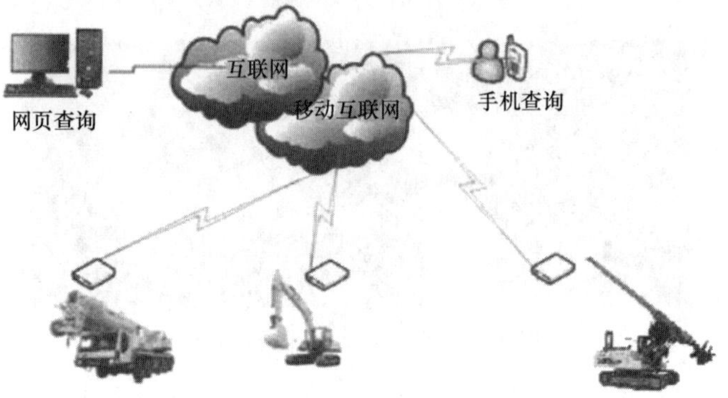


图 4-27 机械设备 GPS 定位管理示意图

管理系统根据机械设备进出场登记情况，自动统计出当天场区内的机械设备数量、每种类型及型号的设备数量、每台设备当前及某段时间所处位置、每台设备的进出场时间等信息。

④ 项目文档管理。应用云文档平台管理对内的资料文档，如技术方案、会议记录、图纸及其他的文件。

CHAPTER 5

# 第五章 BIM建造准备阶段管理

BIM 在项目建造阶段的应用主要体现在虚拟施工的管理。虚拟施工的管理是指通过BIM 技术结合施工方案、施工模拟和现场视频监测，进行基于 BIM 技术的虚拟施工，其施工本身不消耗施工资源，却可以根据可视化效果看到并了解施工的过程和结果，可以较大程度地降低返工成本和管理成本，降低风险，增强管理者对施工过程的控制能力。

## 第一节 BIM 施工方案管理

建模的过程就是虚拟施工的过程，是先试后建的过程。施工过程的顺利实施是在有效的施工方案指导下进行的，施工方案的制订主要是根据项目经理、项目总工程师及项目部的经验，施工方案的可行性一直受到业界的关注。由于建筑产品的单一性和不可重复性，施工方案具有不可重复性。一般情况下，当某个工程即将结束时，一套完整的施工方案才得以展现。虚拟施工技术不仅可以检测和比较施工方案，还可以优化施工方案，见表 5-1。

表 5-1　BIM 施工方案管理

| 类　别 | 内　容 |
|---|---|
| 场地布置方案 | 为使现场使用合理，施工平面布置应有条理，尽量减少占用施工用地，使平面布置紧凑合理，同时做到场容整齐清洁、道路畅通，符合防火安全及文明施工的要求。施工过程中应避免多个工种在同一场地、同一区域进行施工而相互牵制、相互干扰。施工现场应设专人负责管理，使各项材料、机具等按已审定的现场施工平面布置图的位置堆放。<br>基于建立的 BIM 三维模型及搭建的各种临时设施，可以对施工场地进行布置，合理安排塔吊、库房、加工厂地和生活区等位置，解决现场施工场地平面布置问题，解决现场场地划分问题；通过与业主的可视化沟通协调，对施工场地进行优化，选择最优施工路线。<br>利用 BIM 进行三维动态展现施工现场布置，划分功能区域，便于场地分析。某工程基于 BIM 的施工场地布置方案规划示例如图 5-1 及图 5-2 所示 |
| 专项施工方案 | 通过 BIM 技术指导编制专项施工方案，可以直观地分析复杂工序，将复杂部位简单化、透明化，提前模拟方案编制后的现场施工状态，对现场可能存在的危险源、安全隐患、消防隐患等提前排查，对专项方案的施工工序进行合理排布，有利于方案的专项性、合理性，如图 5-3 所示 |

现以某工程为例，根据其具体工程内容可将施工方案制订如下。

（1）土方开挖方案（图 5-4）

① 利用三维模型进行土方开挖方案的验证；

② 对支护方案进行优化，节约了近 14m 的支护施工成本。

(a) 办公区、临建区布置

(b) 加工棚布置

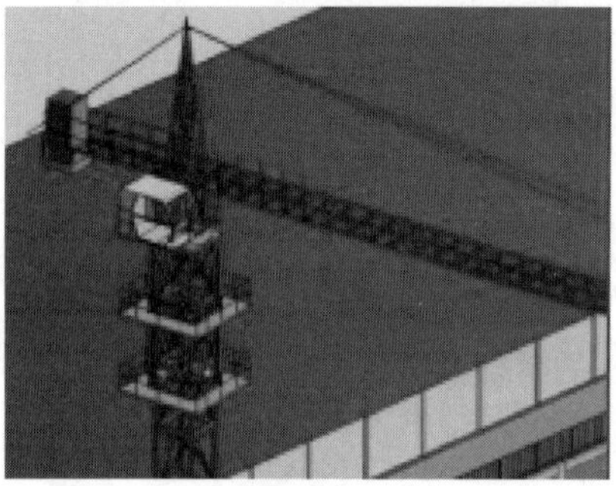

(c) 塔吊布置

(d) 材料堆场布置

图 5-1　基于 BIM 的场地分类布置示例

图 5-2　基于 BIM 的场地整体方案布置示例

（2）基础浇筑方案　如图 5-5 所示。

基础变标高连接做法、集水坑以及电梯井模型——进入方案库。

（3）测量方案模拟　如图 5-6 所示。

① 平台共享测量数据；

② 吊装顺序对测量的影响；

③ 结合两台塔吊的运输配合。

(a) 测量方案演示模拟

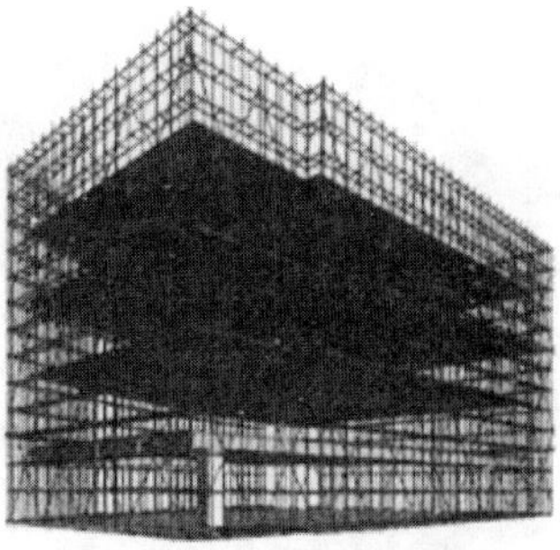
(b) 施工脚手架方案验证模拟

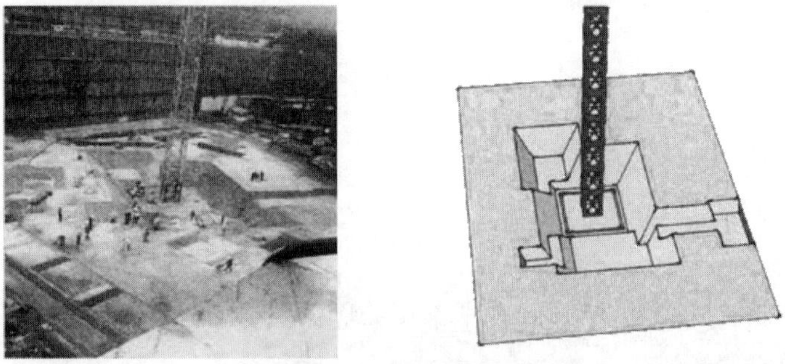
(c) 塔吊基础开挖方案模拟

图 5-3 专项施工方案规划示例

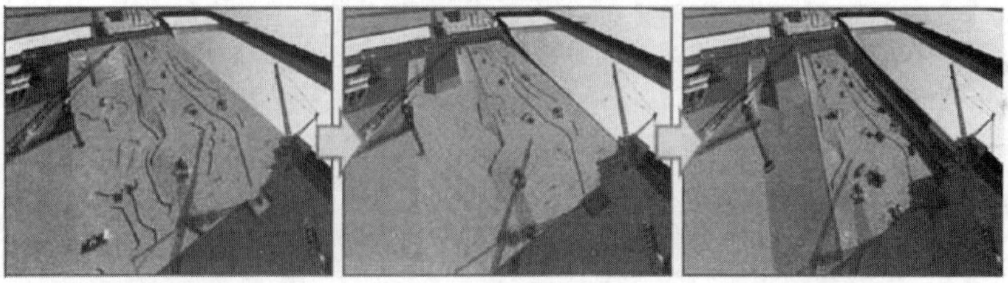
(a) 开挖阶段　(b) 下挖阶段　(c) 挖槽完毕

图 5-4 土方开挖方案

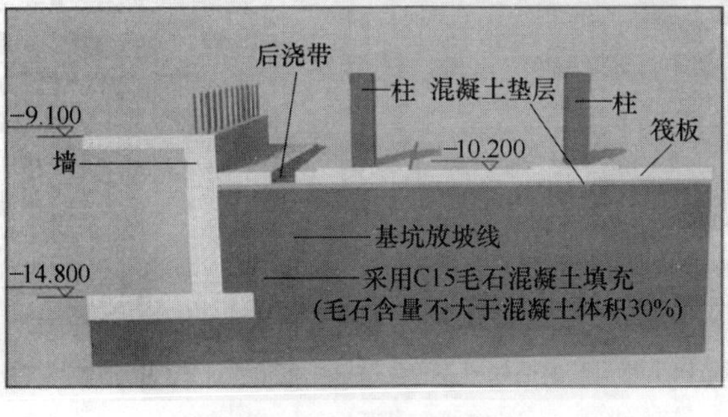

图 5-5 基础浇筑方案

图 5-6 桁架层定位测量

(4) 幕墙方案　如图 5-7 所示。

对幕墙专业设计图纸进行模型建立后，同厂家一同进行幕墙三维深化设计，同时加入幕墙安装方式模拟、施工工序交叉、运输作业。

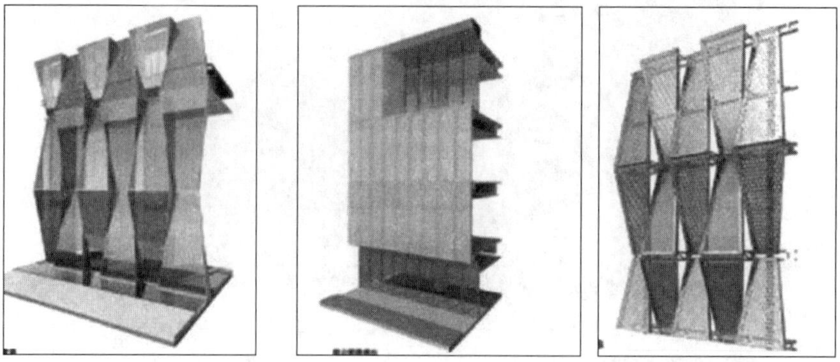

图 5-7　幕墙方案

（5）精装修方案　如图 5-8 所示。

由总包负责精装修模型建立，根据模型验证装修效果，提出对各分包深化的意见。

图 5-8　精装修方案示例

## 第二节　BIM 工艺模拟

对于工程施工的关键部位，如预应力钢结构的关键构件及部位，其安装相对比较复杂，因此合理的安装方案非常重要，正确的安装方法能够省时省费用，传统方法只有工程实施时才能得到验证，这就造成了二次返工等问题。同时，传统方法是施工人员在完全领会设计意图之后，再传达给建筑工人，相对专业性的术语及步骤对于工人来说难以完全领会。基于 BIM 技术，能够提前对重要部位的安装进行动态展示，提供施工方案讨论和技术交流的虚拟现实信息。

图 5-9　关键部位施工工艺展示

某工程钢结构吊装工艺模拟如图 5-9～

图 5-11 所示，包括验证钢构的吊装顺序、防止吊装过程中的碰撞问题以及将吊装顺序进行合理优化、计算塔吊荷载与吊装路径等。

图 5-10 关键节点安装方案演示

图 5-11 某关键节点吊装方案演示动画截图

## 第三节 BIM 施工过程模拟

**1. 土建主体结构施工模拟**

根据拟定的最优施工现场布置和最优施工方案，将由项目管理软件（如 Project）编制而成的施工进度计划与施工现场 3D 模型集成一体，引入时间维度，能够完成对工程主体结构施工过程的 4D 施工模拟。通过 4D 施工模拟，可以使设备材料进场、劳动力配置、机械排班等各项工作安排得更加经济合理，从而加强了对施工进度、施工质量的控制。针对主体结构施工过程，利用已完成的 BIM 模型进行动态施工方案模拟，展示重要施工环节动画，对比分析不同施工方案的可行性，能够对施工方案进行分析，并听从甲方指令对施工方案进行动态调整。

某工程土建结构模拟施工如图 5-12 所示。

**2. 钢结构部分施工模拟**

针对钢结构部分，因其关键构件及部位安装相对复杂，采用 BIM 技术对其安装过程进行模拟，能够有效帮助指导施工，同土建主体结构施工模拟过程一致。

某工程采用 BIM 技术对网架安装过程进行模拟，过程如图 5-13 所示，为 BIM 三维动画模拟施工过程，显然基于 BIM 的施工模拟更加形象、易于理解。

图 5-12　某工程土建结构模拟施工

(a)格构柱安装

(b)格构柱附属构件安装(一)

(c)格构柱附属构件安装(二)

(d)屋顶网架局部吊装

图 5-13　整体 BIM 模型模拟过程

### 3. 装修效果模拟

针对工程技术重点难点、样板间、精装修等，完成对窗帘盒、吊顶、木门、地面砖等基础模型的搭建，并基于 BIM 模型，对施工工序的搭接，新型、复杂施工工艺进行模拟，对灯光环境等进行分析，综合考虑相关影响因素，利用三维效果预演的方式有效解决各方协同管理的难题。

某工程室内装修效果模拟如图 5-14 所示。

(a) 首层样板间模拟

(b) 灯具效果展示

(c) 风口钢板效果展示

图 5-14 某工程室内装修效果模拟

## 第四节 BIM 虚拟施工模拟

BIM 虚拟施工模拟优点见表 5-2。

表 5-2 BIM 虚拟施工模拟优点

| 类别 | 内容 |
| --- | --- |
| 施工方法可视化 | 虚拟施工使施工变得可视化，随时随地直观快速地将施工计划与实际进展进行对比，同时进行有效地协同，施工方、监理方甚至非工程行业出身的业主领导都对工程项目的各种问题和情况了如指掌。施工过程的可视化，使 BIM 成为一个便于施工方参与各方交流的沟通平台。通过这种可视化的模拟缩短了现场工作人员熟悉项目施工内容、方法的时间，减少了现场人员在工程施工初期因为错误施工而导致的时间和成本的浪费，还可以加快、加深对工程参与人员培训的速度及深度，真正做到质量、安全、进度、成本管理和控制的人人参与。<br>5D 全真模型平台虚拟原型工程施工，对施工过程进行可视化的模拟，包括工程设计、现场环境和资源使用状况，具有更大的可预见性，将改变传统的施工计划、组织模式。施工方法的可视化使所有项目参与者在施工前就能清楚地知道所有施工内容以及自己的工作职责，能促进施工过程中的有效交流，它是目前评估施工方法、发现问题、评估施工风险简单、经济、安全的方法 |
| 施工方法验证过程化 | BIM 技术能全真模拟运行整个施工过程，项目管理人员、工程技术人员和施工人员可以了解每一步施工活动。如果发现问题，工程技术人员和施工人员可以提出新的施工方法，并对新的施工方法进行模拟来验证其是否可行，即判断施工过程，它能在工程施工前识别绝大多数的施工风险和问题，并有效地解决 |
| 施工组织控制化 | 施工组织是对施工活动实行科学管理的重要手段，它决定了各阶段的施工准备工作内容，协调施工过程中各施工单位、各施工工种以及各项资源之间的相互关系。BIM 可以对施工的重点或难点部分进行可见性模拟，按网络时标进行施工方案的分析和优化。对一些重要的施工环节或采用施工工艺的关键部位、施工现场平面布置等施工指导措施进行模拟和分析，以提高计划的可执行性。利用 BIM 技术结合施工组织设计进行电脑预演，以提高复杂建筑体系的可施工性。借助 BIM 对施工组织的模拟，项目管理者能非常直观地理解间隔施工过程的时间节点和关键工序情况，并清晰地把握在施工过程中的难点和要点，也可以进一步对施工方案进行优化完善，以提高施工效率和施工方案的安全性。可视化模型输出的施工图片，可作为可视化的工作操作说明或技术交底分发给施工人员，用于指导现场的施工，方便现场的施工管理人员拿图纸进行施工指导 |

CHAPTER 6

# 第六章 BIM预制加工管理

BIM 技术在预制加工管理方面的应用主要体现在钢筋准确下料、构建信息查询及出具构件加工详图上，具体内容如下。

## 第一节 BIM 构件详细信息查询

作为施工过程中的重要信息，检查和验收信息将被完整地保存在 BIM 模型中，相关单位可快捷地对任意构件进行信息查询和统计分析，在保证施工质量的同时，能使质量信息在运维期有据可循。某工程利用 BIM 模型查询构件详细信息如图 6-1 所示。

图 6-1　利用 BIM 模型查询构件详细信息

## 第二节 BIM 构件加工详图

BIM 模型可以完成构件加工、制作图纸的深化设计。利用如 Tekla structures 等深化设计软件真实模拟进行结构深化设计，通过软件自带功能将所有加工详图（包括布置图、构件图、零件图等）利用三视图原理进行投影、剖面生成深化图纸。图纸上的所有尺寸，包括杆件长度、断面尺寸、杆件相交角度均是在杆件模型上直接投影产生的。通过深化设计产生的加工数据清单，直接导入精密数控加工设备进行加工，保证了构件加工的精密性及安装精度。

某工程 BIM 模型楼梯构件加工如图 6-2～图 6-4 所示。

图 6-2 预制钢筋混凝土板式楼梯渲染

图 6-3 楼梯内部钢筋模型

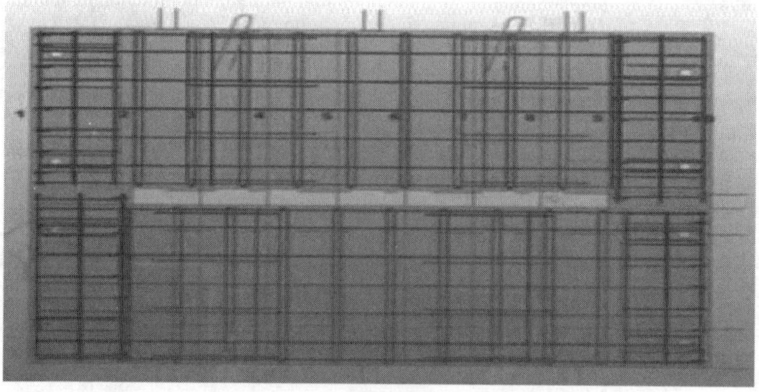

图 6-4 楼梯钢筋布设平面图

1. **构件生产指导**

BIM 建模是对建筑的真实反映，在生产加工过程中，BIM 信息化技术可以直观地表达出配筋的空间关系和各种参数情况（图 6-5），能自动生成构件下料单、派工单、模具规格参数等生产表单，并且能通过可视化的直观表达帮助工人更好地理解设计意图，可以形成 BIM 生产模拟动画、流程图、说明图等辅助培训的材料，有助于提高工人生产的准确性和质量效率。

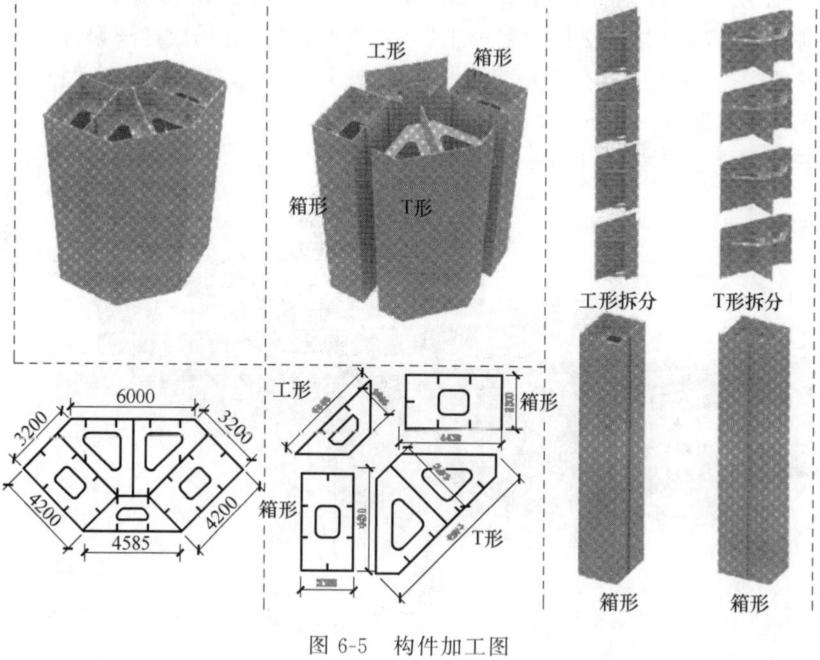


图 6-5 构件加工图

2. 通过 BIM 实现预制构件的数字化制造

借助工厂化、机械化的生产方式，采用集中、大型的生产设备，将 BIM 信息数据输入设备，就可以实现机械的自动化生产（图 6-6），这种数字化建造的方式可以大大提高工作效率生产质量。比如现在已经实现了钢筋网片的商品化生产，符合设计要求的钢筋在工厂自动下料、自动成型、自动焊接（绑扎），形成标准化的钢筋网片。

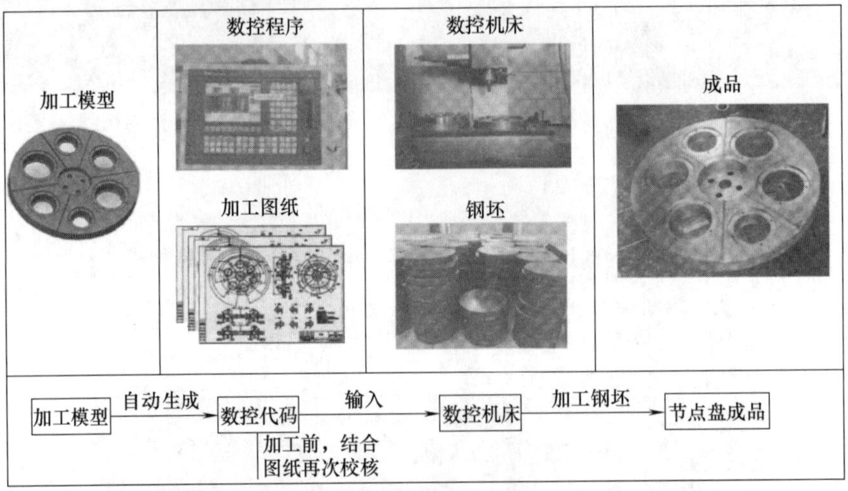


图 6-6 预制构件的数字化制造加工图

## 第三节 BIM 预制加工控制案例

### 一、基于 BIM 的水管预制加工流程

管路安装的施工流程：熟悉设计 2D 图纸—3D 测量仪提取建筑物尺寸—录入修改建筑 3D 模型数据—BIM 建模优化管路布置—BIM 建模成图（设计调整二维图纸）—拆分模型、提取管件数据、分解图编制—交付预制加工厂—到货验收—现场放样—泵体安装—支吊架安装—主管路管件阀门安装—分支管路管件阀门安装—管件固定—表计等附件安装—标识粘贴—水压试验—检查验收—资料整理。

(1) 地下室制冷机房模型（图 6-7）

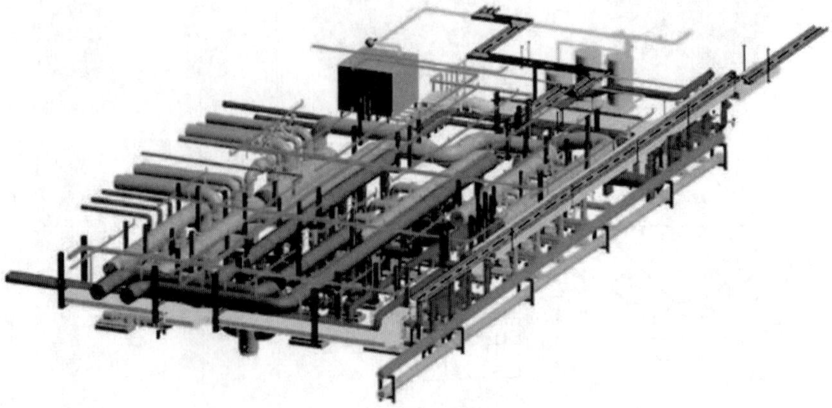

图 6-7 地下室制冷机房模型

（2）地下室消防机房模型（图 6-8）

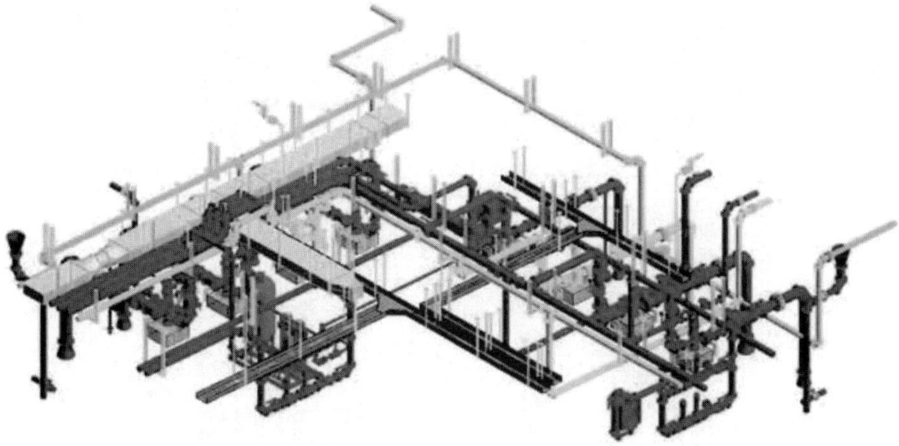

图 6-8 地下室消防机房模型

（3）BIM 模型 3D 漫游检查（图 6-9）

图 6-9 BIM 模型 3D 漫游检查

（4）BIM 模型分解图（图 6-10）

图 6-10 BIM 模型分解图

（5）生成材料明细表并交付工厂（图 6-11）

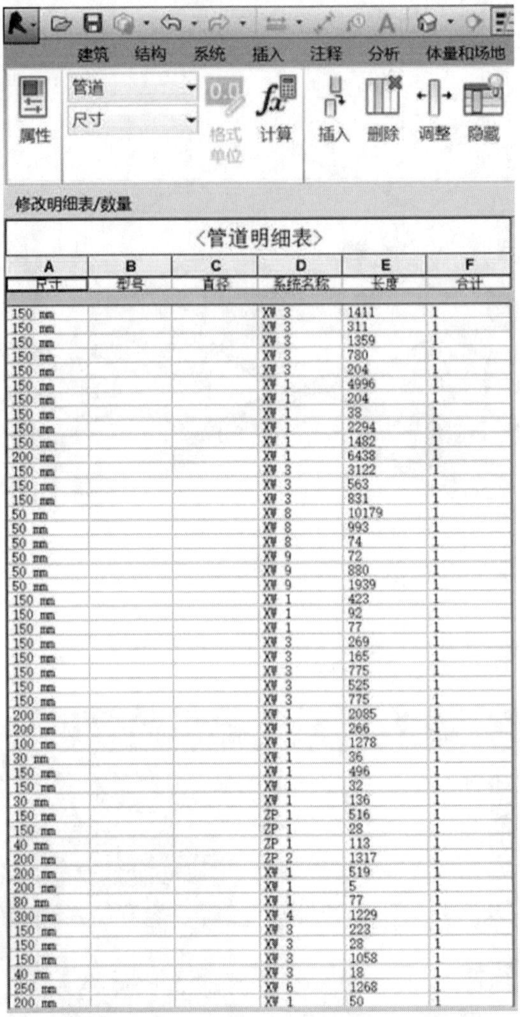


<管道明细表>

| A | B | C | D | E | F |
|---|---|---|---|---|---|
| 尺寸 | 型号 | 直径 | 系统名称 | 长度 | 合计 |
| 150 mm | | | XW 3 | 1411 | 1 |
| 150 mm | | | XW 3 | 311 | 1 |
| 150 mm | | | XW 3 | 1359 | 1 |
| 150 mm | | | XW 3 | 780 | 1 |
| 150 mm | | | XW 3 | 204 | 1 |
| 150 mm | | | XW 1 | 4996 | 1 |
| 150 mm | | | XW 1 | 204 | 1 |
| 150 mm | | | XW 1 | 38 | 1 |
| 150 mm | | | XW 1 | 2294 | 1 |
| 150 mm | | | XW 1 | 1482 | 1 |
| 200 mm | | | XW 1 | 6438 | 1 |
| 150 mm | | | XW 3 | 3122 | 1 |
| 150 mm | | | XW 3 | 563 | 1 |
| 150 mm | | | XW 3 | 831 | 1 |
| 50 mm | | | XW 8 | 10179 | 1 |
| 50 mm | | | XW 8 | 993 | 1 |
| 50 mm | | | XW 8 | 74 | 1 |
| 50 mm | | | XW 9 | 72 | 1 |
| 50 mm | | | XW 9 | 880 | 1 |
| 50 mm | | | XW 9 | 1939 | 1 |
| 150 mm | | | XW 1 | 423 | 1 |
| 150 mm | | | XW 1 | 92 | 1 |
| 150 mm | | | XW 1 | 77 | 1 |
| 150 mm | | | XW 3 | 269 | 1 |
| 150 mm | | | XW 3 | 165 | 1 |
| 150 mm | | | XW 3 | 775 | 1 |
| 150 mm | | | XW 3 | 525 | 1 |
| 150 mm | | | XW 3 | 775 | 1 |
| 200 mm | | | XW 1 | 2085 | 1 |
| 200 mm | | | XW 1 | 266 | 1 |
| 100 mm | | | XW 1 | 1278 | 1 |
| 30 mm | | | XW 1 | 36 | 1 |
| 150 mm | | | XW 1 | 496 | 1 |
| 150 mm | | | XW 1 | 32 | 1 |
| 30 mm | | | XW 1 | 136 | 1 |
| 150 mm | | | ZP 1 | 516 | 1 |
| 150 mm | | | ZP 1 | 28 | 1 |
| 40 mm | | | ZP 1 | 113 | 1 |
| 200 mm | | | ZP 2 | 1317 | 1 |
| 200 mm | | | XW 1 | 519 | 1 |
| 200 mm | | | XW 1 | 5 | 1 |
| 80 mm | | | XW 1 | 77 | 1 |
| 300 mm | | | XW 4 | 1229 | 1 |
| 150 mm | | | XW 3 | 223 | 1 |
| 150 mm | | | XW 3 | 28 | 1 |
| 150 mm | | | XW 3 | 1058 | 1 |
| 40 mm | | | XW 3 | 18 | 1 |
| 250 mm | | | XW 6 | 1268 | 1 |
| 200 mm | | | XW 1 | 50 | 1 |

图 6-11 生成材料明细表

(6) 工厂预制后的现场安装(6-12)

图 6-12 工厂预制后的现场安装

## 二、基于 BIM 的风管预制加工

（1）熟悉设计图纸（图 6-13）

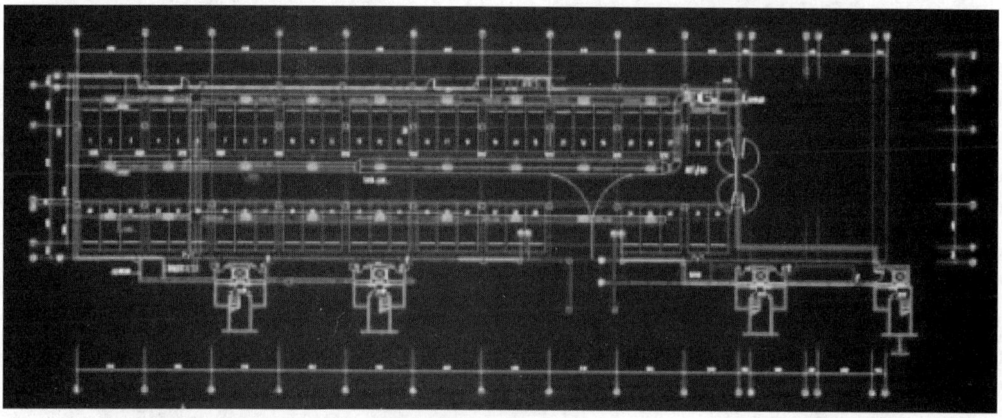

图 6-13 熟悉设计图纸

（2）搭建 MEP 各专业 BIM 模型（图 6-14）

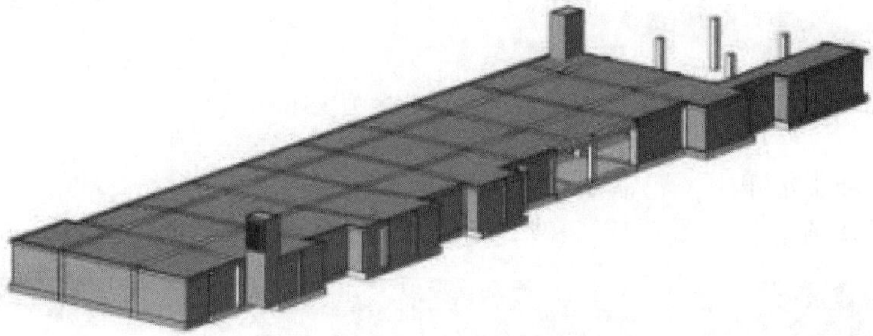

图 6-14 搭建 MEP 各专业 BIM 模型

（3）管线碰撞检查与调整、优化（图 6-15）

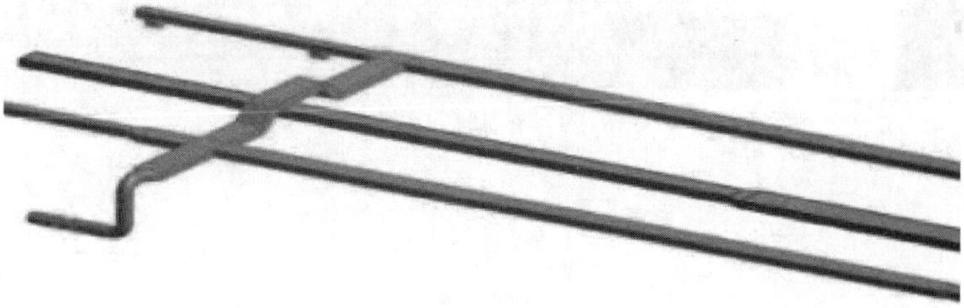

图 6-15 管线碰撞检查与调整、优化

（4）添加支吊架构件（图 6-16）

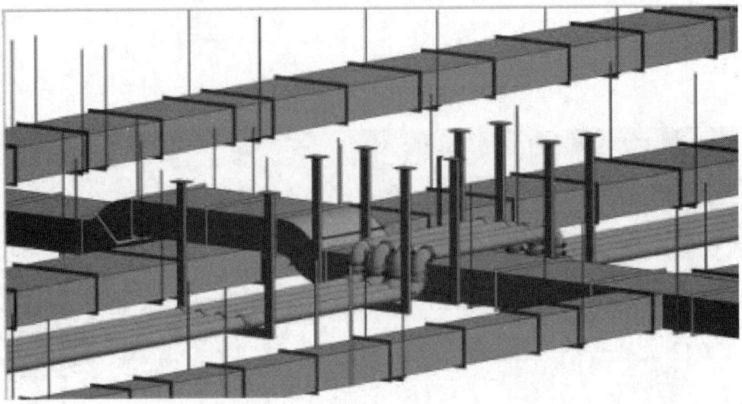

图 6-16　添加支吊架构件

（5）构件分解加工图（图 6-17）

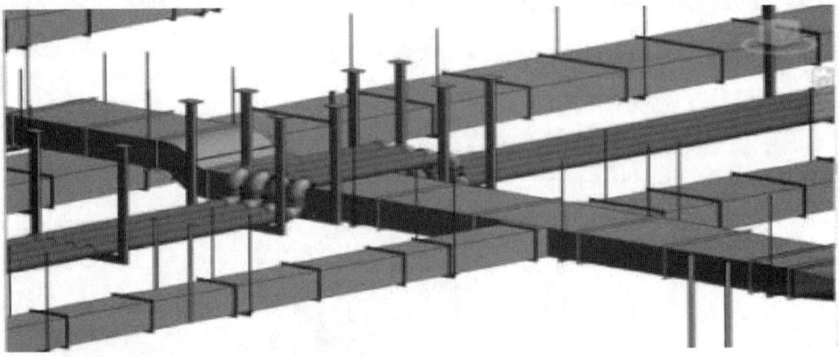

图 6-17　构件分解加工图

（6）出构件加工清单

（7）预制后现场组装（图 6-18）

图 6-18　预制后现场组装

CHAPTER 7

# 第七章 BIM项目安全管理

## 第一节 BIM 项目安全管理现存问题及 BIM 项目安全管理的优势

科学技术和经济的发展让从事建筑行业的人员越来越意识到建筑施工安全管理的重要性，开展建筑施工安全管理不仅能保障施工安全，更能保障建筑的质量和延长使用年限。同时，开展建筑施工安全管理是国家要求，也是对建筑行业负责。但是，即使越来越多的建筑企业意识到建筑施工安全管理的重要性，仍有部分建筑企业片面追求经济效益和节约成本，不顾施工安全和施工质量，导致了大量的建筑施工事故发生，这些事故给人民生命财产造成重大损失，产生了不良的社会影响，也阻碍了企业的经营和发展。在这样的前提下，BIM 技术应运而生，将 BIM 技术运用于建筑工程中，不仅能保障施工安全，更能保障建筑质量。

在建筑施工项目中，而安全管理和其他方面的管理存在的差异在于，安全管理贯穿整个建筑施工过程，从内容上看，它包括建筑图纸绘制、材料采购、质量控制、进度控制等几个方面，从合作单位上看，安全管理涉及项目设计方、施工方、建设方等。安全管理是建筑施工过程中最基本也是最重要的要求，一旦某项建筑施工项目离开了安全管理，那么这项建筑施工项目的质量和安全就得不到保障。由此可知，建筑施工安全管理在建筑施工项目中是非常重要的。

### 一、传统安全管理现存问题

建筑业是我国“五大高危行业”之一，《安全生产许可证条例》规定建筑企业必须实行安全生产许可证制度。但是为何建筑业的“五大伤害”事故的发生率并没有明显下降？从管理和现状的角度，主要有以下几种原因，见表 7-1。

**表 7-1 建筑业安全管理现状及安全隐患因素**

| 类别 | 内容 |
| --- | --- |
| 企业责任主体意识不明确 | 企业对法律法规缺乏应有的了解和认识，上到企业法人，下到专职安全生产管理人员，对自身安全责任及工程施工中所应当承担的法律责任没有明确的了解，误认为安全管理是政府的职责，造成安全管理不到位 |
| 政府监管压力过大，监管机构和人员严重不足 | 为避免安全生产事故的发生，政府监管部门按例进行建筑施工安全检查。由于我国安全生产事故追究实行“问责制”，一旦发生事故，监管部门的管理人员需要承担相应责任，而由于有些地区监管机构和人员严重不足，造成政府监管压力过大，加之检查人员的业务水平不足等因素，很容易使事故隐患没有得到及时发现 |

续表

| 类别 | 内　容 |
| --- | --- |
| 企业重生产，轻安全，“质量第一、安全第二” | 一方面，造成事故的发生存在潜伏性和随机性，安全管理不合格是安全事故发生的必要条件而非充分条件，造成企业存在侥幸心理，疏于安全管理；另一方面，由于质量和进度直接关系到企业的效益，而生产能给企业带来效益，安全则会给企业增加支出，所以很多企业重生产而轻安全 |
| “垫资”“压价”等不规范的市场主体行为直接导致施工企业削减安全投入 | “垫资”“压价”等不规范的市场行为一直压制企业发展，造成企业无序竞争。很多企业为生存而生产，有些项目零利润甚至负利润。在生存与发展面前，很多企业的安全投入就成了一句空话 |
| 安全评估资料提供困难 | 建筑业企业资质申报要求提供安全评估资料，这就要求独立于政府和企业之外的第三方建筑业安全咨询评估中介机构要大量存在，安全咨询评估中介机构所提供的评估报告可以作为政府对企业安全生产现状采信的证明。而安全咨询评估安全服务中介机构的缺少，造成无法给政府提供独立可供参考的第三方安全评估报告 |
| 工程监理管安全，“一专多能”起不到实际作用 | 建筑安全是一门多学科系统，在我国属于新兴学科，同时也是专业性很强的学科。而监理人员是多为从施工员、质检员过渡而来，对施工质量很专业，但对安全管理并不专业。相关的行政法规却把施工现场安全责任划归监理，并不十分合理 |

## 二、技术安全管理优势

基于BIM的管理模式是创建信息、管理信息、共享信息的数字化方式，在工程安全管理方面具有很多优势，如基于BIM的项目管理，工程基础数据如量、价等，数据准确、数据透明、数据共享，能完全实现短周期、全过程对资金安全的控制；基于BIM技术，可以提供施工合同、支付凭证、施工变更等工程附件管理，并为成本测算、招投标、签证管理、支付等全过程造价进行管理；BIM数据模型保证了各项目的数据动态调整，可以方便统计，追溯各个项目的现金流和资金状况；基于BIM的4D虚拟建造技术能提前发现在施工阶段可能出现的问题，并逐一修改，提前制订应对措施；采用BIM技术，可实现虚拟现实和资产、空间等管理、建筑系统分析等技术内容，从而便于运营维护阶段的管理应用；运用BIM技术，可以对火灾等安全隐患进行及时处理，从而减少不必要的损失，对突发事件进行快速应变和处理，快速准确掌握建筑物的运营情况。

BIM优势总结为以下几点。

(1) 危险洞口自动查找和自动布置防护栏杆　BIM系统通过对各楼层的结构空间形体的自动计算分析，可以主动查找到各个需采取安全措施的洞口，提升预警报告，并自动布置安全防护栏杆，标明部位、位置，方便施工布置任务，自动计算防护工程量。

(2) iBan移动应用及时报告反映现场安全问题　智能终端与BIM系统结合的专门现场管理应用。现场人员一旦发现问题，即可拍照上传系统，系统向相关领导报告。照片有多个参数和定位功能，照片数据更加有效。

(3) 视频系统与BIM系统的结合，提升可视化管理效果　视频系统采集的图像是在何处，过去不好解决。与BIM系统关联后，图像在建筑中的位置对应问题就解决了。

由此可见，BIM在施工方面除了可以指导施工，精确算量之外，对人防安全也有着广泛的应用价值。

# 第二节 BIM项目安全管理具体应用

## 一、BIM项目全过程控制流程

BIM 项目全过程控制流程见图 7-1。

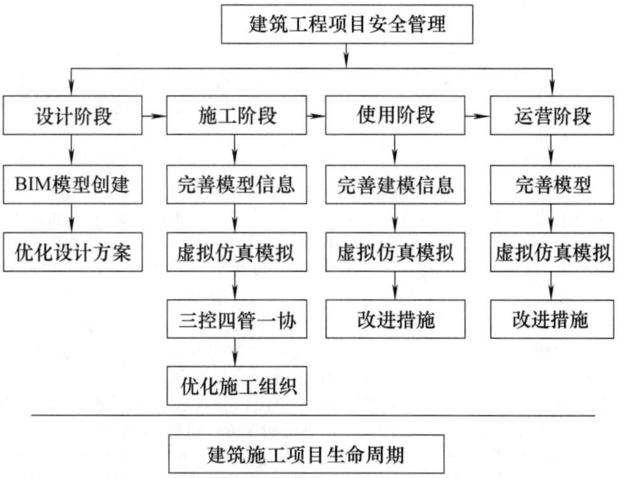


图 7-1　BIM 技术在项目中的全过程控制流程

BIM 技术是 CAD 技术之后又一项在建筑行业领域被广受关注的计算机应用技术，随着 BIM 技术的推广，它将代替 CAD 技术在建筑工程中普及，并为设计和施工提供使用价值。BIM 技术逐渐取代了 CAD 技术，BIM 技术可以将工程项目的规划、设计、施工等流程通过三维模型实现资源共享，在完成三维模型的过程中，BIM 技术还可以对整个建筑项目进行预算，预测工程项目实施过程中可能存在的问题及风险，它的这一功能，为工程设计解决方案提供了参考价值，减少了工程施工过程中可能存在的问题及风险，为工程设计解决方案提供了参考价值，减少了工程施工过程中可能产生的损失，同时提高了效果，缩短了工程流程。由此可知，BIM 技术可以运用到整个工程项目的生命周期，即勘察、设计阶段，运行、维护阶段以及改造、拆除等三个阶段。BIM 技术可以在工程项目的整个生命周期实现建立模型、共享信息以及应用，保持各个施工单位的协调一致。

## 二、BIM项目安全管理具体应用

BIM 项目安全管理具体应用见表 7-2。

**表 7-2　BIM 项目安全管理具体应用**

| 类　别 | 内　容 |
|---|---|
| 施工准备阶段安全控制 | 在施工准备阶段，利用 BIM 进行与实践相关的安全分析，能够降低施工安全事故发生的可能性。如 4D 模拟与管理、安全表现参数的计算可以在施工准备阶段排除很多建筑安全风险；BIM 虚拟环境划分施工空间，排除安全隐患，如图 7-2 所示；基于 BIM 及相关信息技术的安全规划可以在施工前的虚拟环境中发现潜在的安全隐患并予以排除，如图 7-3 所示；采用 BIM 模型结合有限分析平台，进行力学计算，保障施工安全；通过模型发现施工过程重大危险源并实现水平洞口危险源自动识别 |

续表

| 类　别 | 内　容 |
|---|---|
| 施工过程仿真模拟 | 仿真分析技术能够模拟建筑结构在施工过程中不同时段的力学性能和变形状态，为结构安全施工提供保障。通常采用大型有限元软件来实现结构的仿真分析，但对于复杂建筑物的模型建立需要耗费较多时间。在BIM模型的基础上，开发相应的有限元软件接口，实现三维模型的传递，再附加材料属性、边界条件和荷载条件，结合先进的时变结构分析方法，便可以将BIM、4D技术和时变结构分析方法结合起来，实现基于BIM的施工过程结构安全分析，能有效捕捉施工过程中可能存在的危险状态，指导安全维护措施的编制和执行，防止发生安全事故。某体育场有限元计算模型如图7-4所示，某体育场仿真计算结果如图7-5所示 |
| 模型试验 | 对于结构体系复杂、施工难度大的结构，结构施工方案的合理性与施工技术的安全可靠性都需要验证，为此利用BIM技术建立试验模型，对施工方案进行动态展示，从而为试验提供模型基础信息。某体育场结构建立的BIM缩尺模型与模型试验现场照片对比如图7-6所示，缩尺模型连接节点示意如图7-7所示 |
| 施工动态监测 | 近年来建筑安全事故不断发生，人们防灾减灾意识也有很大提高，所以结构监测研究已成为国内外的前沿课题之一。对施工过程特别是重要部位和关键工序进行实时施工监测，可以及时了解施工过程中结构的受力和运行状态。施工监测技术的先进合理与否，对施工控制起着至关重要的作用，这也是施工过程信息化的一个重要内容。为了及时了解结构的工作状态，发现结构未知的损伤，建立工程结构的三维可视化动态监测系统(图7-8)，就显得十分迫切。<br>三维可视化动态监测技术较传统的监测手段具有可视化的特点，可以人为操作在三维虚拟环境下漫游来直观、形象提前发现现场的各类潜在危险源，提供更便捷的方式查看监测位置的应力应变状态，在某一监测点应力或应变超过拟定的范围时，系统将自动采取报警给予提醒。某工程三维可视化动态监测系统界面如图7-9所示，其对应的预警服务软件如图7-10所示。<br>使用自动化监测仪器进行基坑沉降观测，通过将感应元件监测的基坑位移数据自动汇总到基于BIM开发的安全监测软件上。通过对数据的分析，结合现场实际测量的基坑坡顶水平位移和竖向位移变化数据进行对比，形成动态的监测管理，确保基坑在土方回填之前的安全稳定性。某工程基于BIM的基坑沉降安全监测如图7-11所示。<br>通过信息采集系统得到的结构施工期间不同部位的监测值，根据施工工序判断每时段的安全等级，并在终端上实时显示现场的安全状态和存在的潜在威胁，给予管理者直观的指导。某工程检测系统前台对不同安全等级的显示规则及提示见表7-3 |
| 防坠落管理 | 坠落危险源包括尚未建造的楼梯井和天窗等，通过在BIM模型中的危险源存在部位建立坠落防护栏杆构件模型，研究人员能够清楚地识别多个坠落风险；且可以向承包商提供完整且详细的信息，包括安装或拆卸栏杆的地点和日期等。某工程防护栏杆模型及防坠落设置如图7-12所示 |
| 塔吊安全管理 | 大型工程施工现场需布置多个塔吊同时作业，因塔吊旋转半径不足而造成的施工碰撞也屡屡发生。确定塔吊回转半径后，在整体BIM施工模型中布置不同型号的塔吊，能够确保其同电源线和附近建筑物的安全距离，确定哪些员工在哪些时候会使用塔吊。在整体施工模型中，用不同颜色的色块来表明塔吊的回转半径和影响区域，并进行碰撞检测来生成塔吊回转半径计划内的任何非钢安装活动的安全分析报告。该报告可以用于项目定期安全会议中，减少由于施工人员和塔吊缺少交互而产生的意外风险。某工程基于BIM的塔吊安全管理如图7-13所示，说明了塔吊管理计划中钢桁架的布置，颜色块状表示塔吊的摆动臂在某个特定的时间可能达到的范围 |
| 灾害应急管理 | 随着建筑设计的日新月异，规范已经无法满足超高型、超大型或异型建筑空间的消防设计。利用BIM及相应灾害分析模拟软件，可以在灾害发生前，模拟灾害发生的过程，分析灾害发生的原因，制订避免灾害发生的措施，以及发生灾害后人员疏散、救援支持的应急预案，以便发生意外时减少损失并赢得宝贵时间。BIM能够模拟人员疏散时间、疏散距离、有毒气体扩散时间、建筑材料耐燃烧极限、消防作业面等，主要表现为：4D模拟、3D漫游和3D渲染能够标识各种危险，且BIM中生成的3D动画、渲染能够用来同工人沟通应急预案计划方案。应急预案包括五个子计划：施工人员的入口/出口、建筑设备和运送路线、临时设施和拖车位置、紧急车辆路线、恶劣天气的预防措施；利用BIM数字化模型进行物业沙盘模拟训练，训练保安人员对建筑的熟悉程度；在模拟灾害发生时，通过BIM数字模型指导大楼人员进行快速疏散；通过对事故现场人员感官的模拟，使疏散方案更合理；通过BIM模型判断监控摄像头布置是否合理，与BIM虚拟摄像头关联，可随意打开任意视角的摄像头，摆脱传统监控系统的弊端。<br>某工程应急预案及火灾疏散模拟截图如图7-14和图7-15所示。<br>另外，当灾害发生后，BIM模型可以提供救援人员紧急状况点的完整信息，配合温感探头和监控系统发现温度异常区，获取建筑物及设备的状态信息，通过BIM和楼宇自动化系统的结合，使得BIM模型能清晰地呈现出建筑物内部紧急状况的位置，甚至到紧急状态点最合适的路线，救援人员可以由此做出正确的现场处置，提高应急行动的成效 |

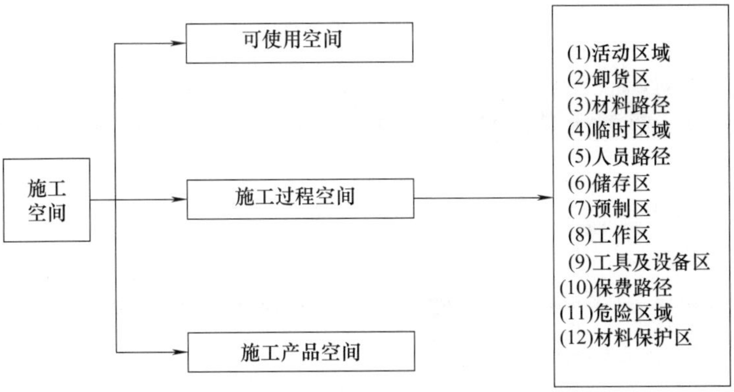


图 7-2 施工空间划分

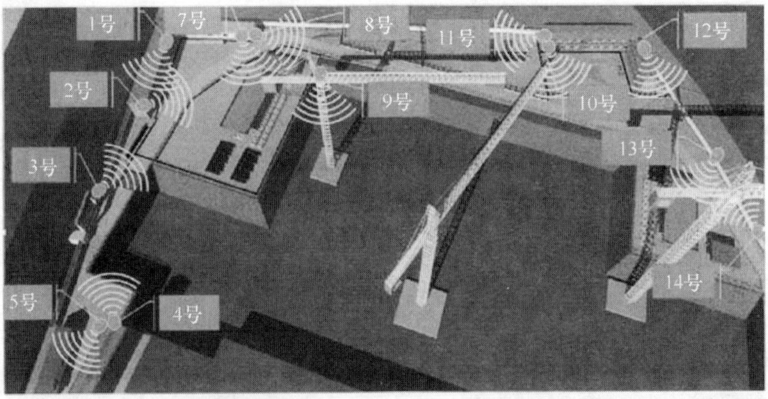


图 7-3 利用 BIM 模型对危险源进行辨识后自动防护

图 7-4 某体育场有限元计算模型

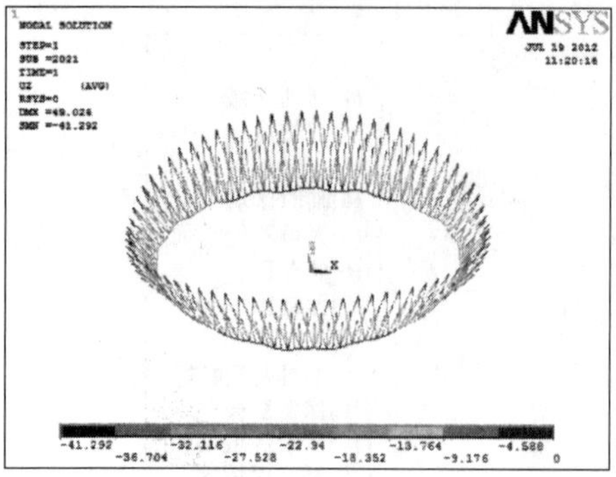

(a) 离地0.5m

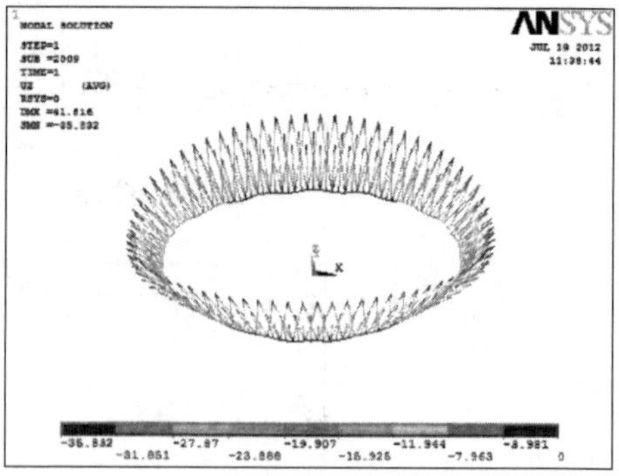

(b) 离地10m

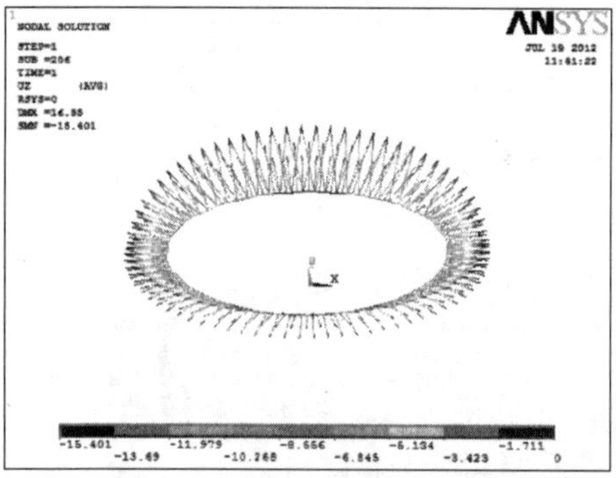

(c) 离地30m

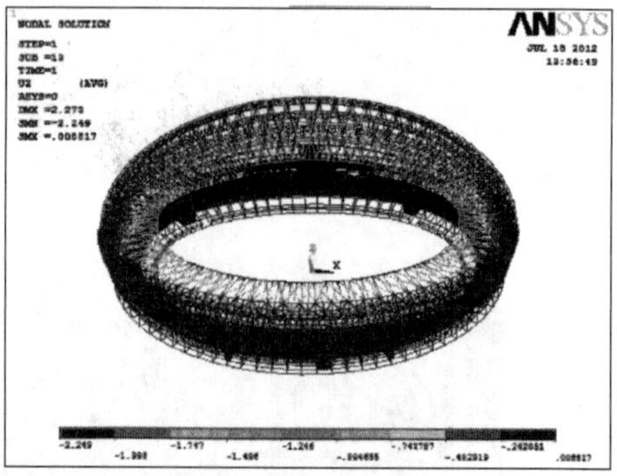

(d) 销轴离耳板销轴孔2.0m

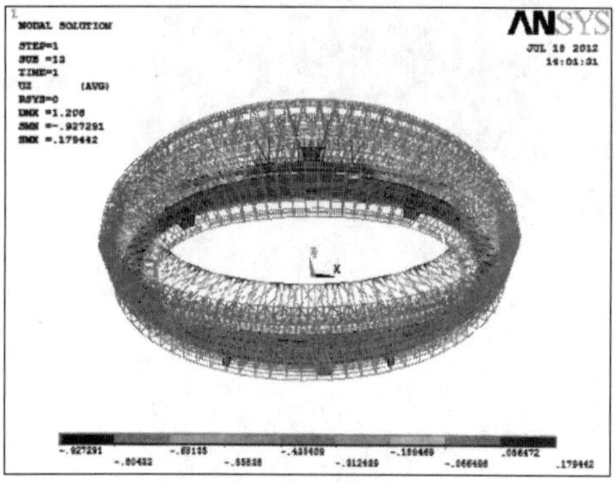

(e) 第1批吊索安装就位

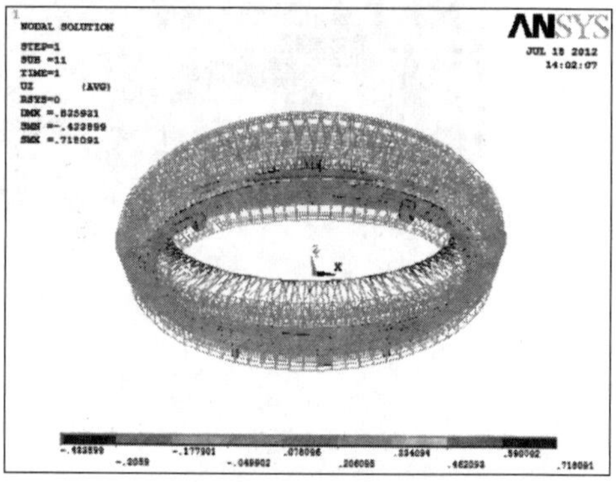

(f) 第2批吊索离耳板0.05m

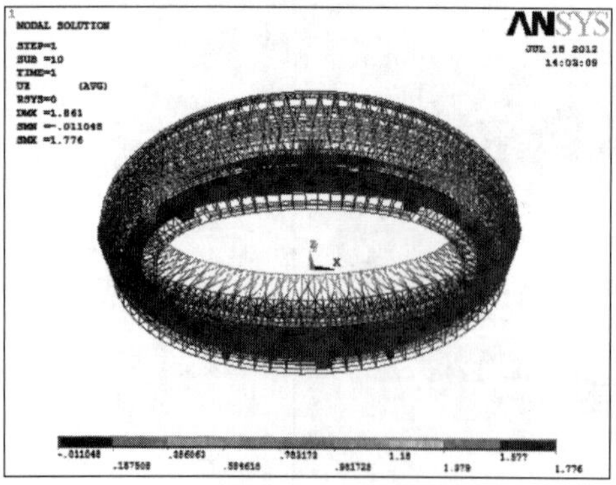

(g) 第2批吊索安装就位

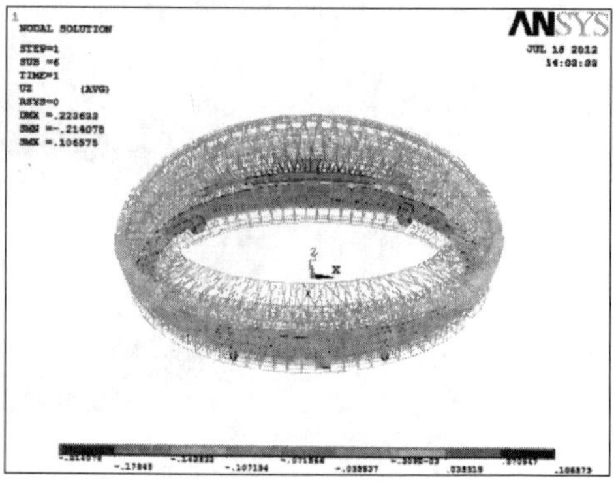

(h) 吊索安装就位

图 7-5　某体育场施工全过程仿真分析位移云图

图 7-6 BIM 缩尺模型与模型试验现场照片对比图

图 7-7 某体育场缩尺模型节点示意图

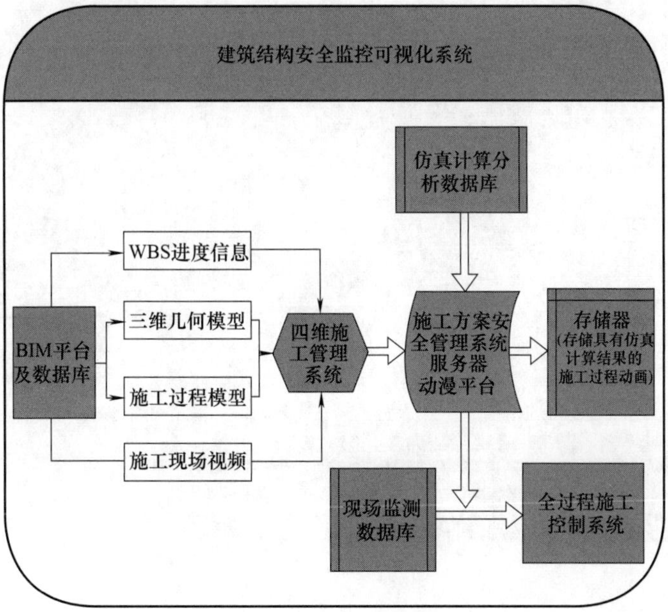


图 7-8 三维可视化动态监测系统

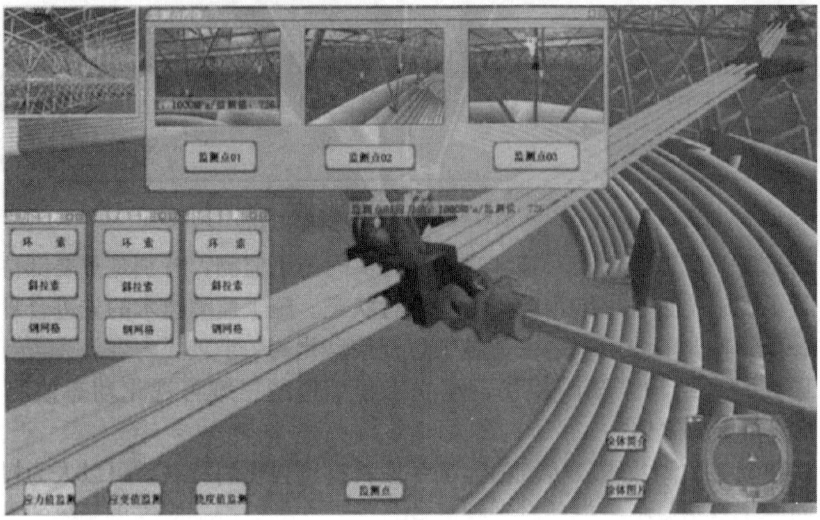


图 7-9　某工程三维可视化动态监测系统

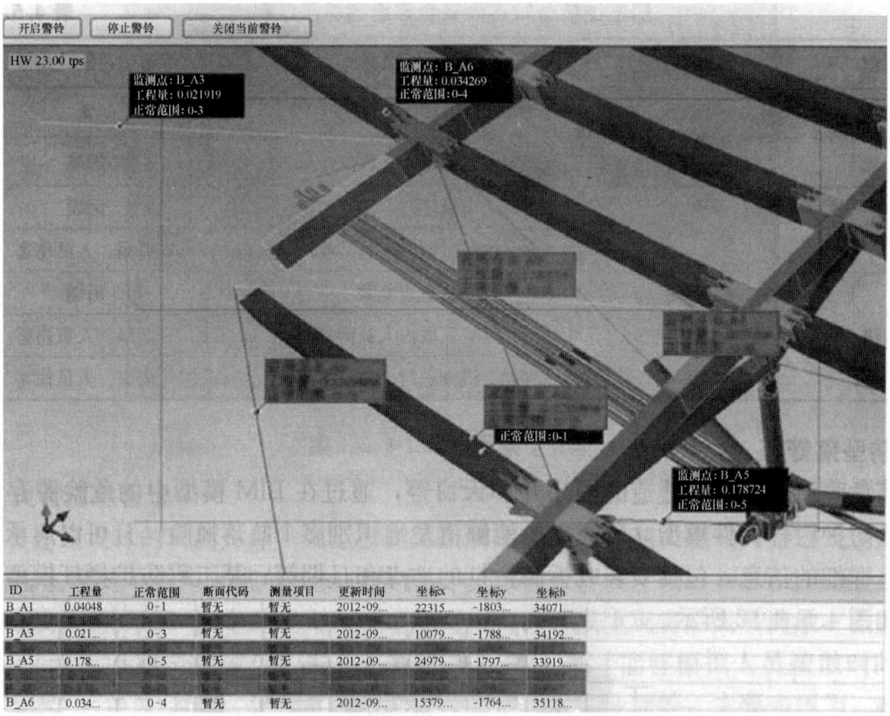


图 7-10　预警服务软件

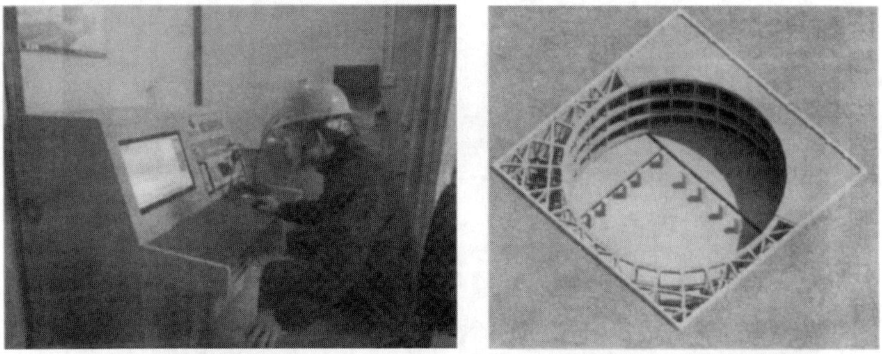

(a) 监测数据采集　　(b) 前台显示三维基坑监测模型

图 7-11　基于 BIM 的基坑沉降安全监测

**表 7-3　某工程检测系统前台对不同安全等级的显示规则及提示**

| 级别 | 对应颜色 | 禁止工序 | 可能造成的结果 |
|---|---|---|---|
| 一级 | 绿色 | 无 | 无 |
| 二级 | 黄色 | 机械进行、停放 | 坍塌 |
| 三级 | 橙色 | 机械进行、停放 | 坍塌 |
| | | 危险区域内人员活动 | 坍塌、人员伤害 |
| 四级 | 红色 | 基坑边堆载 | 坍塌 |
| | | 危险区域内人员活动 | 坍塌、人员伤害 |
| | | 机械进行、停放 | 坍塌、人员伤害 |

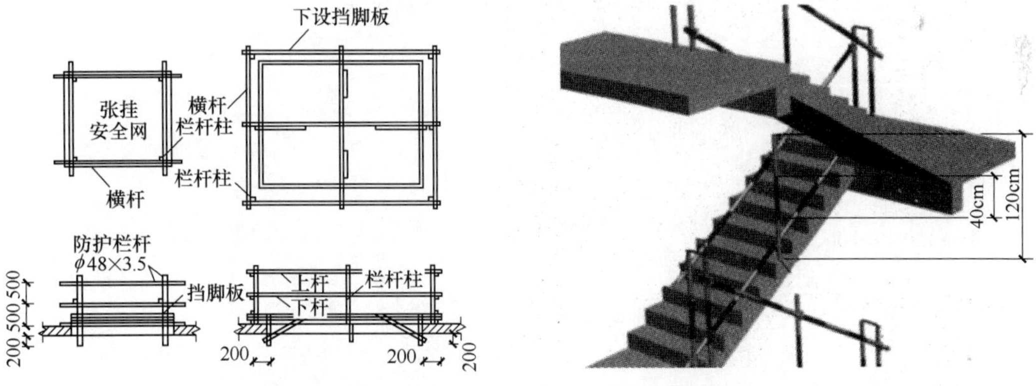


图 7-12　防护栏杆模型及防坠落设置

图 7-13　塔吊安全管理

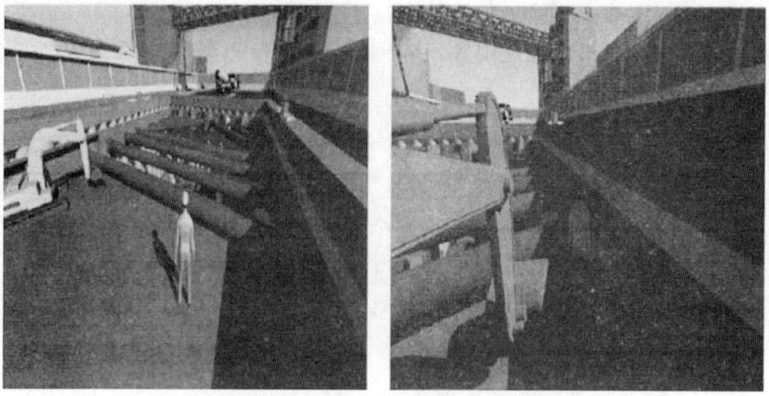

图 7-14　某工程应急预案截图

图 7-15　某工程火灾疏散模拟截图

CHAPTER 8

# 第八章 BIM物料及成本管理

## 第一节 BIM 物料管理

BIM 物料管理见表 8-1。

表 8-1 BIM 物料管理

| 类别 | 内 容 |
| --- | --- |
| 安装材料 BIM 模型数据库 | 项目部拿到机电安装各专业施工蓝图后，由 BIM 项目经理组织各专业机电 BIM 工程师进行三维建模，并将各专业模型组合到一起，形成安装材料 BIM 模型数据库，该数据库是以创建的 BIM 机电模型和全过程造价数据为基础，把原来分散在安装各专业手中的工程信息模型汇总到一起，形成一个汇总的项目级基础数据库。安装材料 BIM 数据库建立与应用流程如图 8-1 所示，数据库运用构成如图 8-2 所示 |
| 安装材料分类控制 | 材料的合理分类是材料管理的一项重要基础工作，安装材料 BIM 模型数据库的最大优势是包含材料的全部属性信息。在进行数据建模时，各专业建模人员对施工所使用的各种材料属性，按其需用量的大小、占用资金多少及重要程度进行“星级”分类，科学合理地控制。<br>安装工程材料的特点，安装材料属性分类及管理原则见表 8-2，某工程根据该原则对 BIM 模型进行安装材料分类见表 8-3。<br>某项目对 BF-5 及 PF-4 两个风系统的材料分类控制见表 8-3 |
| 用料交底 | BIM 与传统 CAD 相比，具有可视化的显著特点。设备、电气、管道、通风空调等安装专业三维建模并碰撞后，BIM 项目经理组织各专业 BIM 项目工程师进行综合优化，提前消除施工过程中各专业可能遇到的碰撞。项目核算员、材料员、施工员等管理人员应熟读施工图纸、透彻理解 BIM 三维模型、吃透设计思想，并按施工规范要求向施工班组进行技术交底，将 BIM 模型中用料意图灌输给班组，用 BIM 三维图、CAD 图纸或者表格下料单等书面形式做好用料交底，防止班组“长料短用、整料零用”，做到物尽其用，减少浪费及边角料，把材料消耗降到最低限度。某项目 K-1 空调送风系统平面图、三维模型如图 8-3、图 8-4 所示，下料清单见表 8-4 |
| 物资材料管理 | 安装材料的精细化管理一直是项目管理的难题，施工现场材料的浪费、积压等现象司空见惯，运用 BIM 模型，结合施工程序及工程形象进度周密安排材料采购计划，不仅能保证工期与施工的连续性，而且能用好用活流动资金、降低库存、减少材料二次搬运。同时，材料员根据工程实际进度，方便地提取施工各阶段材料用量。在下达施工任务书中，附上完成该项施工任务的限额领料单，作为发料部门的控制依据，实行对各班组限额发料，防止错发、多发、漏发等无计划用料，从源头上做到材料的“有的放矢”，减少施工班组对材料的浪费。某工程 K-1 送风系统部分规格材料申请清单如图 8-5 所示 |
| 材料变更清单 | 工程设计变更和增加签证在项目施工中会经常发生。项目经理部在接收工程变更通知书执行前，应有因变更造成材料积压的处理意见，原则上要由业主收购，否则，如果处理不当就会造成材料积压，无端地增加材料成本。BIM 模型在动态维护工程中，可以及时地将变更图纸三维建模，将变更发生的材料、人工等费用准确、及时地计算出来，便于办理变更签证手续，保证工程变更签证的有效性。某工程二维设计变更图及 BIM 模型如图 8-6 所示，相应的变更工程量材料清单见表 8-5 |

表 8-2 安装材料属性分类及管理原则

| 等级 | 安装材料 | 管理原则 |
|---|---|---|
| ★★★ | 需用量大、占用资金多、专用或备料难度大的材料 | 严格按照设计施工图及BIM机电模型，逐项进行认真仔细地审核，做到规格、型号、数量完全准确 |
| ★★ | 管道、阀门等通用主材 | 根据BIM模型提供的数据，精确控制材料及使用数量 |
| ★ | 资金占用少、需用量小、比较次要的辅助材料 | 采用一般常规的计算公式及预算定额含量确定 |

表 8-3 某工程BIM模型安装材料分类

| 构件信息 | 计算式 | 单位 | 工程量 | 等级 |
|---|---|---|---|---|
| 送风管 400mm×200mm | 风管材质：普通钢管规格：400mm×200mm | $m^2$ | 31.14 | ★★ |
| 送风管 500mm×250mm | 风管材质：普通钢管规格：500mm×250mm | $m^2$ | 12.68 | ★★ |
| 送风管 1000mm×400mm | 风管材质：普通钢管规格：1000mm×400mm | $m^2$ | 8.95 | ★★ |
| 单层百叶风口 800mm×320mm | 风口材质：铝合金 | 个 | 4 | ★★ |
| 单层百叶风口 630mm×400mm | 风口材质：铝合金 | 个 | 1 | ★★ |
| 对开多叶调节阀 | 构件尺寸：800mm×400mm×210mm | 个 | 3 | ★★ |
| 防火调节阀 | 构件尺寸：200mm×160mm×150mm | 个 | 2 | ★★ |
| 风管法兰 25mm×3mm | 角钢规格：30mm×3mm | m | 78.26 | ★★★ |
| 排风机 PF-4 | 规格：DEF-I-100AI | 台 | 1 | ★ |

图 8-1 安装材料BIM数据库建立与应用流程

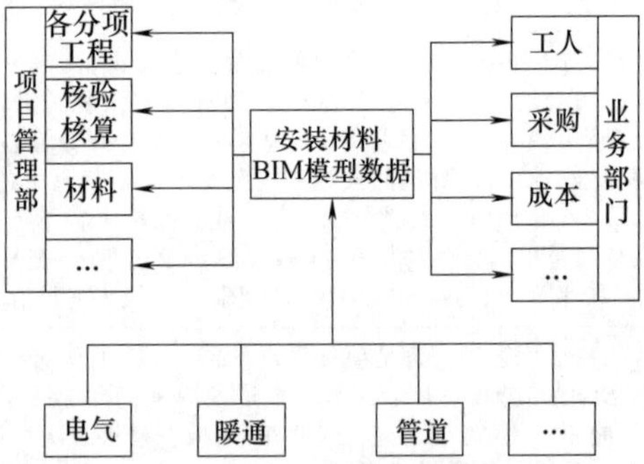


图 8-2 安装材料BIM数据库运用构成图

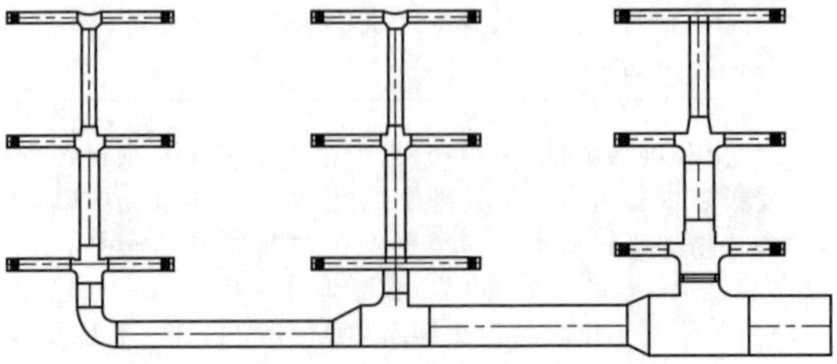

图 8-3 K-1空调送风系统平面图

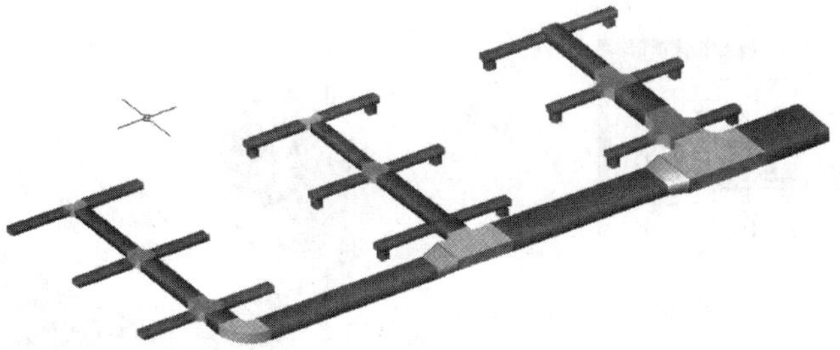

图 8-4 K-1 空调送风系统 BIM 三维图

**表 8-4 K-1 空调送风系统直管段下料清单**

| 序号 | 风管规格/mm | 下料规格/mm | 数量/节 | 序号 | 风管规格/mm | 下料规格/mm | 数量/节 |
|---|---|---|---|---|---|---|---|
| 1 | 2400×500 | 1160 | 19 | 7 | 500×250 | 1000 | 6 |
| | | 750 | 1 | | | 500 | 1 |
| 2 | 2000×500 | 1000 | 1 | 8 | 1250×500 | 600 | 1 |
| 3 | 1400×400 | 1160 | 8 | 9 | 1000×500 | 1160 | 2 |
| | | 300 | 1 | | | 600 | 1 |
| 4 | 900×400 | 1160 | 8 | 10 | 900×500 | 1160 | 2 |
| | | 300 | 1 | | | 800 | 1 |
| 5 | 800×320 | 1000 | 1 | 11 | 800×400 | 1160 | 10 |
| | | 500 | 1 | | | 600 | 1 |
| 6 | 630×320 | 1160 | 4 | 12 | 400×200 | 1160 | 32 |
| | | 1000 | 3 | | | 1000 | 14 |
| 7 | 500×250 | 1160 | 21 | | | 800 | 18 |

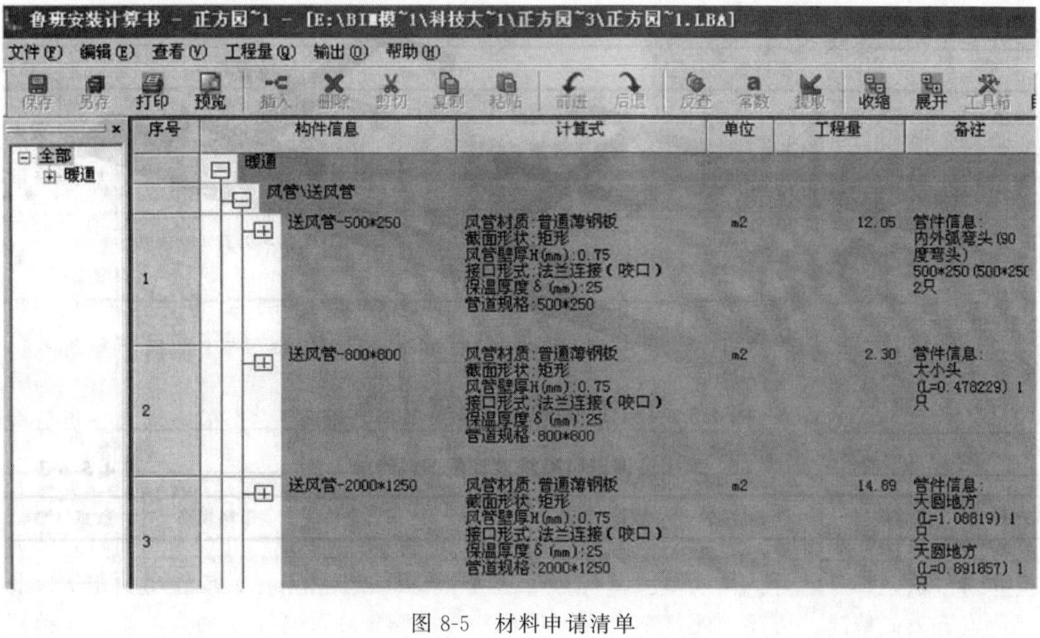


图 8-5 材料申请清单

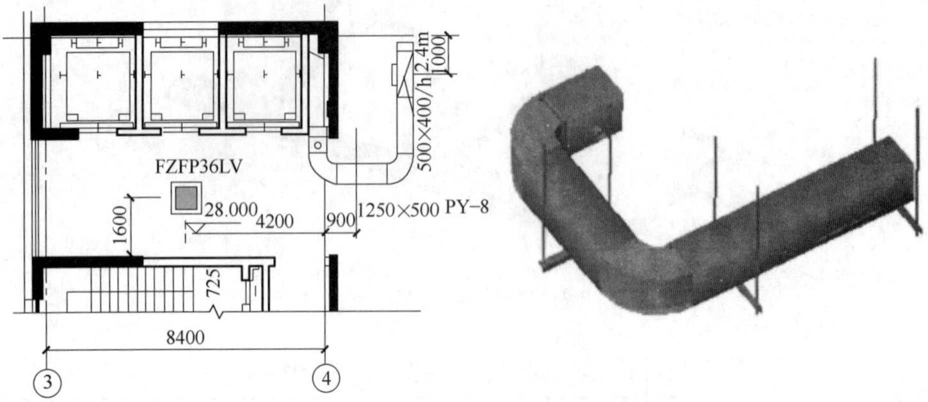


图 8-6　某工程二维设计变更图及 BIM 模型

**表 8-5　变更工程量材料清单**

| 构件信息 | 计算式 | 单位 | 工程量 | 控制等级 |
|---|---|---|---|---|
| 排风管-500mm×400mm | 普通薄钢板风管:500×400 | $m^2$ | 179.85 | ★★ |
| 板式排烟口-1250mm×500mm | 防火排烟风口材质:铝合金 | 只 | 15.00 | ★★ |
| 风管防火阀 | 风管防火阀:500×400×220 | 台 | 15.00 | ★★ |
| 风法兰 | 风法兰规格:角钢 30×3 | m | 84.00 | ★ |
| 风管支架 | 构件类型:吊架单体质量(kg)1.2 | 只 | 45.00 | ★ |

# 第二节　BIM 项目成本管理

成本管理，是企业根据一定时期预先建立的成本管理目标，由成本控制主体在其职权范围内，在生产耗费发生以前和成本控制过程中，对各种影响成本的因素和条件采取的一系列预防和调节措施，以保证成本管理目标实现的管理行为。

## 一、成本管理的难点

成本管理的过程是运用系统工程的原理对企业在生产经营过程中发生的各种耗费进行计算、调节和监督的过程，也是一个发现薄弱环节、挖掘内部潜力、寻找一切可能降低成本途径的过程。科学地组织实施成本控制，可以促进企业改善经营管理，转变经营机制，全面提高企业素质，使企业在市场竞争的环境下生存、发展和壮大。然而，工程成本控制一直是项目管理中的重点及难点，主要难点有以下几点。

（1）牵涉部门和岗位众多　实际成本核算，传统情况下需要预算、材料、仓库、施工、财务多部门多岗位协同分析汇总数据，才能汇总出完整的某时点实际成本。某个或某几个部门不实行，整个工程成本汇总就难以做出。

（2）对应分解困难　材料、人工、机械甚至一笔款项往往用于多个成本项目，拆分分解对应好专业要求相当高，难度也非常高。

（3）消耗量和资金支付情况复杂　对于材料而言，部分进库之后并未付款，部分付款之后并未进库，还有出库之后未使用完以及使用了但并未出库等情况；对于人工而言，部分干活但并未付款，部分已付款并未干活，还有干完活仍未确定工价；机械周转材料租赁以及专业分包也有类似情况。情况如此复杂，成本项目和数据归集在没有一个强大的平台支撑情况下，不漏项做好三个维度（时间、空间、工序）的对应很困难。

（4）数据量大　每一个施工阶段都牵涉大量材料、机械、工种、消耗和各种财务费用，人、材、机和资金消耗都要统计清楚，数据量十分巨大。面对如此巨大的工作量，实行短周期（月、季）成本在当前管理手段下，就变成了一种奢侈。随着工程进展，应付进度工作自顾不暇，过程成本分析、优化管理就只能搁在一边。

## 二、基于 BIM 的工程成本管理简介

### 1. 实现全员、全过程的成本管理

正如前文所说，BIM 技术作为一个协同的信息数据库技术，包括设计、施工、运营等建设项目全生命周期完整的数据信息流，作为一种信息技术，BIM 以三维数字技术为基础，可以将施工过程中的相关工程数据模拟成模型，从而方便设计者进行建筑设计，方便施工者进行施工，方便运营者进行运营。

BIM 技术下的成本计划的编制就是以业主为主导，由设计单位、施工单位、建设单位、监理单位和材料供应商共同组成的。通过前期建筑信息模型的搭建，各单位根据自身要求，在模型搭建阶段沟通交流，能够提早发现现场施工时可能会出现的问题，提早解决，从而制订出合理优化后的进度计划指导项目顺利进行，从而对成本计划进行优化。

BIM 技术能够把工程项目从设计、施工、运营、维护和拆除等各个环节的所有参与部门的数据都联系起来，从而实现对工程的精细化管理。这就需要 BIM 技术的信息是联系协调一致的，而且在资源共享的过程中不会因为时间空间上的差异而使资源出现偏差。

### 2. 优化项目人、材、机成本管理

在工程造价控制环节中引入 BIM 理念，在 BIM 技术下建立的三维模型，对时间成本进行实时监督、控制。这样，可以使资金计划、人员安排以及设备管理等更加科学化、合理化。在三维模型下，能够提前计算出每个时间段的工作量，然后在核算的基础上，对资金计划以及工作计划作出调整。通过 BIM 技术对施工进行的模拟，建设单位及供应商可以较为准确地知悉材料供应的数量和时间，包括施工所用方案以及材料用量，以模型为基准开展的管理工作不会与实际情况相脱离，材料供应计划更加准确，保证材料设备供应不影响工期并节省运输、仓储成本。同时，BIM 可以根据工程进展情况对建模形式做出优化，具有可协调性，造价管理人员能够直观地观察到各项目建设所需资金，为实现精细化造价打好了基础。

### 3. 减少变更的成本管理

在传统的设计方式下，常常由于考虑角度不同，专业技术水平不同，造成业主方和设计方或者施工方信息不对称。很多时候常常出了图之后才发现需要变更的地方，甚至于现场施工方才发现不是当初所希望的样子，然后砸掉重做。这样就会大大增加项目的施工成本。

通过运用 BIM 技术，建筑信息模型技术具有极强的可视性，因此 BIM 技术是业主了解工程质量的有效手段，可以提前了解工程设计效果、施工技术质量等。业主方能够更加清晰明了地表达意愿和想法，设计方能更加明确业主方想要的效果，减少甲方“改改改”的常态，而通过模拟全过程的建设施工，发现施工中可能考虑不周的地方，从而进行优化改正，减少实际施工中造成的返工，避免不必要的成本浪费。

同时，全方位立体建模技术，在传统二维技术基础上做出整改，融入现代科技理念，不但图形更立体，所表述的内容也更加全面。非专业造价管理人员，例如图纸设计师，通过观察模型也能直观地了解到工程建设所用成本，从而根据预算成本对设计进行优化。传统二维的图表总会使具体施工人员产生误解，而且由于各个建设项目并不完全相同，实际施工工艺

也会千差万别，在施工之前不能详细地了解相关知识往往会造成返工现象的产生，因此可视化的施工过程的培训加上传统进度计划图表的辅助是向建设项目具体执行层表达的必然选择，有利于项目的顺利进行，从而更好地控制项目成本。

**4. 加快项目造价流程进度**

在现阶段，Revit 直接算量运用地相对较少，还没成熟，但是各大造价软件运营商均已开发相关 BIM 模型工程量计算模块，通过 Revit 模型导入，可以节省大量的图纸翻模时间，相对传统二维图纸导入造价软件翻模的方式能够避免一些图纸识别不了、识别错误的问题，可以大幅度提升效率。在全 BIM 时代，从设计人员开始使用 BIM 直接进行设计，各造价人员运用同一个平台的 BIM 模型，应用模型提供的工程量数据进行概预结算，让造价人员从繁复的工程翻模、工程量计算、工程量对数等当中解放出来，更多的是进行工程经济分析，而不是将时间主要运用在工程量计算。

同时，从项目开始到项目结算阶段，有各个不同的造价部门和造价人员，若各个参与方都是使用基于同一平台的 BIM 信息模型，工程量计算及价格均统一，变更管理更为清晰，对于数据争议将会大幅减少。从项目开始的概算审批到项目最后的结算都能更快速、更准确地进行，优化流程，节省时间，为项目的顺利进行提供了支持。

BIM 技术在处理实际工程成本核算中有着巨大的优势。建立 BIM 的 5D 施工资源信息模型（3D 实体、时间、工序）关系数据库，让实际成本数据及时进入 5D 关系数据库，成本汇总、统计、拆分对应瞬间可得。建立实际成本 BIM 模型，周期性（月、季）按时调整维护好该模型，统计分析工作就很轻松，软件强大的统计分析能力可轻松满足我们各种成本分析需求。基于 BIM 的实际成本核算方法，较传统方法具有极大优势。

（1）快速　由于建立基于 BIM 的 5D 实际成本数据库，汇总分析能力大大加强，速度快，短周期成本分析不再困难，工作量小、效率高。

（2）准确　成本数据动态维护，准确性大为提高，通过总量统计的方法，消除累积误差，成本数据随进度进展准确度越来越高。另外通过实际成本 BIM 模型，很容易检查出哪些项目还没有实际成本数据，监督各成本实时盘点，提供实际数据。

（3）分析能力强　可以多维度（时间、空间、WBS）汇总分析更多种类、更多统计分析条件的成本报表。

（4）提升企业成本控制能力　将实际成本 BIM 模型通过互联网集中在企业总部服务器。企业总部成本部门、财务部门就可共享每个工程项目的实际成本数据，实现了总部与项目部的信息对称，总部成本管控能力大为加强。

总之，“BIM 成本控制解决方案”，其核心内容是利用 BIM 软件技术、造价软件、项目管理软件、FM 软件，创造出一种适合于中国现状的成本管理解决方案。整体解决方案包含了设计概算、施工预算、竣工决算、项目管理、运营管理等所有环节成本管理的模块，构成项目总成本控制体系。

## 三、建筑信息模型（BIM）在成本管理中的应用

BIM 作为最能推动建设管理方式改革的理念，针对目前成本管理存在的问题，有较好的应用前景，也能够有效地改进成本管理存在的问题。

**1. 快速精确的成本核算**

BIM 是一个强大的工程信息数据库。进行 BIM 建模所完成的模型包含的二维图纸中所有的位置长度等信息，并包含了二维图纸中不包含的材料等信息，而这些的背后是强大的数据库支撑。因此，计算机通过识别模型中的不同构件及模型的几何和物理信息（时间维度、

空间维度等)，对各种构件的数量进行汇总统计。这种基于 BIM 的算量方法，将算量工作大幅度简化，减少了因人为原因造成的计算错误，大量节约了人力的工作量和花费时间。有研究表明，工程量计算的时间在整个造价计算过程占到了 50%～80%，而运用 BIM 算量方法会节约近 90%的时间，而误差也控制在 1%的范围之内。

**2. 虚拟施工及碰撞检查减少设计错误**

BIM 一个重要的应用点就是建模完成后的碰撞检查。通常在一般工程中，在建筑、结构、水暖电等各专业二维图纸设计汇总后，各方及总图工程师人工会审发现和解决不协调问题，该过程花费大量时间并且不能保证完全无失误。未发现的错误设备管线碰撞等引起的拆装、返工和浪费是成本大量花费的重要原因。而 BIM 技术中整合建筑、结构和设备水暖电等模型信息，能够彻底消除硬碰撞、软碰撞，检查和解决各专业的矛盾以及同专业间存在的冲突，减少额外的修正成本，避免成本的增加。另外施工人员可以利用碰撞优化后的设计方案，进行施工交底、施工模拟，业主能够更真实地了解设计方案，提高了与业主沟通的效率。

**3. 设计优化与变更成本管理、造价信息实时追踪**

在传统的成本核算方法下，一旦发生设计优化或者变更，变更需要进行审批、流转，造价工程师需要手动检查设计变更，更改工程造价，这样的过程不仅缓慢，而且可靠性不强。建筑信息模型依靠强大的工程信息数据库，实现了二维施工图与材料、造价等各模块的有效整合与关联变动，使得设计变更和材料价格变动可以在 BIM 模型中进行实时更新。变更各环节之间的时间被缩短，效率提高，更加及时准确地将数据提交给工程各参与方，以便各方做出有效的应对和调整。目前 BIM 的建造模拟职能已经发展到了 5D 维度。5D 模型集三维建筑模型、施工组织方案、成本及造价等部分于一体，能实现对成本费用的实时模拟和核算，并为后续建设阶段的管理工作所利用，解决了阶段割裂和专业割裂的问题。BIM 通过信息化的终端和 BIM 数据后台将整个工程的造价相关信息顺畅地流通起来，从企业级的管理人员到每个数据的提供者都可以监测，保证了各种信息数据及时准确地调用、查阅、核对。

**4. 具体应用**

BIM 技术正在引领建筑业的变革，以软件和信息为载体，形成完整的工程数据库，改变项目参与各方的协作方式，提高项目整合度。在工程成本管理中的应用可以很大程度上解决管理低效、体系混乱等问题，更高效地进行项目全过程成本管理。

但在国内的 BIM 实践中，成本管理应用的案例非常少，主要原因是国内目前使用的造价软件与 BIM 三维模型之间不能实现较顺畅地连接，而国内技术人员也无法达到全部使用 BIM 技术进行设计和算量的程度。随着 BIM 的推广，建设工程成本管理也要从技术变革、人才培养等多个方面进行转变，才能实现真正的信息化的成本管理。

以某邮轮中心为例，此邮轮中心位于海子湾片区，是集海陆交通快捷集散、国际滨海休闲、通关服务、办公、商业配套及餐饮于一体的口岸城市综合体。总建筑面积 138169m$^2$，其中地上建筑面积 81999m$^2$，地下建筑面积 56170m$^2$，计容建筑面积 78000m$^2$，建筑基底面积 17285.93m$^2$，平面尺寸：长 297m，宽 192m，屋面高度 64m。通过运用 BIM 技术，建立 Revit 模型，对各专业图纸进行翻模，提前检查是否存在管道碰撞、各专业图纸不一致等错误，并模拟施工过程，对施工方的进度计划进行优化，以保证后期施工的顺利进行。同时，基于 BIM 模型运用造价软件对项目进行概算编制，对项目成本管理提供了很好的依据，最终项目顺利落成。

成本管理是整个工程建设的重要环节。随着工程建设规模的不断扩大，由于人员、技术方面的原因，给工程造价控制带来了很大困难。与此同时，传统的成本管理方法过于死板，不能准确控制成本，从而存在很大的局限性。由于 BIM 在成本管理中具有工作效率高、节省成本等优势，将会是未来的趋势。

某工程采用 BIM 模型所显示的不同构件的信息（部分）如图 8-7 所示。

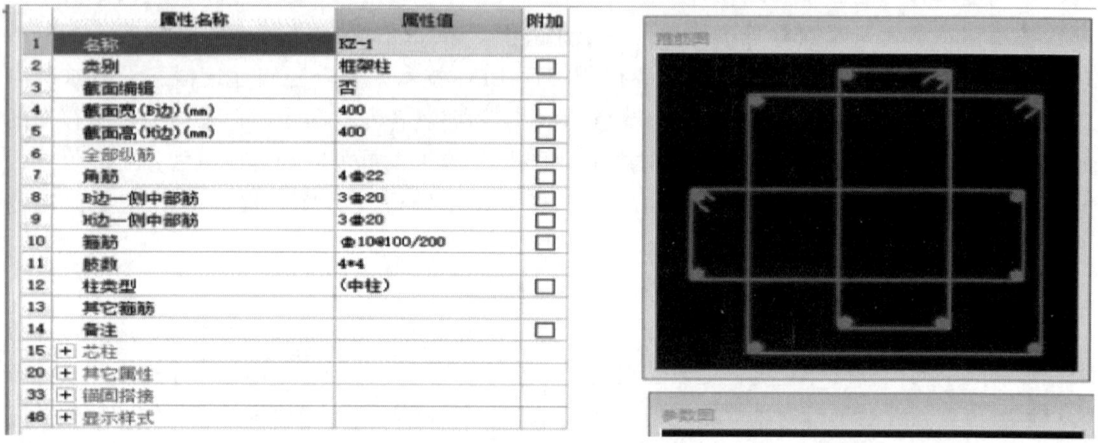


图 8-7　某工程采用 BIM 模型所显示的不同构件的信息（部分）

某工程项目钢筋用量统计如图 8-8 所示。

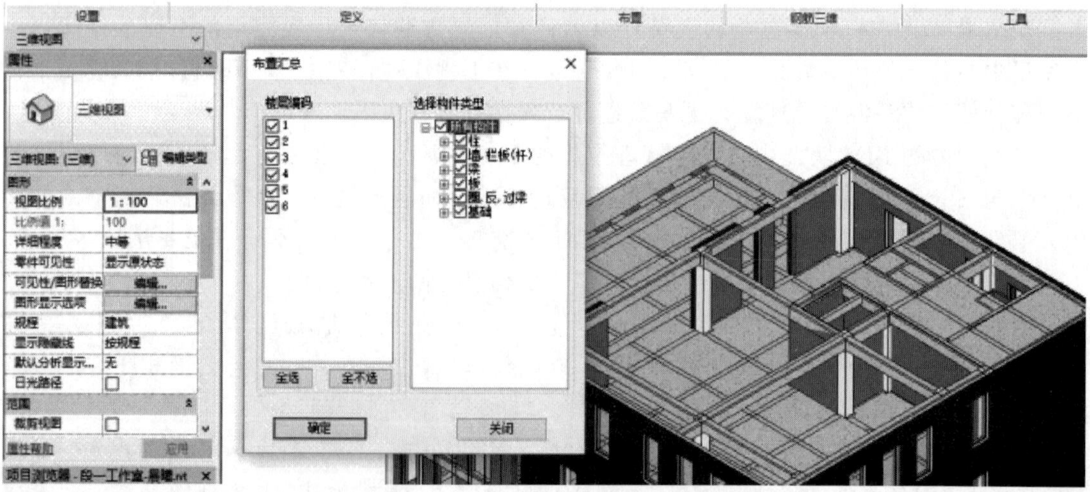


图 8-8　某工程项目钢筋用量统计

某工程通过三量对比分析进行动态成本控制如图 8-9 所示。

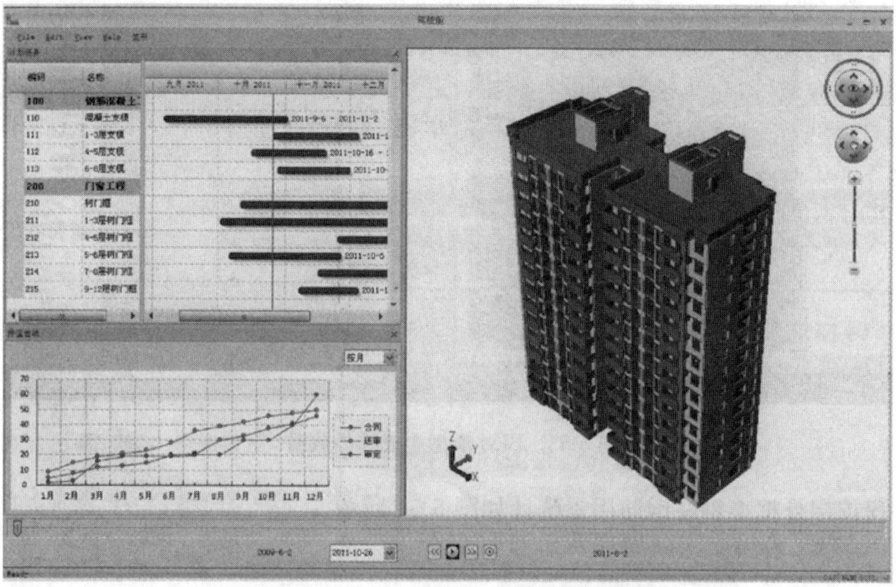

图 8-9 基于 BIM 的三量对比分析

给排水、电气、暖通专业可以根据设备的型号、外观及各种参数分别显示设备，方便计算材料用量，如图 8-10 所示。

图 8-10 暖通与给排水及消防局部综合模型

## 四、某大型地标性建筑基于 BIM 的成本管理案例

某项目工程总高度 530m，总建筑面积 50.77 万平方米，地下 5 层，地上 111 层。该项目于 2011 年 8 月 8 日开工，于 2015 年 11 月 6 日完工。塔楼主体是带加强层的框架—筒体结构，具体由 8 根箱形钢管混凝土巨柱、112 层楼层钢梁和 6 道环形桁架、4 道伸臂桁架组成。

项目存在以下突出难点和关键点。

(1) 工程复杂，体量大 混凝土用量 28.8 万立方米，钢筋 6.5 万吨，核心筒首次使用双层劲性钢板剪力墙配以 C80 高强混凝土，墙内钢筋、栓钉、埋件密布，对混凝土施工提出全新的严苛要求；钢结构 9.7 万吨，用钢量巨大；周边场地极为狭小，主塔楼垂直运输量大。预计高峰期主塔楼同时间施工人数最多约为 3000 人；钢构件尺寸大、单件重、数量多，其中巨柱截面尺寸为 3.5m×5.6m，单件最重达到 69t。存在超高测量难度大、技术要求高、超高层安全消防体系庞大等难点。

（2）分包众多，总包管理及协调工作繁重、复杂　该项目为超高层，不但涉及数十个专业及分包立体交叉施工，而且施工现场专业队伍多、材料多、工序复杂，总承包管理难点多。专业交叉频繁，进度编制困难，跟踪预控困难。成本管控方面，成本预算、成本核算、变更计算等工作量巨大，做好事前成本预控，避免成本管控以及事后核算分析的过往失误。各种合同、图纸、申报材料、洽商函等文件数量庞大，状态查询、汇总管理工作十分困难，杜绝各种风险项遗漏申报导致的经济损失。

基于上述原因，该项目希望建立一套基于 BIM 的数字化施工技术和管理系统，利用数据化的 BIM 模型，实现项目精细化、数字化的技术与经济的管理。

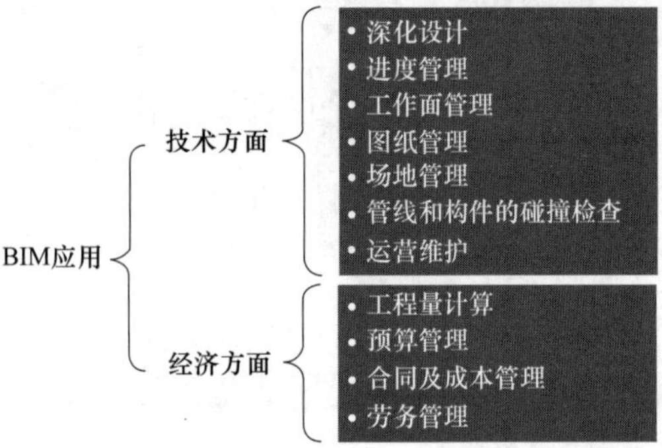


图 8-11　BIM 应用内容

**1. BIM 应用内容**

（1）BIM 应用目标　该项目 BIM 系统的总体应用思路为建立以 BIM 为基础的信息化平台，实施数字化的技术、经济管理，具体描述如图 8-11 所示。

BIM 模型不仅仅包括三维模型，还包含进度、成本、合同、图纸等丰富的业务数据，通过 BIM 模型为技术方面和经济方面及时、准确地提供关键数据。

（2）本项目 BIM 应用挑战

① 软件之间数据交互难题。目前国内外主流 BIM 软件多为以专项应用为主，可解决单专业单业务问题；由于 BIM 数据标准缺乏，数据格式多样、不统一，软件之间数据交互困难，无法满足总包对各专业的综合管理需求。

② 无法充分利用各专业已有的深化模型。由于建模规则不统一，数据格式不互通，导致无法充分利用机电、钢结构等专业已有的深化模型。

③ 信息与模型挂接的难题。信息与模型关联难度大，仅实现一次性的“文档关联”，没有实现实时、动态的“信息关联”。比如：施工进度模拟软件只能实现模型与一份进度计划的关联，用于展示形象进度模拟功能，无法做到动态进度计划与模型的实时、自动关联，因此无法用于进度的日常管理。另外，清单与模型关联难度大，合同与图纸目前只能做到整份文档与模型的关联。

④ 目前市场上没有成熟的、适合中国国情、应用于施工管理的 BIM 软件。

⑤ 对于体量巨大的超高层建筑，各专业 BIM 模型集成后数据量巨大，目前软硬件很难一次性加载运行成功。

（3）BIM 应用方案策划

① 建立统一的 BIM 规范及信息关联规则。

② 用各专业软件分别进行深化设计及建模；针对各 BIM 应用产品专长不同的情况，该项目在广泛市场调研基础上，各专业选用适合专业情况的建模软件进行建模。土建专业主要应用广联达 GCL、GGJ；机电专业主要应用 MagiCAD；钢结构专业主要应用 Tekla。

③ 依照规则将各专业模型集成到统一平台。

④ 在项目管理系统中维护进度、合同、成本、变更、图纸等信息，按照预设的规则与模型进行信息关联。

⑤ 按照现场施工管理要求，系统从工作面、时间段等多角度为项目人员提供进度、集成模型、图纸、工程量、合同等全面信息及模拟，帮助管理人员进行决策。

（4）BIM 综合应用内容　该项目与国内 BIM 软件公司合作开发了“BIM 集成信息平

台”。该平台具有开放的接口，可集成不同 BIM 工具软件模型，以及 Project、Word、Excel 等办公软件的数据。信息集成后可通过模型查询任意模型构件的进度、图纸、清单、合同条款等信息。基于该平台，结合施工现场项目管理业务需求，与项目管理系统实现数据互通（图 8-12）。

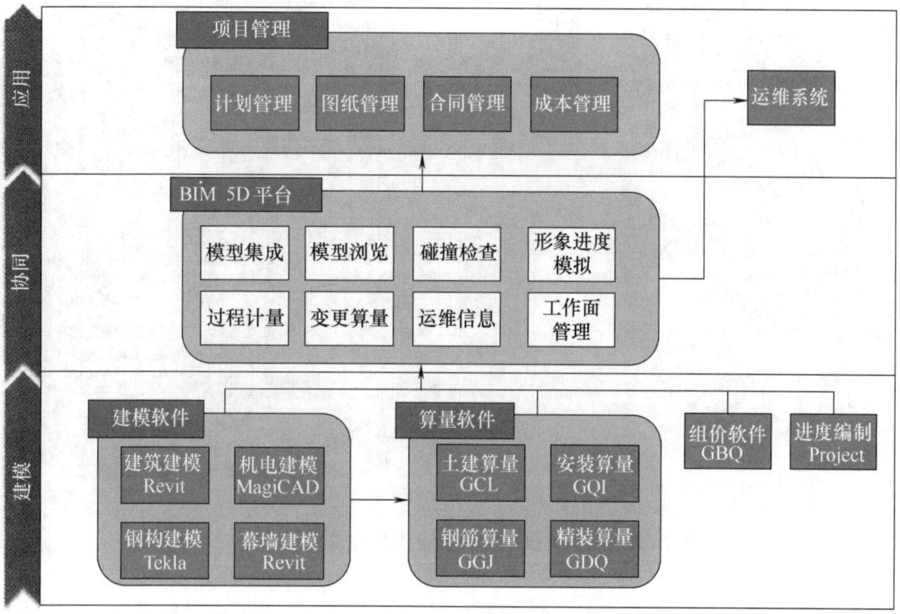


图 8-12 BIM 整体解决方案

① BIM 规范及模型集成。制订符合项目需求的统一的土建、钢构、机电等各专业建模规则，不同专业建模软件可以建立模型，并能集成到统一的平台（图 8-13）。深化设计模型可为后续工程量统计、进度管理过程使用，解决各专业模型无法融合的难题。

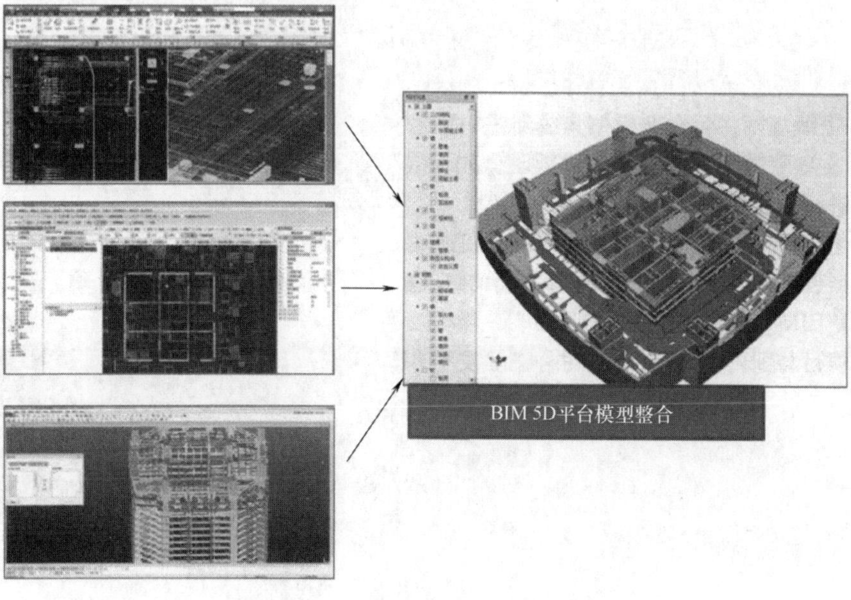


图 8-13 建模规范及多专业模型集成

② 模型集成。各专业、各层的模型集成到 BIM 5D 平台中，平台使用模型服务器技术，在大模型显示方式、加载效率等方面取得重大突破，可将 10 个专业的整楼模型加载到一个平台中，并且可按照应用要求几秒钟内按需加载指定楼层和专业（图 8-14）。

图 8-14　多专业超大模型集成

③ 碰撞检查。项目将不同专业的模型集成到统一平台并进行自动的碰撞检查，帮助进行预留预埋、管线综合等多项深入优化（图 8-15）。

④ 模型与进度、图纸、清单、合同条款按照属性关联。通过预设置的属性，将模型与项目管理系统的进度、图纸、清单、合同条款等进行自动关联，解决手动关联工作量极为繁杂的难题，可按模型查看相关信息，很好地解决数据交互问题。

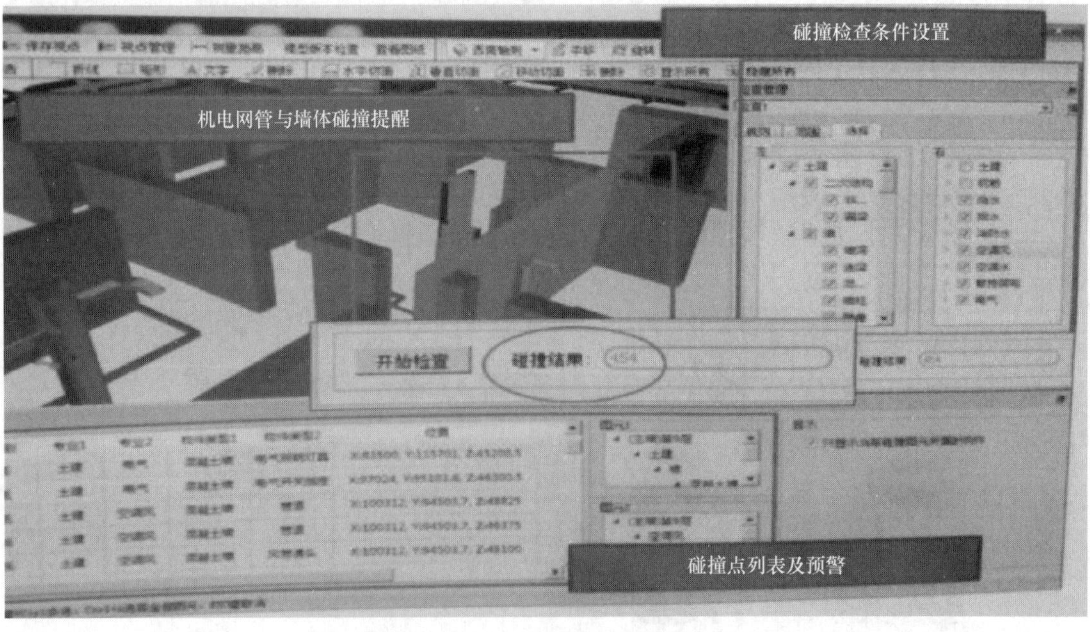


图 8-15　多专业模型碰撞检查

⑤ 工程量自动计算及各维度（时间、部位、专业）的工程量汇总。按照时间段、部位及流水段、专业等不同角度，对工程量进行统计，实现物资计划、备料、现场加工、垂直运输等精细管理（图 8-16）。

图 8-16　工程量统计

⑥ 设备信息维护及影响分析。系统可通过 Excel 批量导入设备的供应商、电话等信息，可查找设备的维护手册、维修计划，还能通过管线、设备的关联性分析水、电等系统，在管道损坏时应该关闭哪些阀门，将会影响到哪些房间。

（5）BIM 在造价管理方面的应用内容　在该项目 BIM 系统中，造价管理方面的应用主要体现在合同管理、变更签证管理以及成本分析这三个方面。

在合同管理方面，通过合同条款的拆分，定义具体的合同条款分类和关键词，实现总分包合同的快速检索和查询。同时，实现通过 BIM 模型快速获取指定构件的合同条款内容。

在 BIM 系统合同管理模块中，根据收入和支出两条线，对各类合同的登记、变更签证、报量、结算的全过程执行情况进行管控。同时，可添加合同相关辅助工作，具体提醒相关部门开展与合同相关的工作，并可设置具体的预警机制，针对每份合同的风险条款设置预警条件、预警等级、责任人、通知人，自动对相关责任人发送预警，避免人为疏漏所引起的损失。

在合同履约过程中，跟踪具体变更情况，在各类合同对应的变更、签证登记界面中编辑每份变更的时间、内容、量价等相关信息；并可上传相关附件，为变更索偿提供依据。同时，根据变更前后两个版本的模型文件，系统分析计算出清单工程量的变化，如新增、删除、调整等，并给出具体清单明细，用户根据系统提供的结果编制所需的预算文件。

在向业主报量或审核分包报量的过程中，通过模型可自动获取每期进度的工程量，结合与模型具体构件关联清单的单价数据，可快速获得对应总费用；同时，也可直接从 Excel 表格中导入已编制完成的每期工程量价信息。最后，在各类合同的结算页面中，可详细记录每份合同各期结算的具体日期、金额等信息。

基于上述数据信息，建立合同台账，可查看指定合同的详细执行情况及收支对比。在成本核算中，首先通过清单与模型的自动关联，实现以模型为载体，各构件价格和工程量数据的对应，进而实现实际收入的快速核算。通过模型工程量、分包报量与合同价格的对应，实现项目实际成本和预算成本的快速核算。在此成本核算的基础上，BIM 系统即可按时间对比分析整个项目的核算成本情况，并可对比分析某一成本项目的成本核算情况，为项目成本控制提供数据支撑。

2. 应用成效及价值分析

① 该项目利用BIM应用实现了一个项目的大数量信息集成并提取应用，研发成果有效地提高了建筑施工信息传递的准确率和时效性。

② BIM系统通过总包、专业分包协同进度编制，解决计划编制多专业协同难问题，大幅度提升计划编制效率，并为进度编制提供了及时、准确的工程量信息，帮助项目进行准确的工期估算。

③ 系统集成了BIM算量成果，将实际施工内容，包括模型范围、清单、工程量与合同条款进行关联，实现自动汇总中期报量、分包签证报量和结算，把每份签证时间从一天缩短到两个小时，明显减少现场商务人员手工劳动，提高了准确率。

④ BIM系统还实现工程实体部分的收入、预算成本自动核算，并与实际成本进行对比分析，实现实时统计系统各项成本状态，为项目决策及时提供准确的数据。

⑤ 该项目自应用BIM以来，有效提高了进度、图纸、合同、清单等条款内容交底的效率，避免了不同人员对同一内容理解的偏差，大幅提升了项目管理水平。

CHAPTER 9

# 第九章 BIM项目质量管理

## 第一节 BIM 质量管理应用

BIM 在工程项目质量管理中的关键应用点具体见表 9-1。

表 9-1 BIM 在工程项目质量管理中的关键应用点

| 类别 | 内容 |
|---|---|
| 建模前期协同设计 | 建模前期，需要建筑专业和结构专业的设计人员大致确定吊顶高度及结构梁高度；对于净高要求严格的区域，提前告知机电专业；各专业针对空间狭小、管线复杂的区域，协调出二维局部剖面图。建模前期协同设计的目的是在建模前期就解决部分潜在的管线碰撞问题，对潜在质量问题预知 |
| 碰撞检测 | (1)原来二维图纸设计中，在结构、水暖电等各专业设计图纸汇总后，由总工程师人工发现和协调问题。人为的失误在所难免，使施工中出现很多冲突，造成建设投资巨大浪费，并且还会影响施工进度。另外，由于各专业承包单位实际施工过程中对其他专业或者工种、工序间的不了解，甚至是漠视，产生的冲突与碰撞也比比皆是。施工过程中，这些碰撞的解决方案，往往受限于现场已完成部分的局限，大多只能牺牲某部分利益、效能而被动地变更。调查表明，施工过程中相关各方有时需要付出几十万、几百万甚至上千万的代价来弥补由设备管线碰撞引起的拆装、返工和浪费。<br>(2)目前，BIM 技术在三维碰撞检查中的应用已经比较成熟，依靠其特有的直观性及精确性，于设计建模阶段就可一目了然地发现各种冲突与碰撞。在水、暖、电建模阶段，利用 BIM 随时自动检测及解决管线设计初级碰撞，其效果相当于将校审部分工作提前进行，这样可大大提高成图质量。碰撞检测的实现主要依托于虚拟碰撞软件，其实质为 BIM 可视化技术，施工设计人员在建造之前就可以对项目进行碰撞检查，不但能够彻底消除碰撞，优化工程设计，减少在建筑施工阶段可能存在的错误损失和返工的可能性，而且能够优化净空和管线排布方案。最后施工人员可以利用碰撞优化后的三维方案，进行施工交底、施工模拟，提高了施工质量，同时也提高了与业主沟通的主动权。<br>(3)碰撞检测可以分为专业间碰撞检测及管线综合的碰撞检测。专业间碰撞检测主要包括土建专业之间(如检查标高、剪力墙、柱等位置是否一致，梁与门是否冲突)、土建专业与机电专业之间(如检查设备管道与梁柱是否发生冲突)、机电各专业间(如检查管线末端与室内吊顶是够冲突)的软、硬碰撞点检查；管线综合的碰撞检测主要包括管道专业、暖通专业、电气专业系统内部检查以及管道、暖通、电气、结构专业之间的碰撞检查等。另外，解决管线空间布局问题，如机房过道狭小等问题也是常见碰撞内容之一。<br>(4)在对项目进行碰撞检测时，要遵循如下检测优先级顺序：第一，进行土建碰撞检测；第二，进行设备内部各专业碰撞检测；第三，进行结构与给排水、暖、电专业碰撞检测等；第四，解决各管线之间交叉问题。其中，全专业碰撞检测的方法如下：将完成各专业的精确三维模型建立后，选定 |

续表

| 类　别 | 内　容 |
| --- | --- |
| 碰撞检测 | 一个主文件，以该文件轴网坐标为基准，将其他专业模型链接到该主模型中，最终得到一个包括土建、管线、工艺设备等全专业的综合模型。该综合模型真正成为设计提供了模拟现场施工碰撞检查平台，在这平台上完成仿真模式现场碰撞检查，并根据检测报告及修改意见对设计方案合理评估并作出设计优化决策，然后再次进行碰撞检测……如此循环，直至解决所有的硬碰撞、软碰撞。<br>(5)常见碰撞内容复杂、种类较多，且碰撞点很多，甚至高达上万个，如何对碰撞点进行有效标识与识别？这就需要采用轻量化模型技术，把各专业三维模型数据以直观的模式存储于展示模型中。模型碰撞信息采用"碰撞点"和"标识签"进行有序标识，通过结构树形式的"标识签"可直接定位到碰撞位置。碰撞报告标签命名规则如图 9-1 所示。<br>碰撞检测完毕后，在计算机上以该命名规则出具碰撞检查报告，方便快速读出碰撞点的具体位置与碰撞信息。例如 0014-PIP&HVAC-ZP&PF，表示该碰撞点是管道专业与暖通专业碰撞的第 14 个点，为管道专业的自动喷淋管与暖通专业的排风管碰撞，碰撞检查与处理如图 9-2 所示。<br>管道专业三维碰撞检查报告见表 9-2。<br>在读取并定位碰撞点后，为了更加快速地给出针对碰撞检测中出现的"软""硬"碰撞点的解决方案，可以将碰撞问题划分为以下几类：<br>(1)重大问题，需要业主协调各方共同解决。<br>(2)由设计方解决的问题。<br>(3)由施工现场解决的问题。<br>(4)因未定因素(如设备)而遗留的问题。<br>(5)因需求变化而带来新的问题。<br>针对由设计方解决的问题，可以通过多次召集各专业主要骨干参加三维可视化协调会议的办法，把复杂的问题简单化，同时将责任明确到个人，从而顺利地完成管线综合设计、优化设计，得到业主的认可。针对其他问题，则可以通过三维模型截图、漫游文件等协助业主解决。另外，管线优化设计应遵循以下原则：<br>(1)在非管线穿梁、碰柱、穿吊顶等必要情况下，尽量不要改动。<br>(2)只需调整管线安装方向即可避免的碰撞，属于软碰撞，可以不修改，以减少设计人员的工作量。<br>(3)需满足建筑业主要求，对没有碰撞，但不满足净高要求的空间，也需要进行优化设计。<br>(4)管线优化设计时，应预留安装、检修空间。<br>(5)管线避让原则如下：有压管让无压管；小管线让大管线；施工简单管让施工复杂管；冷水管道避让热水管道；附件少的管道避让附件多的管道；临时管道避让永久管道。<br>某工程碰撞检测及碰撞点显示如图 9-3 所示 |
| 大体积混凝土测温 | 使用自动化监测管理软件进行大体积混凝土温度的监测，将测温数据无线传输汇总自动到分析平台上，通过对各个测温点的分析，形成动态监测管理。电子传感器按照测温点布置要求，自动直接将温度变化情况输出到计算机，形成温度变化曲线图，随时可以远程动态监测基础大体积混凝土的温度变化，根据温度变化情况，随时加强养护措施，确保大体积混凝土的施工质量，确保在工程基础筏板混凝土浇筑后不出现由于温度变化剧烈引起的温度裂缝。利用基于 BIM 的温度数据分析平台对大体积混凝土进行温度检测如图 9-4 所示 |
| 施工工序中管理 | 工序质量控制就是对工序活动条件即工序活动投入的质量和工序活动效果的质量及分项工程质量的控制。在利用 BIM 技术进行工序质量控制时能够着重于以下几方面的工作：<br>(1)利用 BIM 技术能够更好地确定工序质量控制工作计划。一方面要求对不同的工序活动制订专门的保证质量的技术措施，作出物料投入及活动顺序的专门规定；另一方面要规定质量控制工作流程、质量检验制度。<br>(2)利用 BIM 技术主动控制工序活动条件的质量。工序活动条件主要指影响质量的五大因素，即人、材料、机械设备、方法和环境等。<br>(3)能够及时检验工序活动效果的质量。主要是实行班组自检、互检、上下道工序交接检，特别是对隐蔽工程和分项(部)工程的质量检验。<br>(4)利用 BIM 技术设置工序质量控制点(工序管理点)，实行重点控制。工序质量控制点是针对影像质量的关键部位或薄弱环节确定的重点控制对象。正确设置控制点并严格实施是进行工序质量控制的重点 |

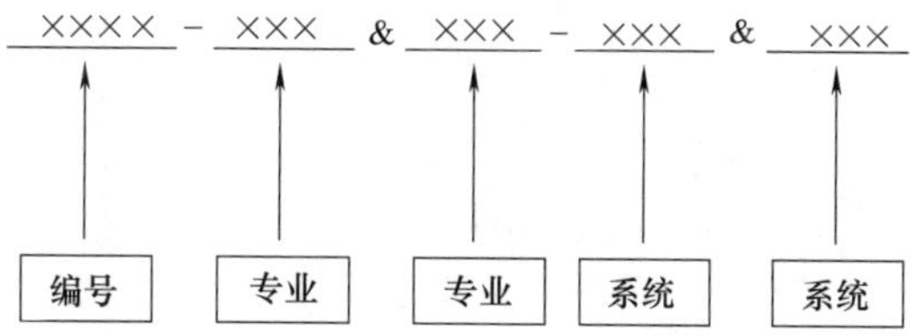


图 9-1 碰撞报告标签命名规则

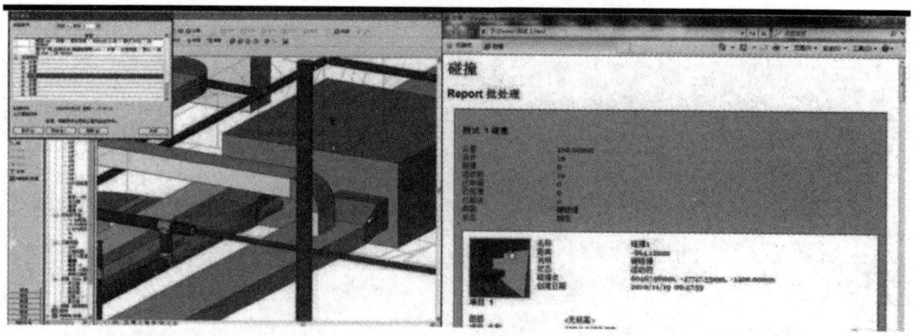


图 9-2 BIM 三维碰撞检查与处理

**表 9-2 管道专业三维碰撞检查报告**

<table>
<tr><th>类　别</th><th>内　容</th></tr>
<tr><td>0001-PIP&PIP-J&XH</td><td>1-SOHO-BAS-PIP-B04-J-DN50-2 | SOHO-BAS-PIP-B04-XH-DN100-2 | | 0001-PIP&PIP-J&XH</td></tr>
<tr><td>0002-PIP&PIP-J&XH</td><td>2-SOHO-BAS-PIP-B04-J-DN50-2 | SOHO-BAS-PIP-B04-XH-(LG)DN65-2 | | 0002-PIP&PIP-J&XH</td></tr>
<tr><td>0003-PIP&PIP-J&W</td><td>3-SOHO-BAS-PIP-B04-J-DN80-4 | SOHO-BAS-PIP-B04-W-DN100-1 | | 0003-PIP&PIP-J&W</td></tr>
<tr><td>0004-PIP&PIP-W&YW</td><td>2-SOHO-BAS-PIP-B04-W-DN100-1 | SOHO-BAS-PIP-B04-YW-DN100-1 | | 0004-PIP&PIP-W&YW</td></tr>
<tr><td>0005-PIP&PIP-W&YW</td><td>3-SOHO-BAS-PIP-B04-W-DN100-2 | SOHO-BAS-PIP-B04-YW-DN80-4 | | 0005-PIP&PIP-W&YW</td></tr>
<tr><td>0006-PIP&PIP-W&T</td><td>4-SOHO-BAS-PIP-B04-W-DN100-4 | SOHO-BAS-PIP-B04-T-(LG) DN100-4 | | 0006-PIP&PIP-W&T</td></tr>
<tr><td>0007-PIP&PIP-W&ZP</td><td>5-SOHO-BAS-PIP-B04 W DN100-6 | SOHO-BAS-PIP-B04-ZP-DN150-3 | | 0007-PIP&PIP-W&ZP</td></tr>
<tr><td>0008-PIP&PIP-W&ZP</td><td>6-SOHO-BAS-PIP-B04-W-DN100-8 | SOHO-BAS-PIP-B04-ZP-DN150-3 | | 0008-PIP&PIP-W&ZP</td></tr>
<tr><td>0009-PIP&PIP-W&YW</td><td>7-SOHO-BAS-PIP-B04-W-DN80 | SOHO-BAS-PIP-B04-YW DN80-5 | | 0009-PIP&PIPW&YW</td></tr>
<tr><td>0010-PIP&PIP-W&YW</td><td>8-SOHO-BAS-PIP-B04-W-DN80-3 | SOHO-BAS-PIP-B04-YW-DN80-2 | | 0010-PIP&PIP-W&YW</td></tr>
<tr><td>0011-PIP&PIP-W&YW</td><td>9-SOHO-BAS-PIP-B04-W-DN80-4 | SOHO-BAS-PIP-B04-YW-DN80-3 | | 0011-PIP&PIP-W&YW</td></tr>
</table>

续表

<table>
<tr><th>类　别</th><th>内　容</th></tr>
<tr><td>0012-PIP&PIP-W&YW</td><td>10-SOHO-BAS-PIP-B04-W-DN80-6 | SOHO-BAS-PIP-B04-YW-DN80-3 | | 0012PIP&PIP-W&YW</td></tr>
<tr><td>0013-PIP&PIP-W&YW</td><td>11-SOHO-BAS-PIP-B04-W-DN80 8 | SOHO-BAS-PIP-B04-YW-DN80-1 | | 0013-PIP&PIP-W&YW</td></tr>
<tr><td>0014-PIP&PIP-XH&ZP</td><td>3-SOHO-BAS-PIP-B04-XH-DN200-3 | SOHO-BAS-PIP-B04-ZP-DN200-3 | | 0014-PIP&PIP-XH&ZP</td></tr>
</table>

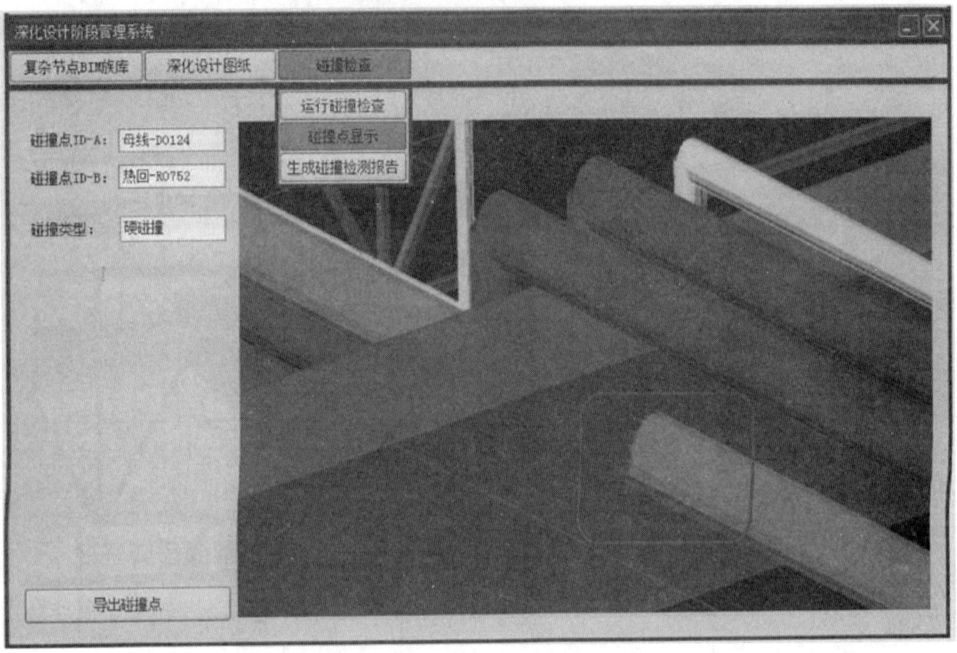


图 9-3　某工程碰撞检测及碰撞点显示

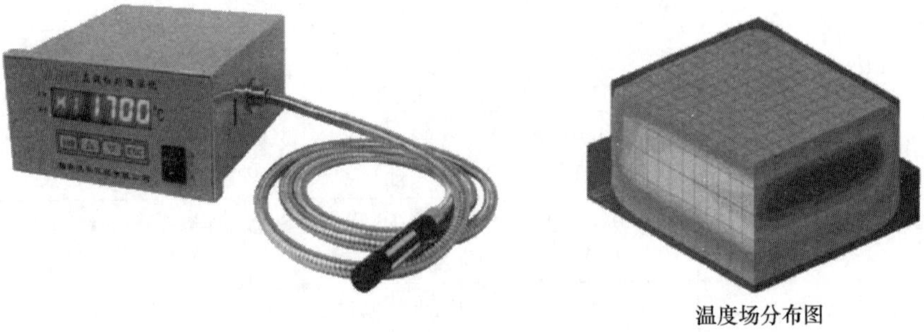


图 9-4　基于 BIM 的温度数据分析平台对大体积混凝土进行温度检测

## 第二节　BIM 质量应用管理案例

为了适应国家发展和人民物质生活水平的需要，大型综合体育场馆、会展中心等项目的建设日渐增多。而这类项目通常空间跨度大、悬挑长，体系受力复杂，形体关系相对复杂，常采用钢结构体系并配合预应力技术。大体量钢结构或预应力钢结构项目施工时存在很多难点和关键问题，如：由于施工过程是不可逆的，如何合理地安排施工进度；安装数量大，如何控制安装质量；如何控制施工过程中结构应力状态，使变形状态始终处于安全范围内等，这些都是传统的施工技术难以解决的。而为了满足预应力空间结构的施工需求，把 BIM 技术、仿真分析技术和监测技术结合起来，实现学科交叉，建立一套完整的全过程施工控制及监测技术，并运用到此类工程的建设和施工项目管理中，以保证结构施工的质量，是目前 BIM 应用中崭新的课题。

1. 项目背景及应用目标

（1）项目特点　某体育中心项目是集体育竞赛、大型集会、国际展览、文艺演出、演唱会、音乐会、演艺中心等功能于一体，是某市建设的 7 个大型公共建筑之一。其占地面积 591.6 亩[❶]，总建筑面积 20 万平方米，可以容纳 3.5 万人观看比赛。体育中心结构形式为超大规模复杂索承网格结构，平面外形接近圆形，结构尺寸约为 263m×243m，中间有椭圆形大开口，开口尺寸约为 200m×129m。

体育场结构最大标高约为 45.2m，雨篷共 42 榀带拉索的悬挑钢架，体育场雨篷最大悬挑长度约为 39.9m，最小悬挑长度约为 16m，下弦采用了 1 圈环索和 42 根径向拉索，环索规格暂定为 6$\phi$121，长度约为 587m；径向索规格为 $\phi$90、$\phi$100 和 $\phi$127 组成，另外在短轴方向中间各布置了 4 根斜拉索，斜拉索规格为 $\phi$70，拉索采用锌-5%铝-混合稀土合金镀层钢索。

（2）BIM 期望应用效果　该项目属索承网格结构并且跨度大，在国内的体育场馆中实属首例，在对预应力索体的吊装和安装方面对施工的质量要求高对钢结构构件的应力、应变有严格的控制，如处理不当将造成整个体系的失稳倾覆。所以在场馆的受力、位移监测方面采用全新的 BIM 技术进行配合及辅助，利用三维可视化的动态监测手段对体育中心的结构的应力、应变数据进行采集、汇总并实时反馈，确保预应力索体的工程质量，保证施工能顺利完成。

2. BIM 应用概况及实施路线

（1）BIM 平台建设总体框架　该项目采用 Revit 平台建立模型并结合 VDC 技术对项目的施工质量及应力、应变进行监测。通过二次开发生成相应的数据传输终端，利用模型直观展示施工过程中的应力、应变数据，对预应力钢结构构件的吊装过程和钢构件安装质量进行监控。

（2）实施路线流程　该项目在实施初期，就进行了 BIM 技术辅助的规划，从工程的设计阶段就利用 BIM 技术进行相应的辅助，对相应的钢结构构件都进行了参数化设计，并在工程施工的各个阶段不同程度地利用 BIM 技术参与项目建设，利用虚拟场景直观展示施工过程的各个环节，为项目的质量控制和顺利完工提供强有力的保障。实施基本路线如下：

① 制订 BIM 实施标准；

② 建立参数化族库；

③ 建模前期协同设计；

④ 构件碰撞检测；

⑤ 施工工序管理；

⑥ 施工深化设计；

---

❶ 1 亩＝666.67m$^2$。

⑦ 施工动态模拟及施工方案优化；

⑧ 安装质量管控及数据三维动态监测；

⑨ 三维扫描复查施工质量。

**3. BIM应用内容及实施成果**

（1）BIM标准制订　对于预应力钢结构来说，施工中构件的准确下料、各构件的施工顺序、索的张拉顺序严重影响着结构最后的成形及受力，决定着结构最后是否符合建筑设计与结构设计的要求。预应力钢结构的施工难度大，施工质量要求高，因此基于BIM软件技术进行项目模型的建立时族包含的信息就更多更大。该项目在预应力钢结构相关族建立时主要考虑了施工深化图出图的需要，模型的参数驱动需求以及体现公司特色的目标，因此在建立预应力钢结构族库的时候，运用企业自定义的族样板，在Revit Structure的原有族样板的基础上结合公司深化的经验与习惯，创建了适应公司预应力结构施工及日后维护的族样板作为族库建立的标准样板，在此标准样板中包含了尺寸、应力、价格、材质、施工顺序等在施工中必需的参数。

（2）相应参数化族库　体育场结构复杂，预应力钢结构族库建立是直观重要的步骤。根据项目的需求主要建立了耳板族、索夹族、索头族、索体族及××体育场特有的复杂节点族，所建立的族如图9-5、图9-6所示。图中的所建立的族具有高度的参数化性质，可以根据不同的工程项目来改变族在项目中的参数，通用性和拓展性强。

（3）建模前期协同设计　在建模前期，利用BIM技术的协同功能，对本工程的建筑、结构和机电等专业进行设计，确定钢构件与下部混凝土看台的连接形式，确定钢网格单元的各方向的尺寸，确定索夹的安装位置和安装间距，避免在整体索体吊装时出现的索体位置变化。

同时利用协同，可以对场馆的结构和机电设备进行预先的定位，协调出二维局部剖面图，确定结构顶高及结构梁高度。建模前期协同设计的目的是，在建模前期就解决部分潜在的管线碰撞问题，对潜在质量问题提前预知。

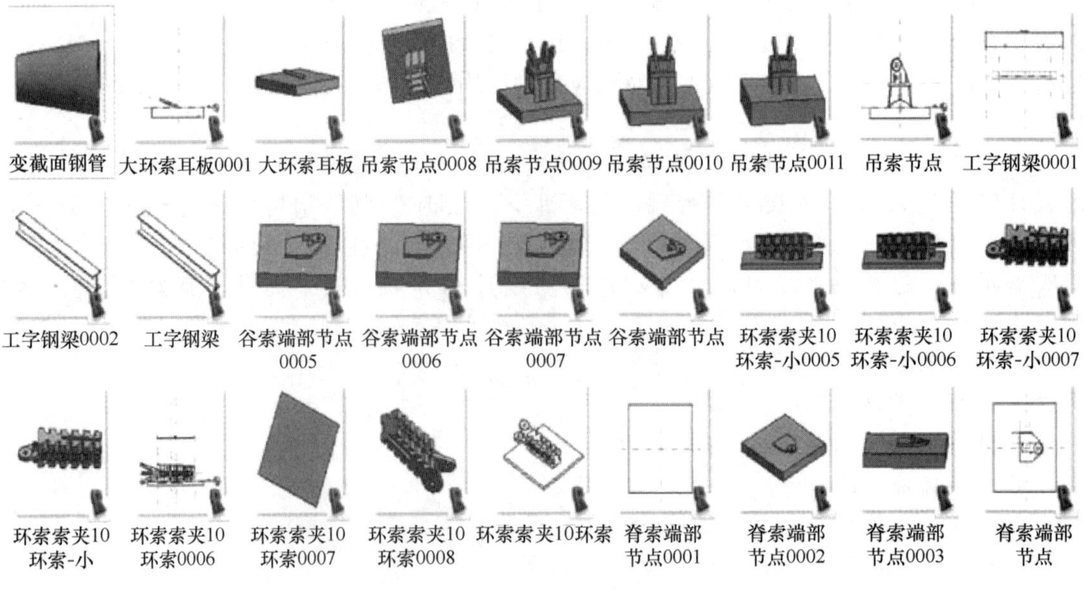


图9-5　参数化族库

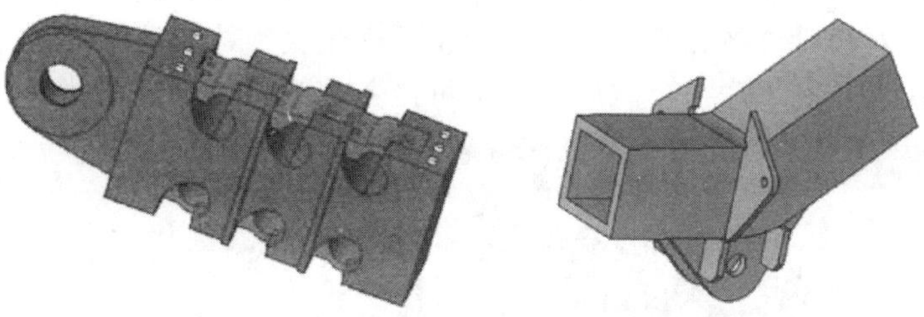

图 9-6　建立的参数化构件

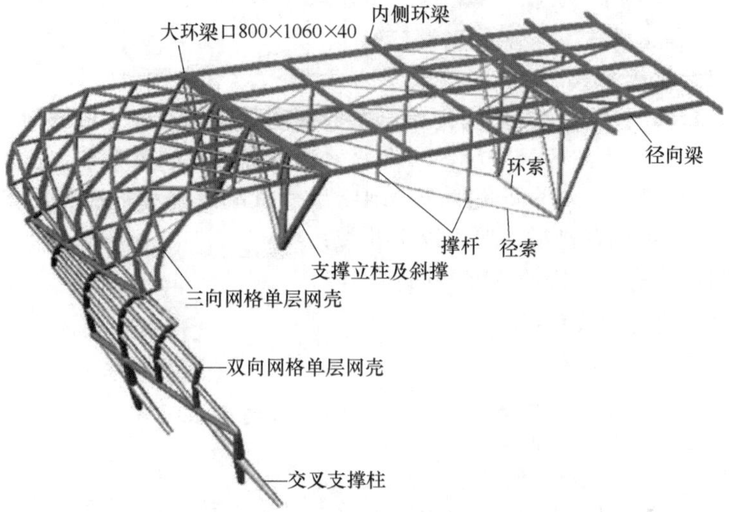


图 9-7　体育场钢结构剖面图

从结构的剖面图（图 9-7）和平面图等可看出，该项目的结构形式复杂，而构件的准确安装定位是施工中最关键的一步，因此，如何准确地进行模型的定位也是 BIM 建模的关键技术。在模型定位上大体有两种思路可以使用：根据计算分析软件 Midas 或 Ansys 中的节点和构件坐标在 Revit Structure 中进行节点的准确定位，这样比较费时；根据 AutoCAD 中的模型进行定位，将 CAD 中的模型轴线作为体量导入到 Revit Structure 中，导入前在 Revit Structure 中定好所要导入的轴线体量的标高，所导入的轴线体量即是构件的定位线。该奥体中心体育场所用的方法为先在 Revit Structure 中定好标高，然后导入 AutoCAD 中的轴线，以导入的轴线作为定位线，这样既快捷又准确。

（4）构件碰撞检测　传统二维图纸设计中，在结构、水暖、电力等各专业设计图纸汇总后，由总工程师人工发现和协调问题，人为的失误在所难免，使施工中出现很多冲突，造成建设投资巨大浪费，并且会影响施工进度。施工过程中，这些碰撞的解决方案，往往受限于现场已完成部分的局限，大多只能牺牲某部分利益、效能而被动地变更。

在对项目进行碰撞检测时，要遵循如下检测优先级顺序：首先，进行土建碰撞检测；然后，进行设备内部各专业碰撞检测；之后，进行结构与给排水、暖、电专业碰撞检测等；最后，解决各管线之间交叉问题。其中，全专业碰撞检测的方法如下：将完成各专业的精确三维模型建立后，选定一个主文件，以该文件轴网坐标为基准，将其他专业模型链接到该主模型中，最终得到一个包括土建、管线、工艺设备等全专业的综合模型。该综合模型真正地为设计提供了模拟现场施工碰撞检查平台，在这平台上完成仿真模式现场碰撞检查，并根据检测报告及修改意见对设计方案合理评估并作出设计优化决策，然后再次进行碰撞检测……如此循环，直至解决所有的硬碰撞、软碰撞剩下可接受的范围，如图 9-8 所示。

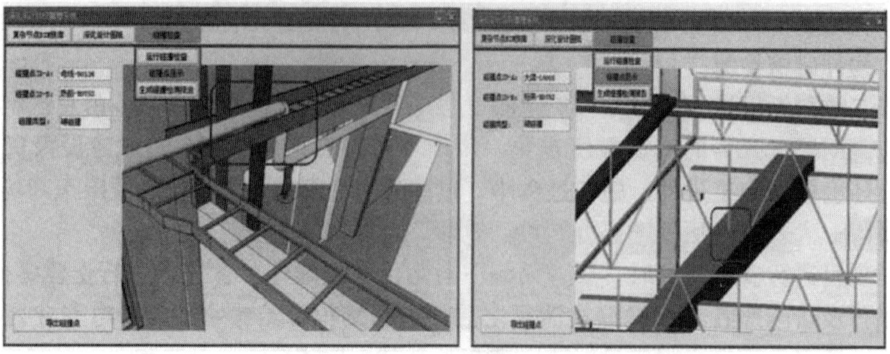

图 9-8　碰撞点查找

在读取并定位碰撞点后，为了更加快速地给出针对碰撞检测中出现的“软”“硬”碰撞点的解决方案，我们可以将碰撞问题为以下几类：

① 重大问题，需要业主协调各方共同解决；

② 由设计方解决的问题；

③ 由施工现场解决的问题；

④ 因未定因素（如设备）而遗留的问题；

⑤ 因需求变化而带来新的问题。

针对由设计方解决的问题，可以通过多次召集各专业主要骨干参加三维可视化协调会议的办法，把复杂的问题简单化，同时将责任明确到个人，从而顺利地完成管线综合设计、优化设计，得到业主的认可。针对其他问题，则可以通过三维模型截图、漫游文件等协助业主解决。另外，管线优化设计应遵循以下原则：

① 在非管线穿梁、碰柱、穿吊顶等必要情况下，尽量不要改动；

② 只需调整管线安装方向即可避免的碰撞，属于软碰撞，可以不修改，以减少设计人员的工作量；

③ 需满足建筑业主要求，对没有碰撞，但不满足净高要求的空间，也需要进行优化设计；

④ 管线优化设计时，应预留安装、检修空间；

⑤ 管线避让原则如下：有压管避让无压管；小管线避让大管线；施工简单管避让施工复杂管；冷水管道避让热水管道；附件少的管道避让附件多的管道；临时管道避让永久管道。

（5）施工工序管理　工序质量控制就是对工序活动条件即工序活动投入的质量和工序活动效果的质量及分项工程质量的控制。在利用 BIM 技术进行工序质量控制时能够着重于以下几方面的工作。

① 利用 BIM 技术能够更好地确定工序质量控制工作计划。一方面要求对不同的工序活动制订专门的保证质量的技术措施，作出物料投入及活动顺序的专门规定；另一方面要规定质量控制工作流程、质量检验制度。

② 利用 BIM 技术主动控制工序活动条件的质量。工序活动条件主要指影响质量的五大因素，即人、材料、机械设备、方法和环境等。

③ 能够及时检验工序活动效果的质量。主要是实行班组自检、互检、上下道工序交接

检，特别是对隐蔽工程和分项（部）工程的质量检验。

④ 利用BIM技术设置工序质量控制点（工序管理点），实行重点控制。工序质量控制点是针对影像质量的关键部位或薄弱环节确定的重点控制对象。正确设置控制点并严格实施是进行工序质量控制的重点。

（6）施工深化设计　该工程中预应力索体是通过索夹节点传递到结构体系中去的，所以索夹节点设计的好坏直接决定了预应力施加的成败。而本工程的钢拉索索力较大，需对其进行二次验算以确保结构的安全。将已建立好的环索索夹模型导入Ansys有限元软件中对其进行弹塑性分析，可以在保证力学分析模型与实际模型相一致的同时节省二次建模的时间，如图9-9所示。

（7）施工动态模拟及施工方案优化　该工程规模大、复杂程度高、预应力施工难度大，为了寻找最优的施工方案、为施工项目管理提供便利，采用了基于BIM技术的4D施工动态模拟，测试和比较不同的施工方案并对施工方案进行优化，可以直观、精确地反映整个建筑的施工过程，有效缩短工期、降低成本、提高质量。

实现施工模拟的过程就是将Project施工计划书、Revit三维模型与Navisworks施工动态模拟软件加以时间（时间节点）、空间（运动轨迹）及构件属性信息（材料费、人工费等）相结合的过程，如图9-10所示。

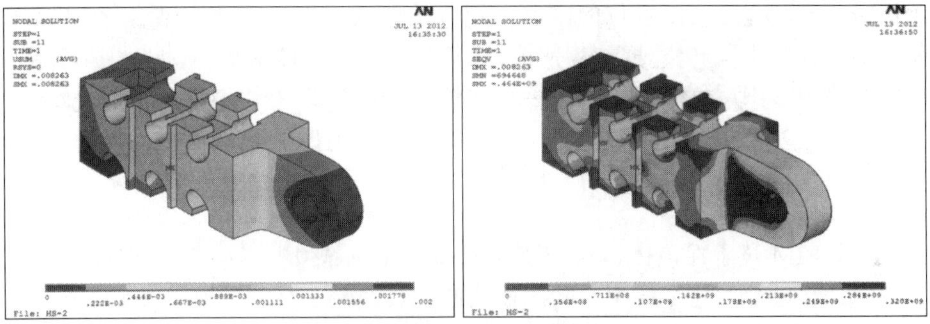


图9-9　环索索夹弹塑性分型结果

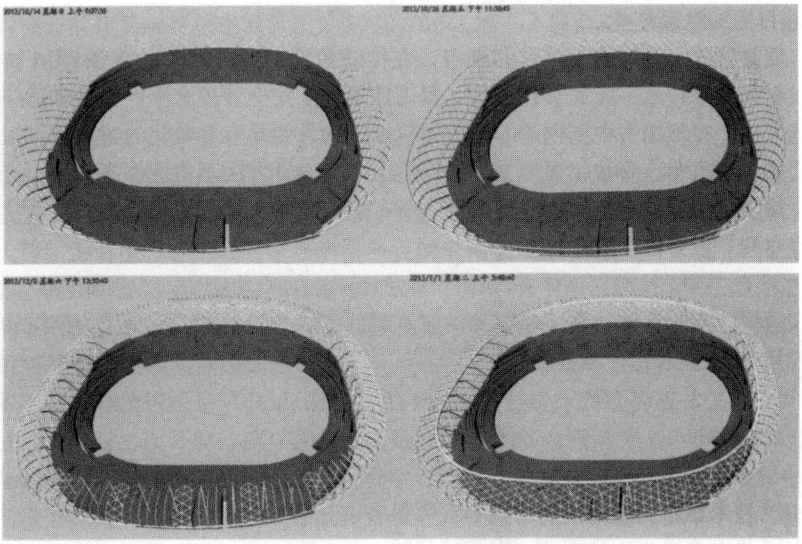

图9-10　施工模拟各个过程截图

（8）安装质量管控及三维动态化监测　对预应力钢结构而言，预应力关键节点的安装质量至关重要。安装质量不合格，轻者将造成预应力损失、影响结构受力形式，重者将导致整个结构的破坏。

BIM技术在该工程安装质量控制中的应用主要体现在以下两点：一是对关键部位的构件，如索夹、调节端索头等的加工质量进行控制；二是对安装部位的焊缝是否符合要求、螺钉是否拧紧、安装位置是否正确等施工质量进行控制。将关键部位的族文件与工厂加工构件进行对比，检查加工构件的外形、尺寸等是否符合加工要求。

（9）三维扫描复查施工质量　在场馆施工中，利用三维数字激光扫描仪，对在施及已施的建筑进行三维扫描。在场馆的不同方位架设扫描仪对场地中的建筑、结构实体进行扫描。扫描后将形成建筑及结构的点云模型，接着对生成的点云模型进行拼合，将各角度扫描的模型拼接成完整的场馆模型，再将前期建立的BIM模型导入点云模型中，对比实际建立的钢结构网格、索体与混凝土看台的相应位置是否有偏差，各构件的垂直、水平、角度是否满足要求。如有不符合要求的位置，及时进行整改，确保后续的施工质量。

利用三维扫描校核施工质量，能对前期建立的BIM模型进行更充分的利用，同时也避免了BIM模型与实际建筑构件的不一致，从而将BIM技术的作用更好地发挥出来。

**4. 项目实施经验总结**

施工质量管理一直是施工单位的难点，在传统的施工项目管理中结合BIM技术能为施工提供新的安全技术手段和管理工具，提高建筑施工安全管理水平，促进和适应新兴建筑结构的发展。在该项目中所创建的预应力钢结构构件族具有参数化的特点，可以反复应用在类似施工项目中；参数化预应力钢结构施工深化设计方法不但能提高效率，还能降低出错率；施工模拟的技术也给企业带来了效益；所开发的三维可视化动态监测系统具有很大的拓展空间，值得推广应用。

总的来说，BIM技术在该体育场施工项目管理上的成功应用，为后期同类型工程积累了结构建模、深化设计、施工模拟和动态监测的宝贵经验，对以后预应力钢结构施工项目管理应用BIM技术具有参考价值。

CHAPTER 10

# 第十章 BIM项目进度管理

## 第一节 BIM 进度管理具体应用

BIM 是在三维模型的基础上进行发展，其中包括对建设项目的设计与实施以及运营维护，贯穿于建设项目整个生命周期内，是一个数据化模型，其可以实现数据信息的共享与传递，为参与项目建设部门提供建设所用的基础数据，节约施工成本，科学地缩短工期。

### 一、基于 BIM 项目进度管理流程

基于 BIM 的项目进度管理流程如图 10-1 所示。

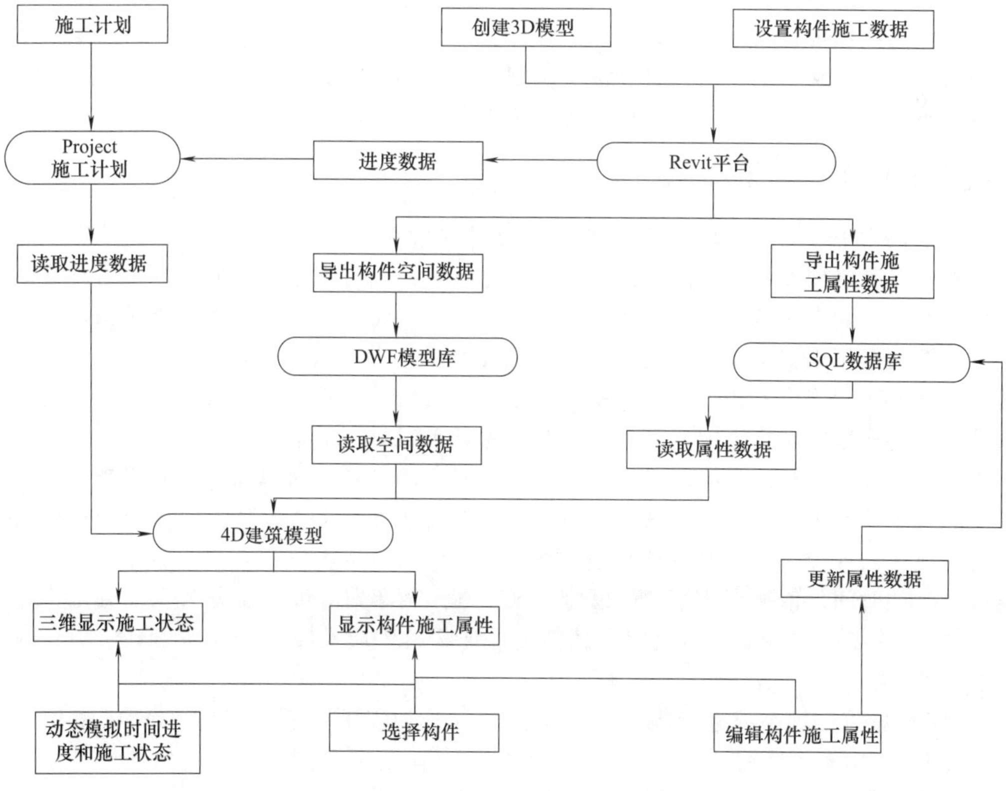


图 10-1　基于 BIM 的项目进度管理流程

## 二、BIM 技术在进度管理中的具体应用

我国使用的 BIM 软件一直都是从国外引进的，直到 2012 年由中国建筑科学研究院组织进行 BIM 软件自主研发工程，国外的建设工程早已经出现了 4D-BIM 虚拟建造模型控制施工进度，5D-BIM 模型用来控制施工成本，同时也可以起到指导建设施工以及管理建设施工的作用，我国一些建设工程中，也已经采用了 5D-BIM 模型来控制施工成本。

例如，某建设施工单位，在进行拆除新建工程时，需要将原 1 层的售楼处进行拆除，并新建 4 楼，其中地上 1 层用作商业办公，而 2～4 层用于办公，地下 1、2 层是商业层与地下车库，建筑的高度为 17.6m，框架结构由钢筋水泥构成，在进行建模时，其利用 4D-BIM 模型来控制施工进度，在进行建模时，是以二维图纸作为标准，使用 Revit 软件来构建 3D-BIM 模型，其中包含着建筑信息、结构信息，在 3D-BIM 的基础上，将鲁班平台导入进来，同时与 Project 进度信息相互关联，为每一构件设置时间参数，最终形成控制进度模型，也就是 4D-BIM 模型。

## 三、4D-BIM 模型的应用

在建设项目进度控制中应用 BIM 技术，主要是利用 4D-BIM 模型，实现施工进度的控制与管理，该建模办法是以三维模型为基础进行时间参数的关联最终形成的，4D-BIM 技术拥有着可视化特点，将项目施工的进度计划清晰直观地展示出来，同时还可以随时进行查询，查询不同时间点三维进度的状态，根据项目计划进度数据、实际进度数据，做出可视化对比分析，4D-BIM 模型主要是在时间维度上对施工项目计划进度与实际的施工进度做比较，只需要将具体的施工项目实际操作的时间、结束的时间输入 4D-BIM 系统中，该模型就会根据不同的颜色进行对比，展示出该工程项目的实际进度，若该项施工出现施工延误情况，则会立即呈现出来，以便项目管理者可以在第一时间内发现，并采取相应的调整办法，包括调整施工人员以及资源，保证项目施工进度得到有效的控制。

## 四、4D-BIM 模型优化

在这个模型中可以对各个子工程进行工程量的精准统计，由于每一个项目使用的劳动力、原材料以及机械设备等不同，由此对施工进度造成的影响也就不同，在进行优化时，是以双代号网络计划作为基础，在双代号的网络计划中，将各项工作同紧前以及紧后工作，构建一种衔接关系，也就是设置为仅在完成一项工作后，再开始另一项工作。项目工作进度可以通过工作班制、施工人数、机械设备的数量等进行调节，由此可以设置定额法进行项目时间的计算，严格地控制施工项目需要的时间，保证项目施工的进度。

由于人工或者机械设备的产量定额受到科技水平的影响，所以需要将其设置为定值，项目施工的总工期是根据关键路径法计算得出的，是由各个项目施工所花费的时间成本构成，在进行总成本的计算时，需要将其直接的成本以及间接的成本进行合计，其中不考虑税率与资金所产生的时间价值。在 4D-BIM 模型生成工程量清单时，要将工程各个部分工作量设置为确定值，4D-BIM 控制施工进度时，还需要保证物料供应及时，这样才不会给项目施工进度造成影响。

4D-BIM 施工管理系统进行施工进度模拟大致分为以下步骤：①将 BIM 模型进行材质赋予；②制订 Project 计划；③将 Project 文件与 BIM 模型链接；④制定构件运动路径，并与时间链接；⑤设置动画视点并输出施工模拟动画。其中运用 Navisworks 进行施工模拟技术路线如图 10-2 所示。

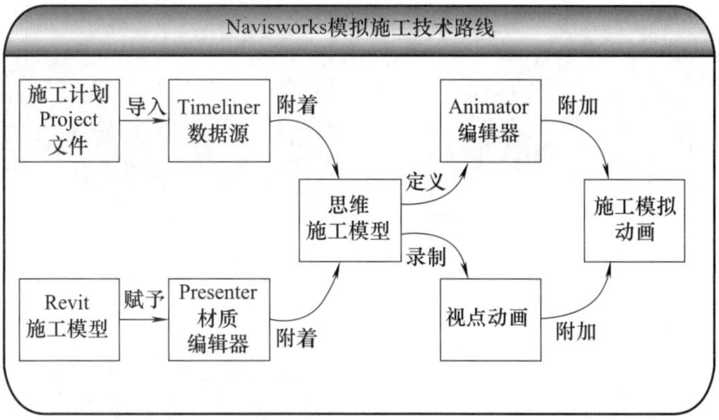


图 10-2 Navisworks 施工技术路线

通过 4D 施工进度模拟，能够完成以下内容：基于 BIM 施工组织，对工程重点和难点的部位进行分析，制订切实可行的对策；依据模型，确定方案，排定计划，划分流水段；BIM 施工进度利用季度卡来编制计划；将周和月结合在一起，假设后期需要任何时间段的计划，只需在这个计划中过滤一下即可自动生成；做到对现场的施工进度进行每日管理。

某工程链接施工进度计划的 4D 施工进度模拟如图 10-3 所示。在该 4D 施工进度模型中可以看出指定某时刻的施工进度情况，并与施工现场进行对比，对施工进度进行调控。

图 10-3 施工进度模拟

出具施工进度模拟动画可以指导现场工人当天的施工任务，如图 10-4 和图 10-5 所示。

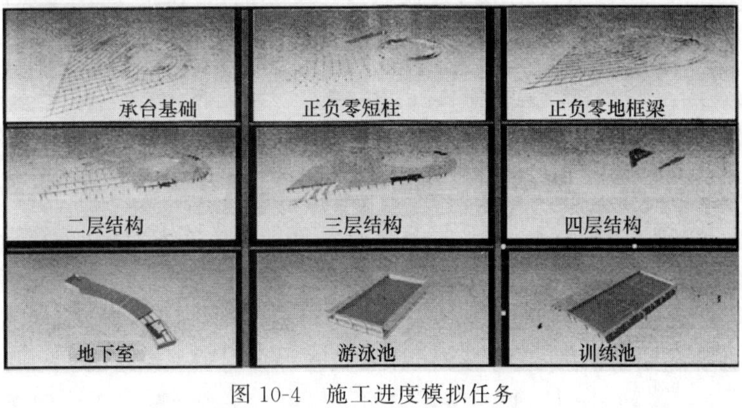


图 10-4 施工进度模拟任务

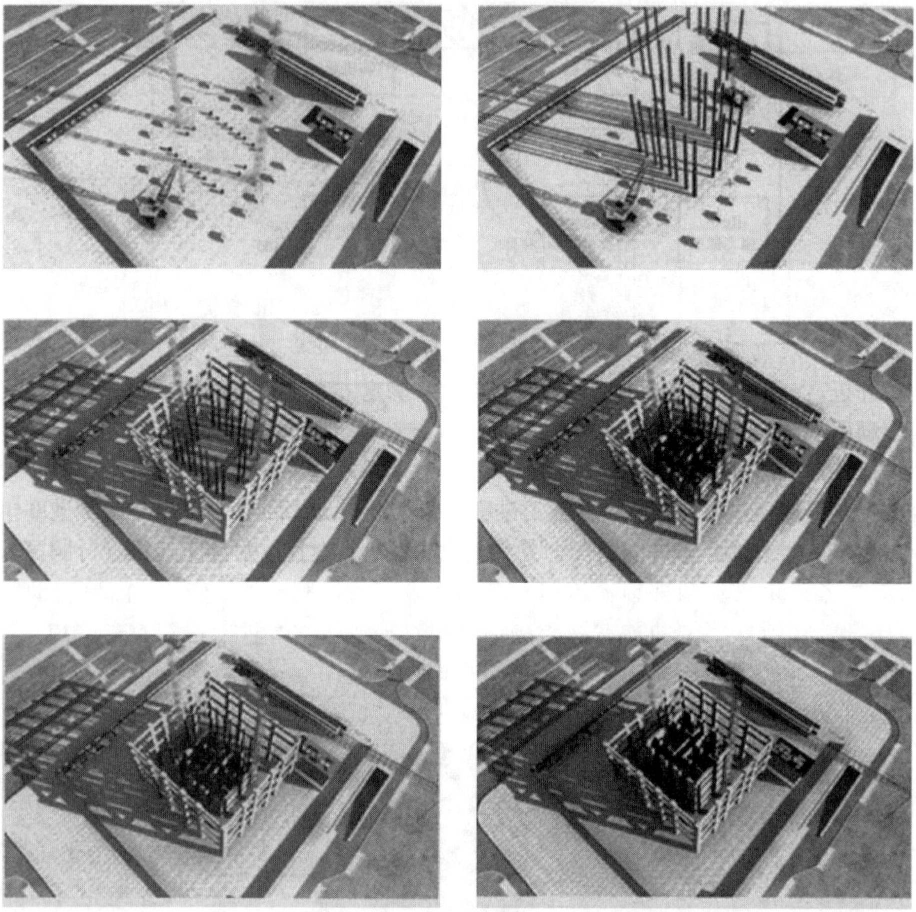

图 10-5　施工进度模拟动画

## 五、BIM 技术控制施工进度的办法

每一种技术或者理论都是需要与其他技术、方法等相结合使用，使其可以相互合作，相互协调发挥其优势，利用其他技术或方法来补充自己的不足之处，以此发挥更优质的服务，BIM 技术的应用主要是在与工程项目相关数据的基础上，构建建筑项目模型，利用数字信息仿真技术，将建筑物真实的数据模拟出来，在应用的过程中结合 BIM 技术、网络计划技术、工作分解结构等优势，有效地解决建设项目中目标优化问题，不仅可以提高建筑行业的信息水平，还可以节约资源，有效地控制项目施工的进度，进一步实现优化施工成本目标，科学合理地缩短施工进度。

## 六、BIM 成本架构系统的构建

成本架构的建立是基于 BIM 技术、网络技术施工进度的成本控制，所构建的施工进度-成本架构在构建成本架构体系时，需要搜集并且整理项目的基础数据，不仅可以保障施工成本数据的准确性，还可以减少项目工程造价人员的工作量，再根据 4D-BIM 模型生成的项目工程量清单，以及 WBS 所确定的工程施工工艺，来绘制网络计划图，建立相应的施工项目进度-成本优化的基本数学模型，配合网络计划技术做好计算求解，最后将求解得出的最终结果输入进计算机中，利用 BIM 技术做建设施工模拟，实现对项目工程的动态控制。

在使用这一架构系统时，只需要将实际勘察的数据输入 BIM 软件中，构建相应的数据模型，再把建筑模型给导入造价管理软件中，得出建筑项目的工程量，确定施工工艺，最后构建施工项目的成本优化模型，在进行模拟施工时，可以将在实际施工中可能会出现的问题清晰地展示出来，并做好预防措施，主要利用的是 BIM 虚拟施工软件的交互功能，可以使施工人员参与进来，并掌握一些施工技能，提高施工效率来保证施工进度。

在建设项目的施工中应用 BIM 技术，可以有效地控制施工进度以及施工成本控制管理，起到了缩短施工工期的作用，不仅节约了施工成本，还提高了施工的效率，为企业创造更高的盈利空间。

## 七、BIM 进度检查施工安全与冲突分析

（1）时变结构和支撑体系的安全分析　通过模型数据转换机制，自动由 4D 施工信息模型生成结构分析模型，进行施工期时变结构与支撑体系任意时间点的力学分析计算和安全性能评估。

（2）施工过程进度/资源/成本的冲突分析　通过动态展现各施工段的实际进度与计划的对比关系，实现进度偏差和冲突分析及预警；指定任意日期，自动计算所需人力、材料、机械、成本，进行资源对比分析和预警；根据清单计价和实际进度计算实际费用，动态分析任意时间点的成本及其影响关系。

（3）场地碰撞检测　基于施工现场 4D 时间模型和碰撞检测算法，可对构件与管线、设施与结构进行动态碰撞检测和分析。

某工程三维碰撞检测与优化处理前后对比如图 10-6 所示。

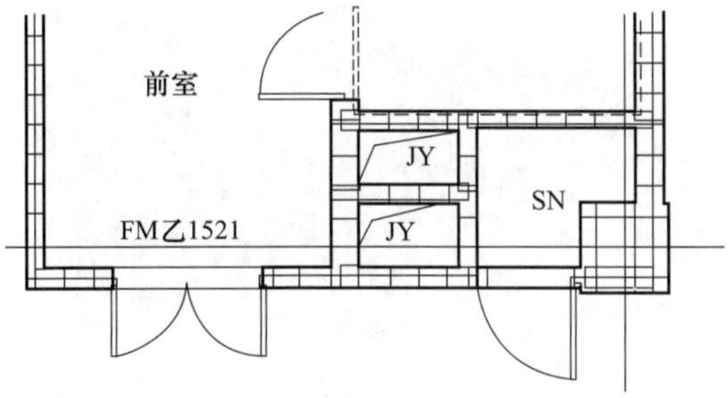


(a) 碰撞检查前

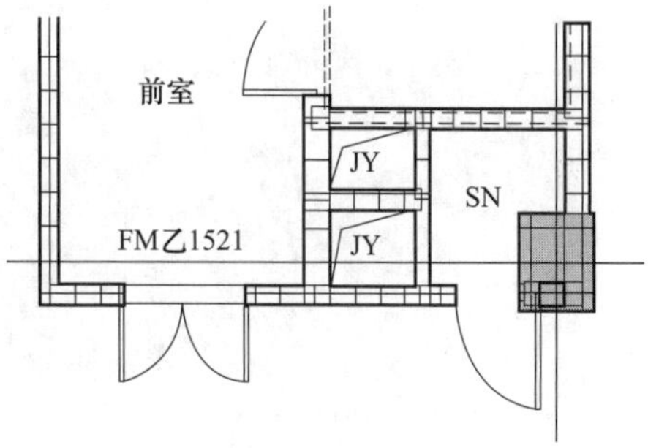


(b) 碰撞检查后

图 10-6　某工程三维碰撞检测与优化处理前后对比

## 八、BIM 建筑施工优化系统

建立进度管理软件 P3/P6 数据模型与离散事件优化模型的数据交换，基于施工优化信息模型，实现基于 BIM 和离散事件模拟的施工进度、资源以及场地优化和过程的模拟。

（1）基于 BIM 和离散事件模拟的施工优化　通过对各项工序的模拟计算，得出工序工期、人力、机械、场地等资源的占用情况，对施工工期、资源配置以及场地布置进行优化，实现多个施工方案的比选。

（2）基于过程优化的 4D 施工过程模拟　将 4D 施工管理与施工优化进行数据集成，实现了基于过程优化的 4D 施工可视化模拟。

某工程基于 BIM 的建筑施工优化模拟如图 10-7 所示。

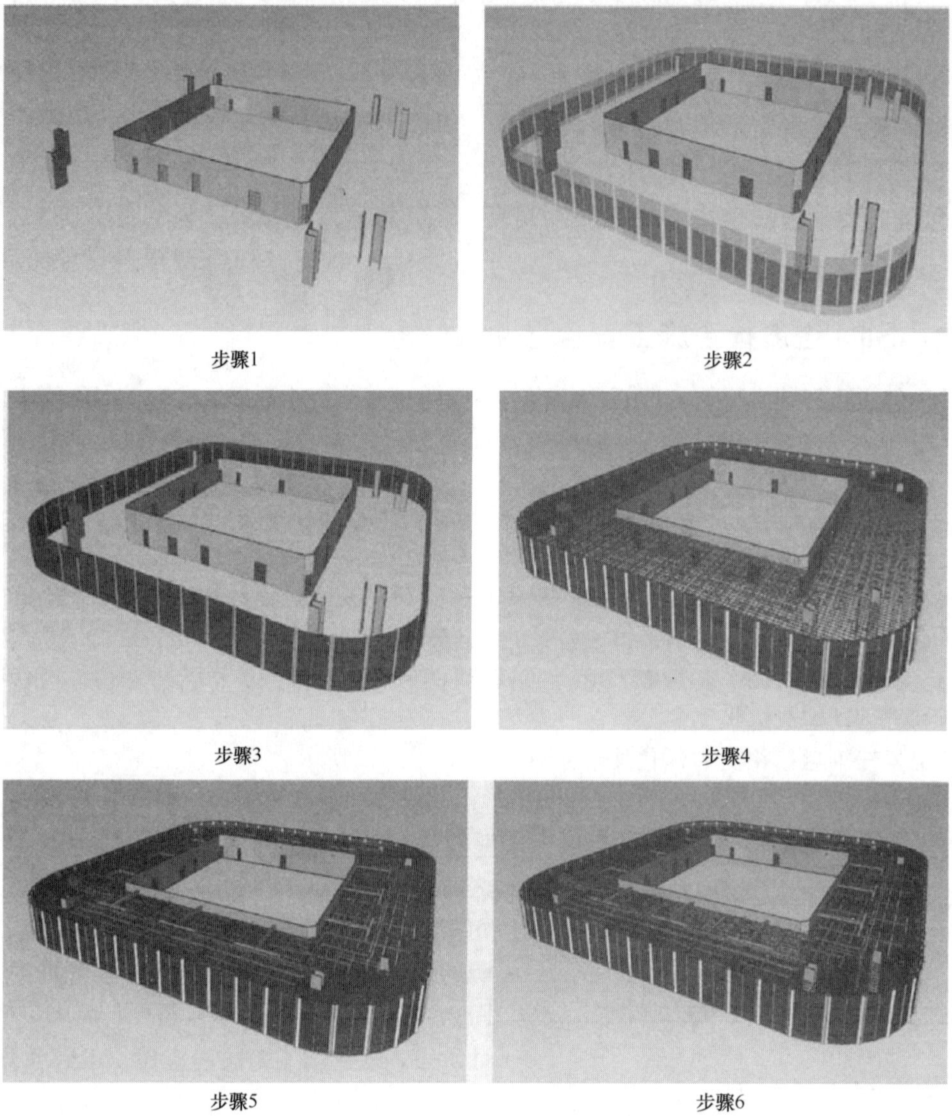


图 10-7　建筑施工优化模拟

## 九、三维技术交底及安装指导

在大型复杂工程施工技术交底时，工人往往难以理解技术要求。针对技术方案无法细化、不直观、交底不清晰的问题，解决方案是：应改变传统的思路与做法（通过纸介质表达），转由借助三维技术呈现技术方案，使施工重点、难点部位可视化，提前预见问题，确保工程质量，加快工程进度。三维技术交底即通过三维模型让工人直观地了解自己的工作范围及技术要求，主要方法有两种：一种是虚拟施工和实际工程照片对比；另一种是将整个三维模型进行打印输出，用于指导现场的施工，方便现场的施工管理人员拿图纸进行施工指导和现场管理。

某工程特殊工艺三维技术交底如图 10-8 及图 10-9 所示。

图 10-8 特殊工艺三维技术交底（一）

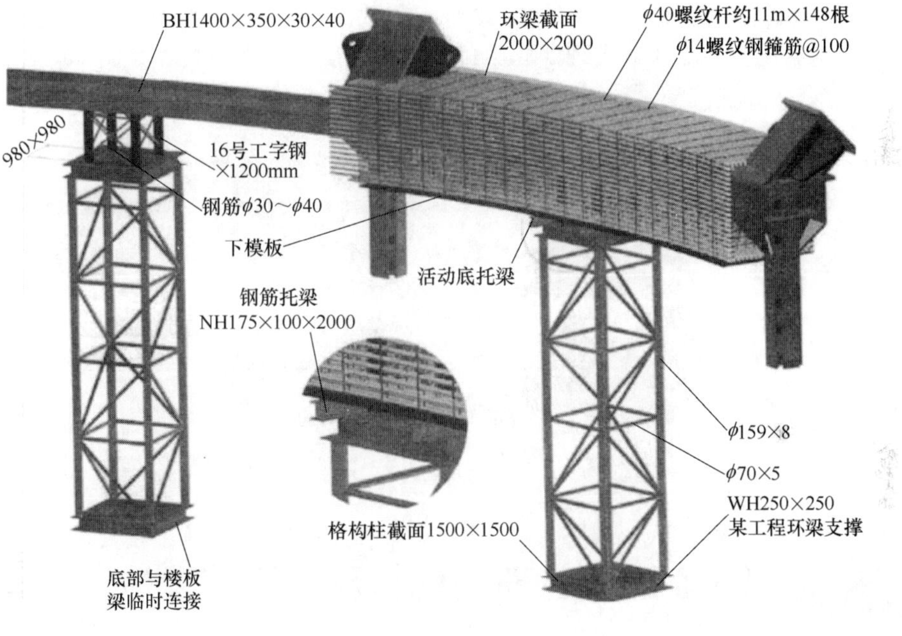


图 10-9 特殊工艺三维技术交底（二）

对钢结构而言，关键节点的安装质量至关重要。安装质量不合格，轻者将影响结构受力形式，重者将导致整个结构的破坏。三维 BIM 模型可以提供关键构件的空间关系及安装形式，方便技术交底与施工人员深入了解设计意图，某工程的钢结构关键部位安装示意图如图 10-10及图 10-11 所示。

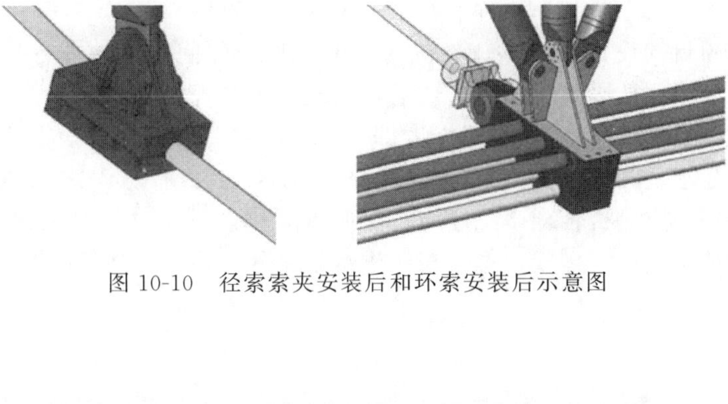

图 10-10 径索索夹安装后和环索安装后示意图

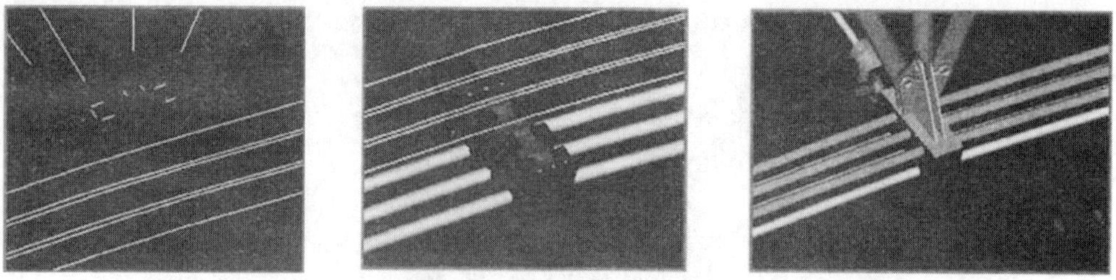

(a) 安装张拉前　　(b) 下排环束与索夹提升过程中　　(c) 销轴安装过程中

图 10-11　环索安装示意图

## 十、移动终端现场管理

采用无线移动终端、Web 及 RFID 等技术，全过程与 BIM 模型集成，实现数据库化、可视化管理，避免任何一个环节出现问题给施工和进度质量带来影响，如图 10-12 所示。

图 10-12　移动终端随时查看 BIM 模型

# 第二节　BIM 进度管理的优势及发展前景

## 一、BIM 进度管理的优势

### 1. 可视性强

通过 BIM 技术所建立的模型与传统模型最大的区别在于对建筑内部的表现力及描述详细度。因为二维模式下，进度管理基本是靠图纸与表格的方式，而基于 BIM 技术下的模型是高度仿真的三维模型，项目参与各方可以通过任何视角对建筑内部及细部进行核查，大到外观，小到建筑构件甚至是某个构件的颜色、尺寸以及材质都可以一一进行观察与评估。这样不但可以提高项目的设计品质，让设计人员能够抽出时间更多地考虑项目性能方面的问题，还可以减少施工团队因设计失误造成的返工及误工等现象。

通过对原有的 BIM 模型加入时间维度即 BIM 4D 之后，就可以根据所附加的时间参数模拟实际的施工建造过程。进行虚拟施工以后，可以检查时间节点与施工进度之间的状况是否匹配，进度计划设定是否合理，工序与工法能否顺利以及其进行对工程进度的影响程度，这些都可以一一模拟出来，导成数据报表，进行量化分析，从而制订一套切实可行的施工方案，优化管理。

2. 信息量丰富

在传统进度管理模式中，因为信息量的匮乏导致不能形成数据报表进行量化分析，基本都是依靠个人经验及“拍脑门”的方式来管理，很多都是估算或者是“差不多”这种模棱两可的管理模式，导入BIM之后可以大幅改善此种局面。通过BIM模型的参数化特性，可以把模型中建筑构件的信息，例如材质、尺寸、价格、数量等信息纳入模型之中，让模型不但可以看，还可以用。

将BIM模型中与进度有关的数据信息与模型本身形成关联，可以对施工进度进行实时动态地观察与管理，根据现实中的施工进度与演示过程做一一对比，寻找两者之间的不同点，做出及时调整，还可以通过信息之间的关联演示，在施工阶段开始之前与业主和供货商进行沟通，让其了解项目的相关计划，从而保证施工过程中资金和材料的充分供应。避免因为资金和材料的不到位对施工进度产生影响。

3. 协同作业

因为BIM可以贯穿项目始终，也可以协同建筑各个专业。通过建立统一的协同工作平台，可以把各专业间的模型导入平台之中，让项目参与各方对项目整体以及本专业和本阶段应该做什么，怎么做，做成什么样子有一个了解。然后通过运用BIM软件让模型中的各个专业进行空间上的、构件间的碰撞点注意排查，进而提高设计品质减少错落碰缺，进而指导施工减少返工，从而大幅剔除影响施工进度的因素。

## 二、BIM进度管理发展前景

××公司自行研发的基于GIS和BIM的工程进度管理平台，已经在××市前滩国际商务区应用。

该工程进度管理系统平台，融合了BIM+GIS等互联网+技术，可以适用于各类大型建筑群（综合体）、大型园区等项目工程的动态管理，该系统能够准确反映工程的全貌、建设进度、工程进度的4D模拟、剩余工作量、与工程计划的差异等重要工程信息，可以为工程管理者提供可视化、数字化、即时的进度管理协同系统，该系统平台处于国内领先水平。

基于BIM+GIS的建筑工程进度管理系统平台应用于建筑工程和其他工程领域，是建筑信息模型BIM技术和地理空间信息GIS技术先进性的体现，可以为工程管理提供一种全新的数字化、可视化、可量化的管理工具，同时也是推动工程管理从传统的微观管理方式向现代化、智能化、宏观化管理方式迈进，可以大大提升管理效率，提高工程管理的针对性、有效性。

未来几年乃至更长远的时间内，随着BIM技术的广泛普及，与BIM+GIS相关的系统可以广泛适用于智慧领域，所以，该平台系统将在中国拥有广阔的市场前景，将呈现高速增长态势，随着BIM技术和标准的不断完善成熟，以及BIM与新技术的不断融合，我们有理由相信BIM技术会发挥变革性的作用。

经济和社会效益方面主要表现为以下几点。

① 基于GIS和BIM的工程进度管理平台，提供数字化、可视化、可量化的管理工具，让项目的每个参与者都能够第一时间掌握项目的动态，及时作出准确的响应。

② 推动工程管理从传统的微观且分散性管理方式向现代化、智能化、集约化管理方式迈进，可以大大提升管理效率，提高工程管理的针对性和有效性。

③ 实现信息的互联互通和数据的交互共享多条线间、跨部门协作和动态化管理。

## 三、基于BIM的项目进度管理案例

随着信息技术的发展，3D数字化信息早已融入大众生活的方方面面，在影视传媒、工业制造、网络通信等领域带来的变革尤为明显。目前BIM技术已经在我国城市综合体、商场、道路桥梁等项目中有普遍成功的应用，而针对医院这类管线密集、设备种类繁多、各种流线功能分区要求严格的建筑，BIM技术的应用还比较少见。本案例就针对某综合性医院项目展开介绍，详细讲述如何利用BIM技术帮助项目实现进度可控、风险可控，进而提升工程质量，节约成本。

1. 项目背景

（1）项目特点　本项目是某区三级综合医院，始建于19世纪，具有悠久的历史，于2013年5月对原医院进行扩建，总建筑面积达70800$m^2$，地上10层，地下3层，是集门诊、急诊、医技和病房为一体的综合性医院项目。

（2）项目应用目标　该项目的机电管线设备复杂，存在大量新技术、新设备应用，施工难度大，成本风险高，工期安排紧张。针对上述情况，传统的施工管理模式已不能满足新的需求，针对国内设计与施工分离的现状，决定采用BIM技术提高施工管理水平。

2. BIM应用内容

（1）BIM平台总体框架　本项目通过采用某软件公司开发的BIM 5D系统，实现基于BIM技术的进度管理，是以BIM技术为核心，集成项目管理过程数据的项目管理系统，它适用于总承包项目现场管理。作为BIM 5D系统输入的模型，来自不同专业的、基于BIM技术的设计模型和算量模型，由Revit、MagiCAD、广联达土建BIM算量等多家软件产生的模型集成；本BIM 5D系统提供协同平台，基于多专业集成模型为建设方、施工方等提供进度分析优化、工作面管理、5D过程管控、数字交付等应用（图10-13）。

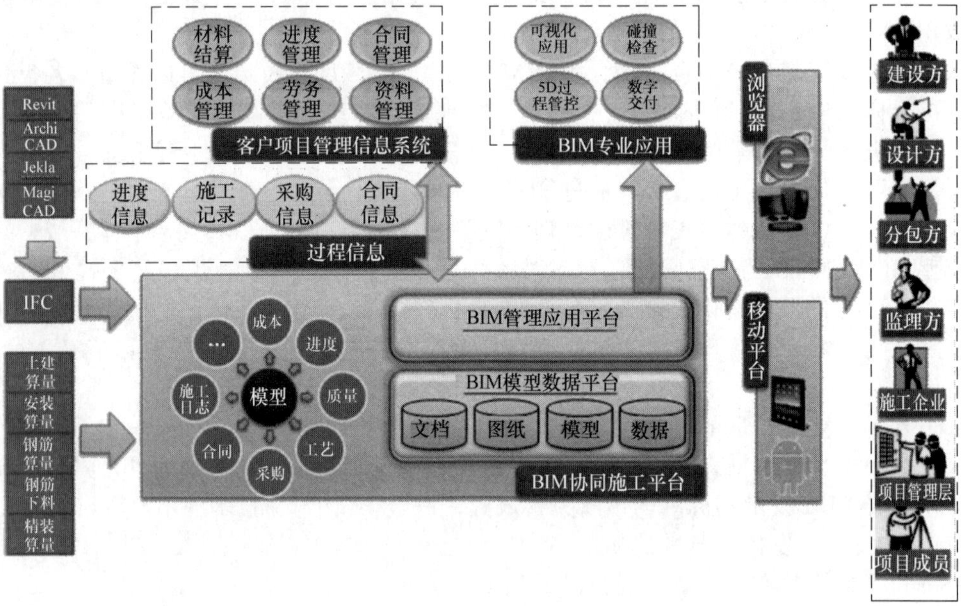


图10-13　BIM 5D管理系统

（2）BIM实施计划　在项目开展初期，BIM技术人员就制订了相应里程碑节点的工作目标与计划，保证了后期项目顺利实施。具体实施计划如下。

① 自项目启动起7d内，完成BIM模型（设计模型与数据模型）标准建立。

② 在具备工作必需资料后起30d内，完成主要专业BIM主体模型的创建；剩余模型根据要求进行构建及整合。

③ 在具备工作必须资料后 60d 内，完成项目 BIM 综合数据平台的搭建、调整开发，打通设计与施工两大环节之间的数据交换（在系统接口开发不完备的情况下允许通过人工导出导入的方式实现数据交互），实现工程量统计、进度计划编排展示等 BIM 专业应用。

④ 在具备工作必需资料后 90d 内，完成项目 BIM 综合应用平台的设计及模型合并与分拆、模型版本与变更管理、施工设计信息浏览（3D 方式）、进度计划及状态浏览（4D 方式）、资源需求计划及耗用浏览（3D 方式）等功能的开发。

⑤ 在具备工作必需资料后 150d 内，完成项目 BIM 综合应用平台的设计及开发，实现基于 3D 可视化的预算、进度管理、资源消耗、成本核算等信息的浏览、分析、报表等综合应用功能。

⑥ 工程完工，取得甲方提供的完整施工竣工图纸及竣工资料后，30d 内完成竣工三维建筑信息模型。

（3）BIM 应用内容及实施成果　进度管理贯穿工程整个施工周期，是保证工程履约的重要组成部分。本项目 BIM 技术的应用重点在于如何在有限的施工时间里合理优化进度工期，确保项目保质保量顺利交付。通过对本项目的现场情况进行归纳总结，现将影响进度管控的因素列举如下：

① 施工工序较多，编制进度计划时未充分考虑劳动力情况，缺乏可操作性；

② 进度管理涉及项目几乎所有部门，进度管理信息传递时容易混乱与遗漏；

③ 现场进度信息分散、收集困难，难以时时跟踪计划并作出及时的决策；

④ 大量精力集中在现场协调管理，缺乏对阶段进度管理的总结与优化。

针对以上难点，要想做到精细化的进度管理，必须及时准确地收集整理大量的工程动态数据，而手工整合这些信息工作量大，重复性工作多，占用了管理人员大量精力，影响了进度管理的效率与效果。所以，该项目利用 BIM 5D 系统进行了进度的智能化管理，具体包括三个阶段：数据准备、计划跟踪分析、进度分析优化。

① 数据准备阶段

a. 模型数据准备　本项目采用土建 BIM 算量、MagiCAD、Revit 等软件完成 BIM 各专业模型的搭建工作，通过 BIM 5D 系统完成各专业 BIM 模型的三维整合，集成后的模型统一保存在模型服务器中，便于支持后期进度管理等应用工作。

b. 进度计划准备　本项目将微软的 Project 计划文件导入 BIM 5D 系统中，便于后期计划的管理（图 10-14）。

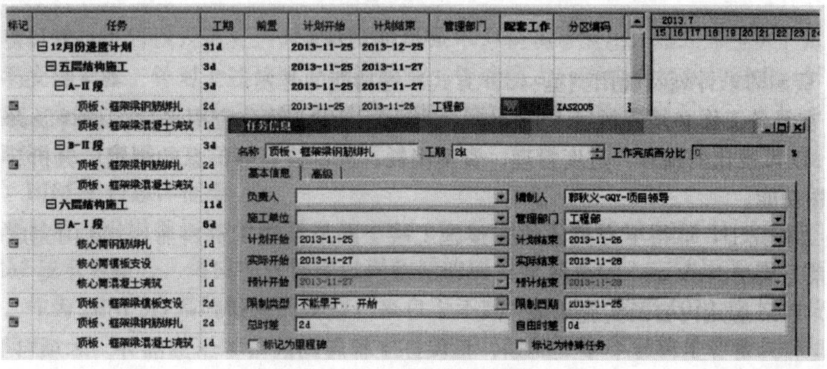

图 10-14　进度计划准备

② 计划跟踪分析阶段　为了更好地管理项目进度，项目技术人员将工作细分并编制流程图，以此作为后期进度跟踪处理的依据（图 10-15）。

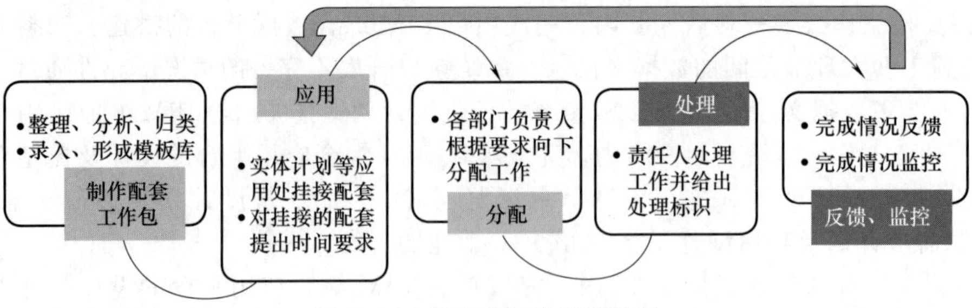


图 10-15　进度跟踪分析流程图

a. 模型与进度挂接　本项目根据实际施工流水段的划分情况以及进度计划的精细程度，在模型分区模块中划分分区，使模型构件与进度计划逐条对应，方便三维形象进度的生成及施工进度的管理（图 10-16）。

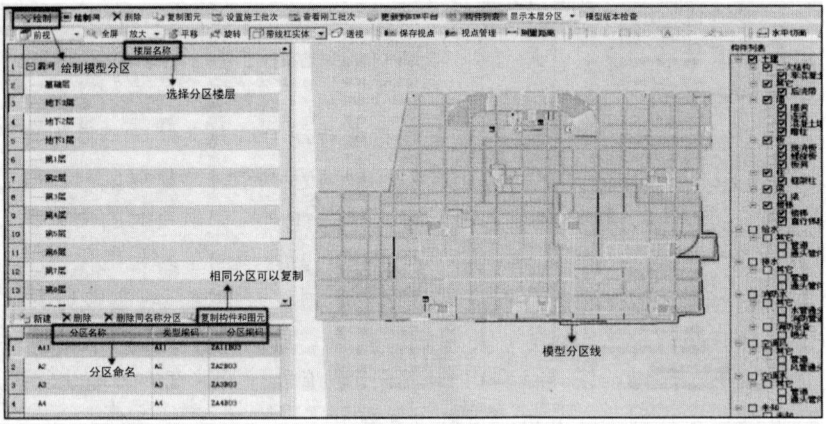


图 10-16　模型与进度挂接

b. 配套工作维护管理　根据本项目实际情况建立配套工作库，对日常工作信息进行集中管理（图 10-17）。

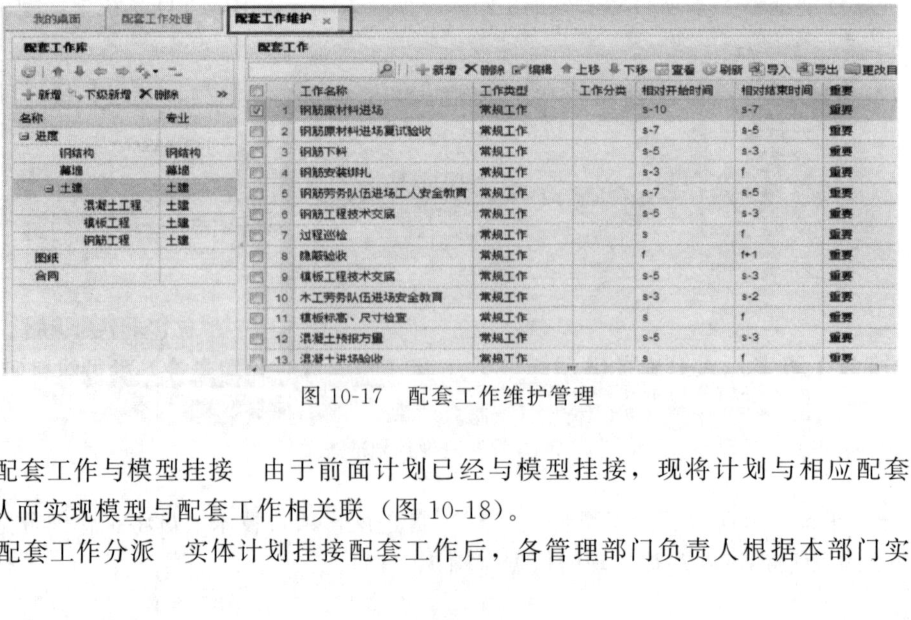


图 10-17　配套工作维护管理

c. 配套工作与模型挂接　由于前面计划已经与模型挂接，现将计划与相应配套工作相关联，从而实现模型与配套工作相关联（图 10-18）。

d. 配套工作分派　实体计划挂接配套工作后，各管理部门负责人根据本部门实际情况及配套工作的时间要求，向下分配配套工作（图 10-19）。

e. 配套工作处理　具体项目责任人根据项目实际进度情况对配套工作进行处理，处理结果会与进度计划比对，反映出配套工作的执行状态（图 10-20）。

图 10-18　配套工作与模型挂接

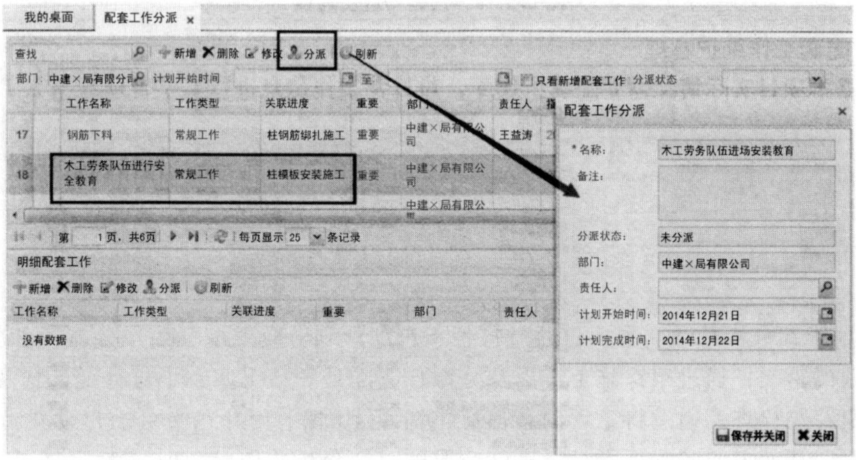


图 10-19　配套工作分派

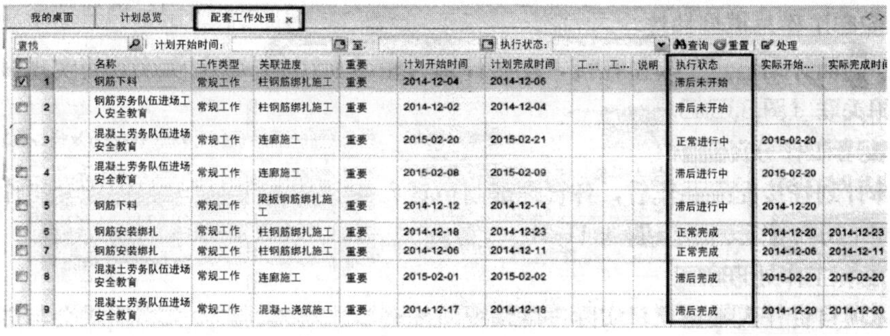


图 10-20　配套工作处理

f. 配套工作监控　配套工作分配、完成情况在个人门户中提醒，并反馈给应用者，同时部门负责人或项目负责人可以分别查看本部门或本项目配套工作进展情况，从而作出相应的决策（图 10-21、图 10-22）。

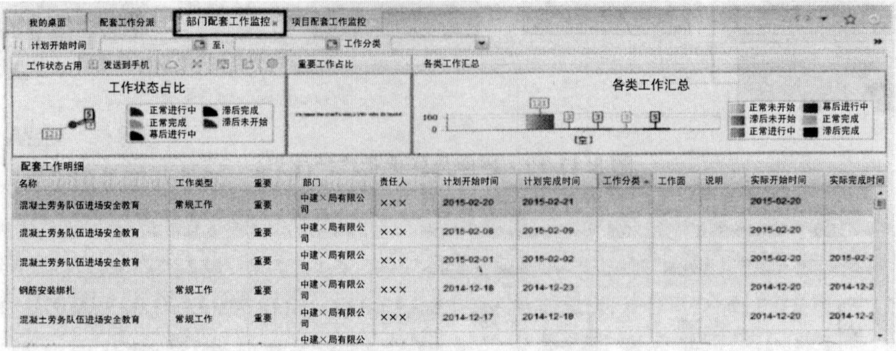


图 10-21　部门配套工作监控

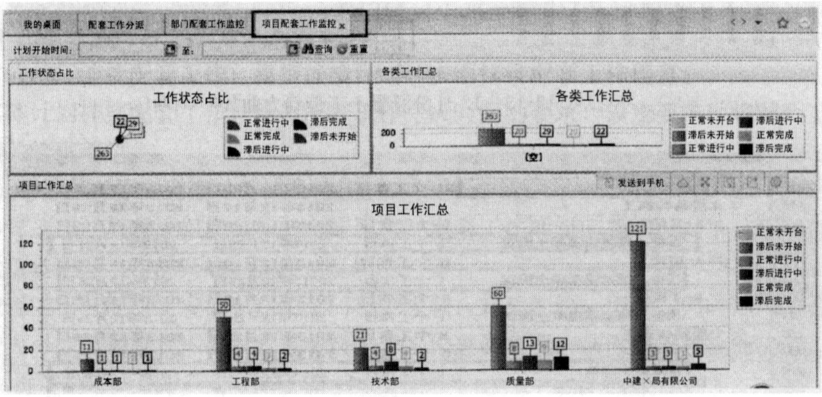


图 10-22　项目配套工作监控

g. 计划跟踪分析总结　本项目通过将各条进度计划对应的配套工作分派给相关责任人，实现了计划的落实；通过跟踪施工日志及分派任务的处理情况实现了对进度计划及各部门日常工作的跟踪与检查；通过将工程动态信息汇总于 BIM 平台并在平台上自动对特定信息进行整理汇总，从而方便了管理人员对进度情况的总结分析并作出合理调整。

③ 进度分析优化阶段　本项目根据进度计划对应的相应工程量、施工时间以及工效定额计算出相应的劳动力数量，绘出劳动力分布曲线。通过分析这种理论的劳动力分布曲线，确定是否存在劳动力剧烈波动的现象，从而判断进度计划是否合理并作出相应优化（图 10-23）。

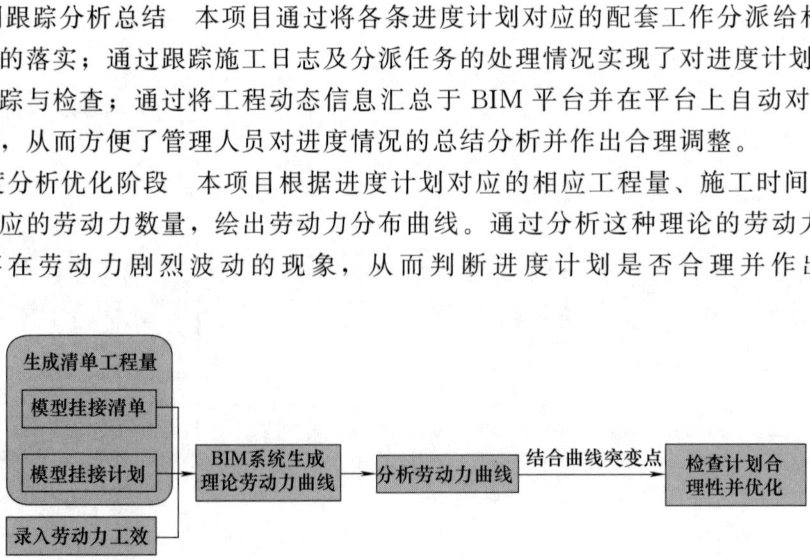


图 10-23　进度分析优化实施流程

项目实施成果举例如图10-24、图10-25所示。

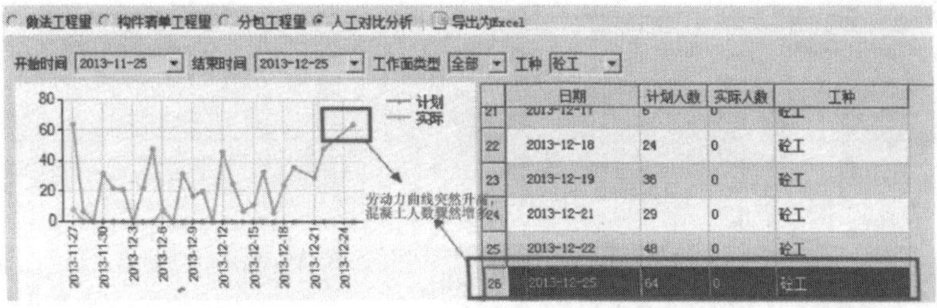


图10-24 12月份混凝土工劳动力曲线

| | 任务名称 | 工期 | 开始时间 | 完成时间 |
|---|---|---|---|---|
| 1 | 12月份进度计划 | 31 个工作日 | 2013年11月25日 | 2013年12月25日 |
| 159 | 九层结构施工 | 9 个工作日 | 2013年12月17日 | 2013年12月25日 |
| 170 | A-Ⅱ段 | 6 个工作日 | 2013年12月20日 | 2013年12月25日 |
| 179 | 顶板、框架梁混凝土浇筑 | 1 个工作日 | 2013年12月25日 | 2013年12月25日 |
| 180 | A-Ⅲ段 | 6 个工作日 | 2013年12月20日 | 2013年12月25日 |
| 189 | 顶板、框架梁混凝土浇筑 | 1 个工作日 | 2013年12月25日 | 2013年12月25日 |
| 190 | B-Ⅰ段 | 7 个工作日 | 2013年12月19日 | 2013年12月25日 |
| 199 | 顶板、框架梁混凝土浇筑 | 1 个工作日 | 2013年12月25日 | 2013年12月25日 |
| 200 | 十层结构施工 | 3 个工作日 | 2013年12月23日 | 2013年12月25日 |
| 201 | A-Ⅰ段 | 3 个工作日 | 2013年12月23日 | 2013年12月25日 |
| 204 | 柱混凝土浇筑 | 1 个工作日 | 2013年12月25日 | 2013年12月25日 |
| 207 | 核心筒混凝土浇筑 | 1 个工作日 | 2013年12月25日 | 2013年12月25日 |
| 208 | 地下室北侧、东侧、南侧外墙防水施 | 31 个工作日 | 2013年11月25日 | 2013年12月25日 |
| 209 | 西侧、北侧肥槽回填施工 | 31 个工作日 | 2013年11月25日 | 2013年12月25日 |
| 210 | 地下室二层房心回填施工 | 31 个工作日 | 2013年11月25日 | 2013年12月25日 |

图10-25 劳动力曲线突变点对应的进度计划

(4) 项目实施经验总结 本项目BIM 5D系统平台的应用解决了现场数据收集难、管理难、分析难的问题，通过对模型、计划、现场信息的集成及关联，实现了进度数据的可管理、追溯、分析、优化，保证了项目工期，提高了项目管理水平。后期项目技术人员对应用BIM技术的成效与传统项目管理模式对比，分析总结，整理出了一套基于BIM技术的项目管理应用方案．为后期类似项目推广提供了宝贵经验。

CHAPTER 11

# 第十一章 BIM项目变更管理

## 第一节 工程项目变更管理简介

工程变更指的是针对已经正式投入施工的工程进行的变更。在工程项目实施过程中，按照合同约定的程序对部分或全部工程在材料、工艺、功能、构造、尺寸、技术指标、工程数量及施工方法等方面做出的改变。工程变更主要是工程设计变更，但施工条件变更、进度计划变更等也会引起工程变更。

设计变更是指设计部门对原施工图纸和设计文件中所表达的设计标准状态的改变和修改。设计变更和现场签证两者的性质是截然不同的，现场签证（site visa）是指业主与承包商根据合同约定，就工程施工过程中涉及合同价之外的实施额外施工内容所作的签认证明，具有临时性和无规律性等特点，涉及面广，如设计变更、隐蔽工程、材料代用、施工条件变化等，它是影响工程造价的关键因素之一。凡属设计变更的范畴，必须按设计变更处理，而不能以现场签证解决。

### 一、决定是否变更的标准

① 实施变更给项目带来的风险；
② 不实施变更给项目带来的风险；
③ 实施变更对项目产生的影响（进度、造价、质量方面）。

### 二、工程变更的内容

① 更改工程有关部位的标高、位置和尺寸；
② 增减合同中约定的工程量；
③ 增减合同中约定的工程内容；
④ 改变工程质量、性质或工程类型；
⑤ 改变户型布局、建筑高度、层高等；
⑥ 改变有关工程的施工顺序和时间安排；
⑦ 图纸会审、技术交底会上提出的工程变更；
⑧ 为使工程竣工而必须实施的任何种类的附加工作。

### 三、工程变更的原则

① 设计文件是安排建设项目和组织施工的主要依据，设计一经批准，不得随意变更，

不得任意扩大变更范围；

② 工程变更对改善功能、确保质量、降低造价、加快进度等方面要有显著效果；

③ 工程变更要有严格的程序，应申述变更理由、变更方案、与原设计的技术经济比较，报请审批，未经批准的不得按变更设计施工；

④ 工程变更的图纸设计要求和深度等同原设计文件。

## 四、工程变更的因素

(1) 发包方原因　业主本身的需求发生变化，工程规模、使用功能、工艺流程、质量标准的变化，以及工期改变等合同内容的调整。变更是必然的，特别是精装。业主看到的施工结果与他想要的东西发生偏差，业主看图纸看模型感觉不出好坏，做了样板房必然会有更改。甚至是正式工程因为效果不理想不满意而推倒重来，这种更改的时间是无法掌控的。

(2) 设计方原因　设计错漏、设计不到位、设计调整，或规范标准修改了，或因自然因素及其他因素而进行的设计改变，或与现场不符无法施工非改不可等。

(3) 承包商原因　因施工质量或安全需要变更施工方法、作业顺序和施工工艺等，有时遇到突发情况和特殊地质情况，有时纯粹是为了方便施工节约人工，有的则是通过设计变更而进行重新报价以弥补低投标报价的损失，更有甚者，一些不良承包商买通设计，在竣工图上作有利于承包商的修改以谋取不当利益，有时则是施工错误而不得已要求设计变更，使错误具有合法性。

(4) 监理方原因　监理工程师出于工程协调和对工程目标控制有利的考虑，而提出施工工艺、施工顺序的变更。

(5) 其他原因　不可预见自然因素、工程外部环境和建筑风格潮流时尚变化导致工程变更，原订合同部分条款因客观条件变化，需要结合实际修正和补充，如地质原因引起的设计更改。

## 五、工程变更分析

工程变更已成常态，几乎所有的工程项目都可能发生变更甚至是频繁地变更。有些变更是有益的必要的，有些则是非必要和破坏性的，如果变更过程管理不当将会产生很高的代价。作为变更管理，工程前期应制订一套完整、严密的变更流程来把关所有施工及设计变更引起的经济变更。

设计变更应尽量提前，变更发生得越早则损失越小，反之就越大。如在设计阶段变更，则只须修改图纸，其他费用尚未发生，损失有限；如果在采购阶段变更，不仅需要修改图纸，而且设备、材料还须重新采购；若在施工阶段变更，除上述费用外，已施工的工程还须增加拆除费用，势必造成重大变更损失。设计变更费用一般应控制在建安工程总造价的5%以内，由设计变更产生的新增投资额不得超过基本预备费的三分之一。

变更往往是修正性变更居多，即对以前设计缺陷和错误的一种纠错，它是由于各专业各成员之间沟通不当或设计师专业局限性所致，这是由于没有一个好的交流平台所致，BIM技术的应用有望改变这些弊端。有的变更则是需求和功能的改善，无计划的变更是项目中引起工程的延期和成本增加的主要原因。

## 六、工程变更对策

造价师应在变更前对变更内容进行测算和造价分析，即使没有蓝图也能根据概念和说明进行专业判断、变更必要性分析和综合平衡，即功能增加与造价增加之间寻求新的平衡。评估设计变更的成本效应，对设计变更提供工程造价费用增减估算给集团合约采购部，为询标人事先的变更决定及变更后的预算调整提供依据。根据实际情况和地方法规标准及定额标准配合甲方做好项目施工索赔内容合情合理的裁决、判断、审定、最终测算及核算。审核、评估承包商、供货商提出的索赔，分析、评估合同中甲方提出的反索赔。

## 第二节 BIM工程变更管理

更改的时间和因素可能是无法掌控的，但变更管理可以减少变更带来的工期和成本的增加。

设计变更直接影响工程造价，施工过程中反复变更会导致工期和成本的增加，而变更管理不善导致进一步的变更，使得成本和工期目标处于失控状态。BIM应用有望改变这一局面。

美国斯坦福大学整合设施工程中心（CIFE）根据对32个项目的统计分析总结了使用BIM技术后产生的效果，认为它可以消除40%预算外更改。即从根本上和源头上减少变更的发生。可视化建筑信息模型更容易在形成施工图前修改完善，设计师直接用三维设计可以更容易发现设计错误，修改也更容易。三维可视化模型能够准确地再现各专业系统的空间布局、管线走向，专业冲突一览无遗，可提高设计深度，实现三维校审，大大减少“错、碰、漏、缺”现象，在设计成果交付前消除设计错误可以减少后续的设计变更。而传统的二维设计“错、碰、漏、缺”几乎是不可避免的。使用2D图纸进行协调综合的时候，往往是事倍功半，需要花费大量的时间去发现问题，却往往只能发现部分表面的问题，很难发现深层次隐蔽性和根本性问题，那么，必然会带来工程后续的大量设计变更。

BIM能增加设计协同能力，更容易发现问题，从而减少各专业间冲突。一个工程项目设计涉及总图、建筑、结构、给排水、电气、暖通、动力，除此之外包括许多专业分包如幕墙、网架、钢结构、智能化、景观绿化等，他们之间如何交流协调协同？用BIM协调流程进行协调综合，那么协调综合过程中的不合理方案或问题方案也就不会出现了，使设计变更大大减少。BIM技术可以做到真正意义上的协同修改，大大节省开发项目的成本。BIM技术改变以往“隔断式”设计方式、依赖人工协调项目内容和分段交流的合作模式而变成平行、交互的方式。我们发现单个专业自己的图纸本身发生错误的比例较小，设计各专业之间的不协调、设计和施工之间的不协调是设计变更的主要原因。而通过BIM应用的协调综合功能可以解决掉这些问题。

在施工阶段，即使发生变更，如果是共享BIM模型，用BIM进行管理，就可以实现对设计变更的有效管理和动态控制。通过设计模型文件数据关联和远程更新，建筑信息模型随设计变更而即时更新，消除信息传递障碍，减少设计师与业主、监理、承包商、供应商间的信息传输和交互时间，从而使索赔签证管理更有时效性，实现造价的动态控制和有序管理。

CHAPTER 12

# 第十二章 BIM项目运维管理

## 第一节 BIM 运维管理简介

建筑运维管理近年来在国内又被称为 FM（Facility Management，设施管理）。根据 IF-MA（International Facility Management Association，国际设施管理协会）对其的最新定义，FM 是运用多学科专业，集成人、场地、流程和技术来确保楼宇良好运行的活动。人们通常理解的建筑运维管理，就是物业管理。但是现代的建筑运维管理（FM）与物业管理有着本质的区别，其中最重要的区别在于面向的对象不同。物业管理面向建筑设施，而现代建筑运维管理面向的则是企业的管理有机体。

FM 最早兴起于 20 世纪 80 年代初，是项目生命周期中时间跨度最大的一个阶段。在建筑物平均长达 50～70 年的运营周期内，可能发生建筑物本身的改扩建、正常或应急维护，人员安排，室内环境及能耗控制等多个功能。因此，FM 也是建筑生命周期内职能交叉最多的一个阶段。

在我国，FM 行业的兴起较晚。伴随着 20 世纪 90 年代大量的外资企事业组织进入我国，FM 需求的产生和迅速增加最早催生了我国的 FM 行业。到目前，我国本土的许多组织在认识到专业化高水平的 FM 服务所能带来的收益后，也越来越多地建立了系统的 FM 管理制度。

### 一、运维与设施管理的内容

运维与设施管理的内容主要可分为空间管理、资产管理、维护管理、公共安全管理和能耗管理等方面（图 12-1）。

### 二、运维与设施管理的特点

#### 1. 专业性

无论是机电设备、设施的运营、维护，结构的健康监控，建筑环境的监测和管理都需要 FM 人员具有一定水平的专业知识。这样的专业知识有助于 FM 人员对所管理建筑的未来需求有一定的预见性，并能更有效地定义这些需求，并获得各方面专业技术人才的高效服务。

#### 2. 多职能性

传统的 FM 往往被理解为物业管理。而随着管理水平和企业信息化的进程，设施管理逐渐演变成综合性、多职能的管理工作。其服务范围既包括对建筑物理环境的管理、维护，也包括对建筑使用者的管理和服务，甚至包括对建筑内资产的管理和监测。现今的 FM 职能可

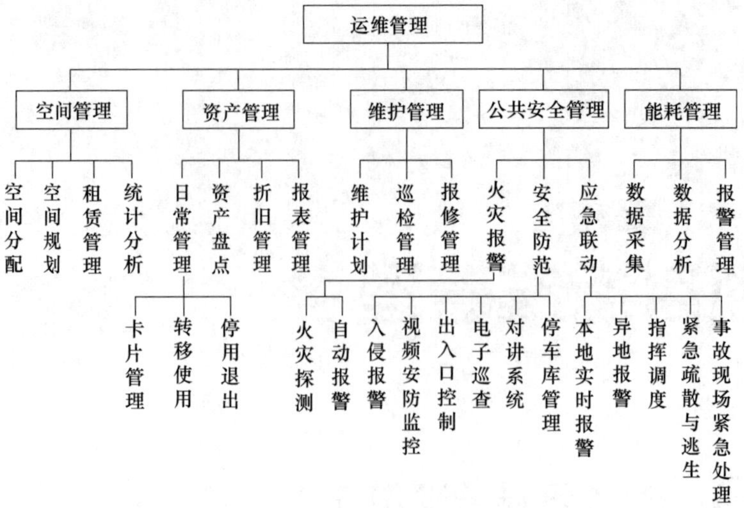


图 12-1 运维管理范畴图

能跨越组织内多个部门，而不同的部门因为职能、权限等原因，在传统的企业信息管理系统中，往往存在诸多的信息孤岛，造成FM这样的综合性管理工作的程序过于复杂、处理审批时间过长，导致决策延误、工作低效，造成不必要的损失。

3. 服务性

FM管理的多个职能归根到底都是为了给所管理建筑的使用者、所有者提供满意的服务。这样满意的服务对建筑所有者来说包括建筑的可持续运营寿命长、回报率高；对建筑使用者来说包括舒适安全的使用环境、即时的维修、维护等需求的响应，以及其他建筑使用者为提高其组织运行效率可能需要的增值服务。正因如此，传统的FM行业中存在系统、完备的服务评价指数，如客户满意程度（CRM）指数等，用于评价FM管理的服务水平。

4. 可持续性

建筑及其使用者的日常活动是全球范围内能耗最大的产业。无论是组织自持的不动产性质的建筑，还是由专业FM机构运营管理的建筑，其能耗管理都是关系到组织经济利益和社会环境可持续性发展的重大课题。而当紧急情况发生时，如水管破裂或大规模自然灾害侵袭时，FM人员有责任为建筑内各组织日常商务运营受损最小化提供服务。这也是FM管理在可持续性方面的多重职责。

## 三、传统运维管理存在的问题

表12-1为传统项目运维管理存在的问题。

**表 12-1 传统项目运维管理存在的问题**

| 类别 | 内容 |
| --- | --- |
| 运维与设施管理成本高 | 设施管理中很大一部分内容是设备的管理，设备管理的成本在设施管理成本中占有很大的比重。设备管理的过程包括设备的购买、使用、维修、改造、更新、报废等。设备管理成本主要包括购置费用、维修费用、改造费用以及设备管理的人工成本等。由于当前的设备管理技术落后，往往需要大量的人员来进行设备的巡视和操作，而且只能在设备发生故障后进行设备维修，不能进行设备的提前预警工作，这就大大增加了设备管理的费用 |

续表

| 类　别 | 内　容 |
|---|---|
| 运维与设施管理信息不能集成共享 | 传统的设施管理大部分采用手写记录单，既浪费时间，又容易造成错误，而且纸质记录单容易丢失和损坏。同时，在设备基本信息查询、维修方案和检测计划的确定，以及对紧急事件的应急处理时，往往需要从大量纸质的图纸和文档中寻找所需的信息，无法快速地获取有关该设备的信息，从而达不到设施管理的目的。而且传统的设施管理往往采用纸质档案，纸质档案都是采用手工方式来整理，这对处理设施信息是非常低效率的。而且设施资料往往以一种特定的形式固定下来，这样难以满足不同用户对资料进行自由组合分类的需求。虽然一些设施管理采用了电子档案，但由于这些电子文件生成于不同的软件系统，其存储方式处于不同格式，使得绝大部分电子文件之间不能兼容，从而无法相互采集、收集和提供利用。同时由于这些简易电子档案没有很好地归档，在设施发生故障时，不能快速找到该设备的相关信息，达不到设施管理的要求 |
| 当前运维与设施管理信息化技术低下 | 当前的信息沟通方式落后、信息传递不及时。传统的信息沟通大都采用点对点的形式，也就是参与方之间两两进行信息沟通，不能保证多个参与方同时进行沟通和协调，设施管理方要与业主、设计方、施工方、总包方和分包方等各个参与方分别进行沟通来获得想要的信息，既浪费时间，又不能保证信息的准确性，不利于设施的有效管理 |

## 四、BIM 技术在项目运维管理中的优势

BIM 技术可以集成和兼容计算机化的维护管理系统（CMMS）、电子文档管理系统（EDMS）、能量管理系统（EMS）和楼宇自动化系统（BAS）。虽然这些单独的 FM 信息系统也可以实施设施管理，但各个系统中的数据是零散的；更糟的是，在这些系统中，数据需要手动输入到建筑物设施管理系统中，这是一种费力且低效的过程。在设施管理中使用 BIM 可以有效地集成各类信息（图 12-2），还可以实现设施的三维动态浏览。

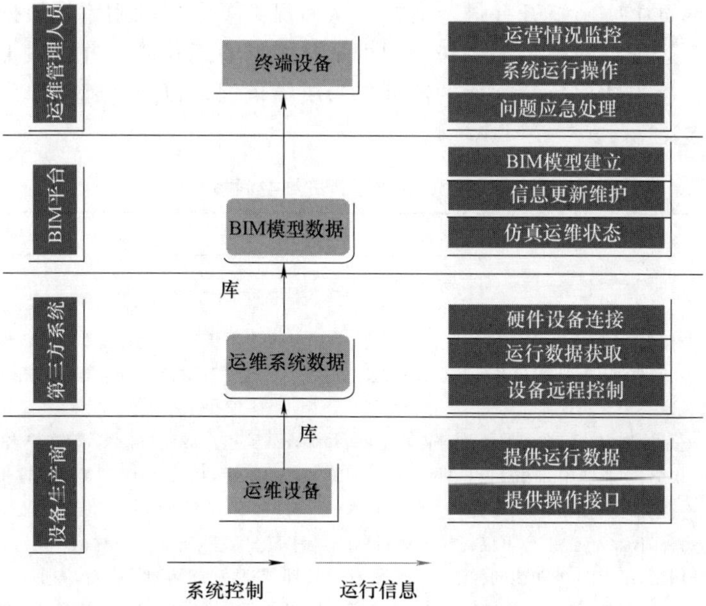


图 12-2　基于 BIM 的运维系统架构图

BIM 技术相较于之前的设施管理技术有三点优势，如表 12-2 所示。

**表 12-2　BIM 技术相较于之前的设施管理技术优势**

| 类　别 | 内　容 |
|---|---|
| 实现信息集成和共享 | BIM 技术可以整合设计阶段和施工阶段的时间、成本、质量等不同时间段、不同类型的信息，并将设计阶段和施工阶段的信息高效、准确地传递到设施管理中，还能将这些信息与设施管理的相关信息相结合 |
| 实现设施的可视化管理 | BIM 三维可视化的功能是 BIM 最重要的特征，BIM 三维可视化将过去的二维 CAD 图纸以三维模型的形式展现给用户。当设备发生故障时，BIM 可以帮助设施管理人员三维、直观地查看设备的位置及设备周边的情况。BIM 的可视化功能在翻新和整修过程还可以为设施管理人员提供可视化的空间显示，为设施管理人员提供预演功能 |
| 定位建筑构件 | 设施管理中，在进行预防性维护或是设备发生故障进行维修时，首先需要维修人员找到需要维修构件的位置及其相关信息，现在的设备维修人员常常凭借图纸和自己的经验来判断构件的位置，而这些构件往往在墙面或地板后面等看不到的地方，位置很难确定。准确的定位设备对新员工或紧急情况是非常重要的。使用 BIM 技术不仅可以直接三维定位设备还可以查询该设备的所有基本信息及维修历史信息。维修人员在现场进行维修时，可以通过移动设备快速地从后台技术知识数据库中获得所需的各种指导信息，同时也可以将维修结果信息及时反馈到后台中央系统中，对提高工作效率很有帮助 |

# 第二节　BIM 技术在运维与设施管理中的应用

## 一、BIM 空间管理

基于 BIM 技术可为 FM 人员提供详细的空间信息，包括实际空间占用情况、建筑对标等。同时，BIM 能够通过可视化的功能帮助跟踪部门位置，将建筑信息与具体的空间相关信息勾连，并在网页中实施打开并进行监控，从而提高了空间利用率。根据建筑使用者的实际需求，提供基于运维空间模型的工作空间可视化规划管理功能，并提供工作空间变化可能带来的建筑设备、设施功率负荷方面的数据作为决策依据，以及在运维单位案中快速更新三维空间模型，见表 12-3。

**表 12-3　快速更新三维空间模型**

| 类　别 | 内　容 |
|---|---|
| 租赁管理 | 应用 BIM 技术对空间进行可视化管理，分析空间使用状态、收益、成本及租赁情况，判断影响不动产财务状况的周期性变化及发展趋势，帮助提高空间的投资回报率，并能够抓住出现的机会及规避潜在的风险。<br>通过查询定位可以轻易查询到商户空间，并且查询到租户或商户信息，如客户名称、建筑面积、租约区间、租金、物业费用；系统可以提供收租提醒等客户定制化功能。同时还可以根据租户信息的变更，对数据进行实时调整和更新，形成一个快速共享的平台，如图 12-3 所示。<br>另外，BIM 运维平台不仅提供了对租户的空间信息管理，还提供了对租户能源使用及费用情况的管理(图 12-4)。这种功能同样适用于商业信息管理，与移动终端相结合，商户的活动情况、促销信息、位置、评价可以直接推送给终端客户，提高租户使用程度的同时也为其创造了更高的价值 |

续表

| 类　别 | 内　容 |
| --- | --- |
| 垂直交通管理 | 3D电梯模型能够正确反映所对应的实际电梯空间位置以及相关属性等信息。电梯的空间相对位置信息包括门口电梯、中心区域电梯、电梯所能到达楼层信息等；电梯的相关属性信息包括直梯，扶梯，电梯型号、大小、承载量等。3D电梯模型中采用直梯实体形状图形表示直梯，并采用扶梯实体形状图形表示扶梯(图12-5)。BIM运维平台对电梯的实际使用情况进行了渲染，物业管理人员可以清楚直观地看到电梯的能耗及使用状况，通过对人行动线、人流量的分析，可以帮助管理者更好地对电梯系统的策略进行调整 |
| 车库管理 | 目前的车库管理系统基本都是以计数系统为主，只显示空车位的数量，对空车位的位置却没法显示。在停车过程中，车主随机寻到车位，缺乏明确的路线，容易造成车道堵塞和资源浪费(时间、能源)。应用无线射频技术将定位标识标记在车位卡上，车子停好之后自动知道某车位是否已经被占用。通过该系统就可以在车库入口处通过屏幕显示出所有已经占用的车位和空着的车位。通过车位卡还可以在车库监控大屏幕上查询所在车的位置，这对于方向感较差的车主来说，是个非常贴心的导航功能 |
| 办公管理 | 基于BIM可视化的空间管理体系，可对办公部门、人员和空间实现系统性、信息化的管理。如图12-6所示，某工作空间内的工作部门、人员、部门所属资产、人员联系方式等都与BIM模型中相关的工位、资产相关联，便于管理和信息的及时获取 |

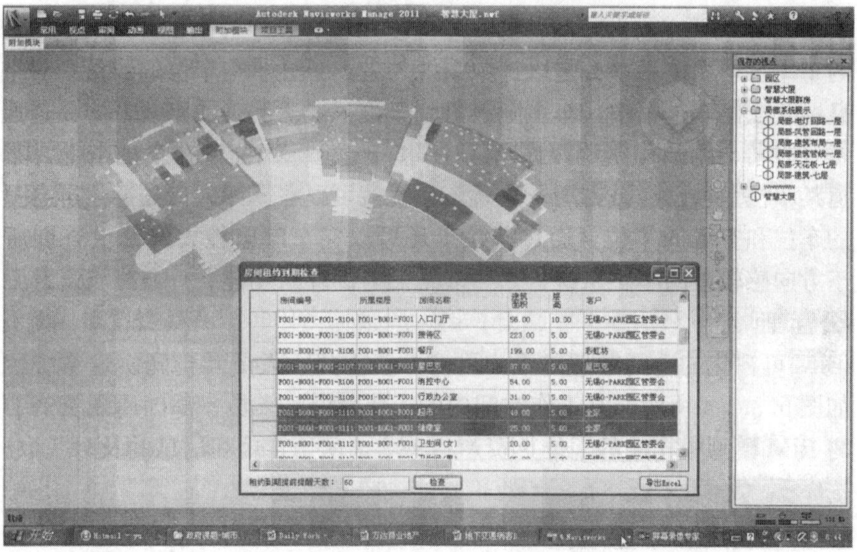

图12-3　租赁管理平台图

图12-4　BIM运维平台

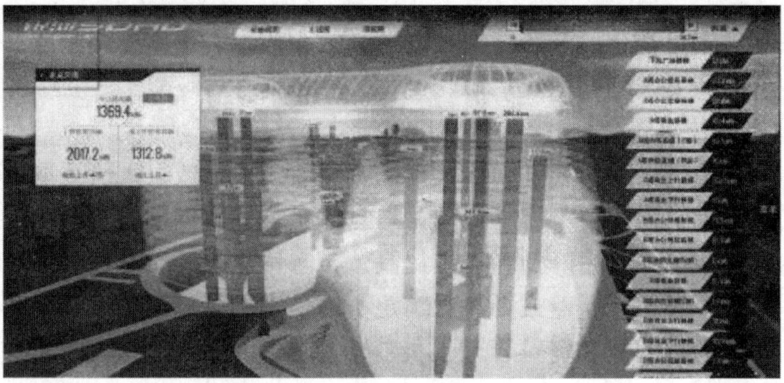

图 12-5 3D电梯管理平台图

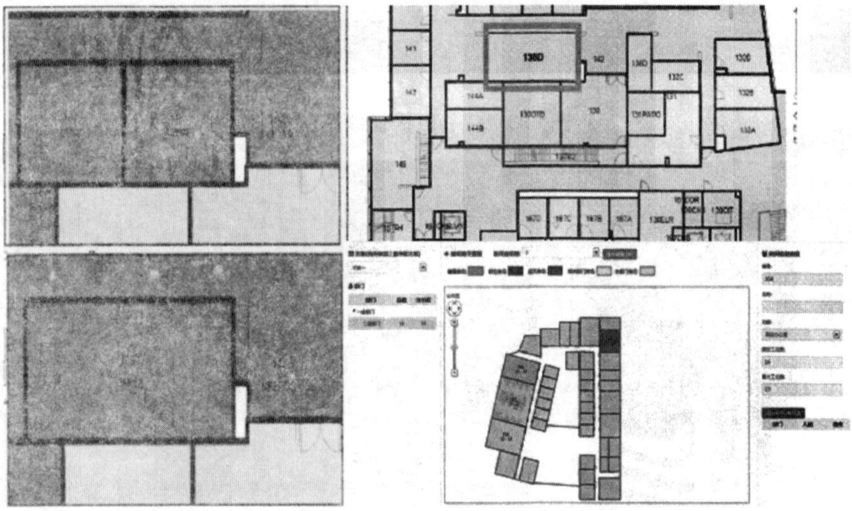

图 12-6 办公管理图

## 二、资产管理

BIM 技术与互联网的结合将开创现代化管理的新纪元。基于 BIM 的互联网管理实现了在三维可视化条件下掌握和了解建筑物及建筑中相关人员、设备、结构、资产、关键部位等信息，尤其对于可视化的资产管理可以达到减少成本、提高管理精度、避免损失和资产流失的重大价值意义，见表 12-4。

## 三、维护管理

维护管理主要是指设备的维护管理。通过将 BIM 技术运用到设备管理系统中，使系统包含设备所有的基本信息，也可以实现三维动态地观察设备实时状态，从而使设施管理人员了解设备的使用状况，也可以根据设备的状态提前预测设备将要发生的故障，从而在设备发生故障前就对设备进行维护，降低维护费用。将 BIM 运用到设备管理中，可以查询设备信息、设备运行和控制、自助进行设备报修，也可以进行设备的计划性维护等（图 12-7）。

表 12-4 资产管理的意义

| 类别 | 内容 |
| --- | --- |
| 可视化资产信息管理 | 传统资产信息整理录入主要是由档案室的资料管理人员或录入员采取纸媒质的方式进行管理，这样既不容易保存更不容易查阅，一旦人员调整或周期较长会出现遗失或记录不可查询等问题，造成工作效率降低和成本提高。<br>由于上述原因，公司、企业或个人对固定资产信息的管理已经逐渐脱离传统的纸质方式，不再需要传统的档案室和资料管理人员。信息技术的发展使基于BIM的互联网资产管理系统可以通过在RFID的资产标签芯片中注入依据用户需要的详细参数信息和定期提醒设置，同时结合三维虚拟实体的BIM技术使资产在智慧建筑物中的定位和相关参数信息一目了然，可以精确定位、快速查阅。<br>新技术的产生使二维的、抽象的、纸媒质的传统资产信息管理方式变得鲜活生动。资产的管理范围也从以前的重点资产延伸到资产的各个方面。例如，对于机电安装的设备、设施，资产标签中的报警芯片会提醒设备需要定期维修的时间以及设备维修厂家等相关信息，同时可以报警设备的使用寿命，以及时地更换，避免发生伤害事故和一些不必要的麻烦 |
| 可视化资产监控、查询、定位管理 | 资产管理的重要性就在于可以实时监控、实时查询和实时定位，然而现在的传统做法很难实现。尤其对于高层建筑的分层处理，资产很难从空间上进行定位。BIM技术和互联网技术的结合完美地解决了这一问题。<br>现代建筑通过BIM系统把整个物业的房间和空间都进行划分，并对每个划分区域的资产进行标记。我们的系统通过使用移动终端收集资产的定位信息，并随时和监控中心进行通信联系。<br>(1)监视：基于BIM的信息系统完全可以取代和完善视频监视录像，该系统可以追踪资产的整个移动过程和相关使用情况。配合工作人员身份标签定位系统，可以了解到资产经手的相关人员，并且系统会自动记录，方便查阅。一旦发现资产位置在正常区域之外、由无身份标签的工作人员移动或定位信息等非正常情况，监控中心的系统就会自动报警，并且将建筑信息模型的位置自动切换到出现报警的资产位置。<br>(2)查询：该资产的所有信息包括名称、价值和使用时间都可以随时查询。<br>(3)定位：随时定位被监视资产的位置和相关状态情况 |
| 可视化资产安保及紧急预案管理 | 传统的资产管理安保工作无法对被监控资产进行定位，只能够对关键的出入口等处进行排查处理。有了互联网技术后虽然可以从某种程度上加强产品的定位，但是缺乏直观性，难以提高安保人员的反应速度，经常发现资产遗失后没有办法及时追踪，无法确保安保工作的正常开展。基于BIM技术的互联网资产管理可以从根本上提高紧急预案的管理能力和资产追踪的及时性，可视性。<br>对于一些比较昂贵的设备或物品可能有被盗窃的危险，等工作人员赶到事发现场，犯罪分子有足够的时间逃脱。然而使用无线射频技术和报警装置可以及时了解到贵重物品的情况，因此BIM信息技术的引入变得至关重要，当贵重物品发出报警后其对应的BIM追踪器随即启动。通过BIM三维模型可以清楚分析出犯罪分子所在的精确位置和可能的逃脱路线，BIM控制中心只需要在关键位置及时布置工作人员进行阻截就可以保证贵重物品不会遗失，同时将犯罪分子绳之以法。<br>BIM控制中心的建筑信息模型与互联网无线射频技术的完美结合彻底实现了非建筑专业人士或对该建筑物不了解的安保人员正确了解建筑物安保关键部位。指挥官只需给进入建筑的安保人员配备相应的无线射频标签，并与BIM系统动态连接，根据BIM三维模型可以直观察看风管、排水通道等容易疏漏的部位和整个建筑三维模型，动态地调整人员部署，对出现异常情况的区域第一时间作出反应。从而为资产的安保工作提供了巨大的便捷，以真正实现资产的安全保障管理。<br>信息技术的发展推动了管理手段的进步。基于BIM技术的物联网资产管理方式通过最新的三维虚拟实体技术使资产在智慧的建筑中得到合理的使用、保存、监控、查询、定位。资产管理的相关人员以全新的视角诠释资产管理的流程和工作方式，使资产管理的精细化程度得到很大提高，确保了资产价值最大化 |

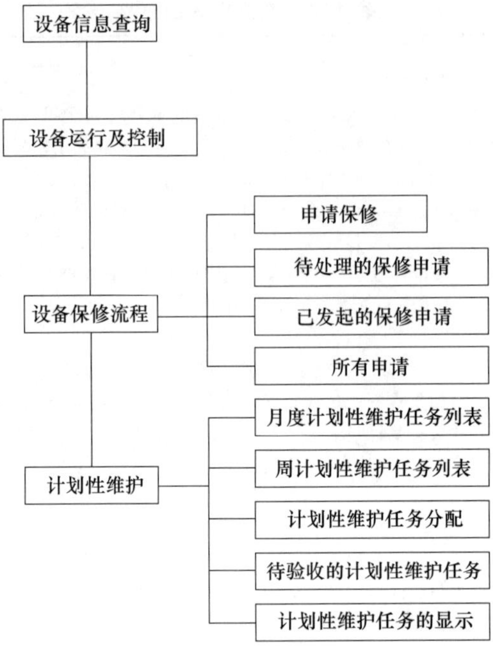


图 12-7　设备维护流程图

### 1. 设备信息查询

基于 BIM 技术的管理系统集成了对设备的搜索、查阅、定位功能。通过点击 BIM 模型中的设备，可以查阅所有设备信息，如供应商、使用期限、联系电话、维护情况、所在位置等（图 12-8）；该管理系统可以对设备生命周期进行管理，比如对寿命即将到期的设备及时预警和更换配件，防止事故发生；通过在管理界面中搜索设备名称，或者描述字段，可以查询所有相应设备在虚拟建筑中的准确定位；管理人员或者领导可以随时利用四维 BIM 模型，进行建筑设备实时浏览。

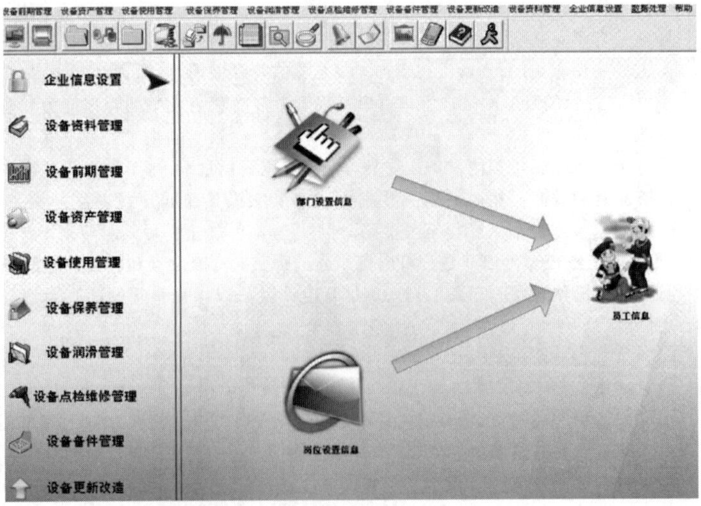


图 12-8　设备信息查询平台

另外，在系统的维护页面中，用户可以通过设备名称或编号等关键字进行搜索（图 12-9）。并且用户可以根据需要打印搜索的结果，或导出 Excel 列表。

| 日期/班 | 操作员 | 设备名称 | 起始时间 | 结束时间 | 合计时间(分钟 |
|---|---|---|---|---|---|
| 2011-04-11 | ×× | 加工中心001 | 2011-04-11 08:39:15 | 2011-04-11 10:09:17 | 90 |
| 2011-04-11 | ×× | 加工中心001 | 2011-04-11 10:09:18 | 2011-04-11 10:29:38 | 20 |
| 2011-04-11 | ×× | 加工中心001 | 2011-04-11 10:29:39 | 2011-04-11 11:31:15 | 61 |
| 2011-04-11 | ×× | 加工中心001 | 2011-04-11 11:31:16 | 2011-04-11 12:09:41 | 38 |
| 2011-04-11 | ×× | 加工中心001 | 2011-04-11 12:09:42 | 2011-04-11 16:31:43 | 262 |
| 2011-04-11 | ××× | 加工中心001 | 2011-04-11 16:42:44 | 2011-04-11 16:55:29 | 12 |
| 2011-04-11 | ××× | 加工中心001 | 2011-04-11 16:55:30 | 2011-04-11 18:08:04 | 72 |
| 2011-04-11 | ××× | 加工中心001 | 2011-04-11 18:08:05 | 2011-04-11 20:10:54 | 122 |
| 2011-04-11 | ××× | 加工中心001 | 2011-04-11 20:10:55 | 2011-04-11 20:15:15 | 4 |
| 2011-04-11 | ××× | 加工中心001 | 2011-04-11 20:15:16 | 2011-04-12 00:41:55 | 266 |
| 2011-04-12 | ××× | 加工中心001 | 2011-04-12 00:50:56 | 2011-04-12 01:02:42 | 11 |
| 2011-04-12 | ××× | 加工中心001 | 2011-04-12 01:02:43 | 2011-04-12 05:30:06 | 267 |
| 2011-04-12 | ××× | 加工中心001 | 2011-04-12 05:30:07 | 2011-04-12 05:42:18 | 12 |
| 2011-04-12 | ××× | 加工中心001 | 2011-04-12 05:42:19 | 2011-04-12 08:31:55 | 169 |
| 2011-04-12 | ××× | 加工中心001 | 2011-04-12 08:40:45 | 2011-04-12 09:12:42 | 31 |
| 2011-04-12 | ××× | 加工中心001 | 2011-04-12 09:12:43 | 2011-04-12 09:22:13 | 9 |
| 2011-04-12 | ××× | 加工中心001 | 2011-04-12 09:22:13 | 2011-04-12 11:32:54 | 130 |
| 2011-04-12 | ××× | 加工中心001 | 2011-04-12 11:32:55 | 2011-04-12 12:05:19 | 32 |
| 2011-04-12 | ××× | 加工中心001 | 2011-04-12 12:05:20 | 2011-04-12 14:18:55 | 133 |
| 2011-04-12 | ××× | 加工中心001 | 2011-04-12 14:18:56 | 2011-04-12 14:31:10 | 12 |
| 2011-04-12 | ××× | 加工中心001 | 2011-04-12 14:31:11 | 2011-04-12 16:30:22 | 119 |
| 2011-04-12 | ×× | 加工中心001 | 2011-04-12 16:07:47 | 2011-04-12 18:08:19 | 120 |
| 2011-04-12 | ×× | 加工中心001 | 2011-04-12 18:08:20 | 2011-04-12 19:30:54 | 82 |

图 12-9　设备信息搜寻图

### 2. 设备运行和控制

所有设备是否正常运行在 BIM 模型上直观显示（图 12-10），例如绿色表示正常运行，红色表示出现故障；对于每个设备，可以查询其历史运行数据；另外可以对设备进行控制，例如某一区域照明系统的打开、关闭等。

图 12-10　设备运行和控制图

### 3. 设备报修流程

在建筑的设施管理中，设备的维修是最基本的，该系统的设备报修管理功能如图 12-11 所示。所有的报修流程都是在线申请和完成，用户填写设备报修单，经过工程经理审批，然后进行维修；修理结束后，维修人员及时将信息反馈到 BIM 模型中，随后会有相关人员进行检查，确保维修已完成，等相关人员确认该维修信息后，将该信息录入、保存到 BIM 模型数据库中。日后，用户和维修人员可以在 BIM 模型中查看各构件的维修记录，也可以查看本人发起的维修记录。

<table>
<tr><td>报修人</td><td></td><td>报修部门</td><td></td><td>报修日期</td><td></td></tr>
<tr><td rowspan="2">报修内容</td><td colspan="3" rowspan="2"></td><td>报修人联系电话</td><td></td></tr>
<tr><td>派单人</td><td></td></tr>
<tr><td>报修时间</td><td></td><td>到达时间</td><td></td><td>完工时间</td><td></td></tr>
<tr><td>是否有组件</td><td colspan="3"></td><td>领料单编号</td><td></td></tr>
<tr><td rowspan="2">维修记录<br>(处理结果)</td><td colspan="5"></td></tr>
<tr><td>维修人</td><td></td><td>验收人</td><td></td><td>验收评价</td></tr>
<tr><td rowspan="2">回访意见</td><td>维修质量</td><td colspan="2"></td><td>回访人</td><td></td></tr>
<tr><td>维修态度</td><td colspan="2"></td><td>回访日期</td><td></td></tr>
</table>

图 12-11　设备报修功能管理图

### 4. 计划性维护

计划性维护的功能是让用户依据年、月、周等不同时间节点来确定，当设备的维护计划达到维护计划所确定的时间节点时，系统会自动提醒用户启动设备维护流程，对设备进行维护。

设备维护计划的任务分配是按照逐级细化的策略来确定的。一般情况下年度设备维护计划只分配到系统层级，确定一年中哪个月对哪个系统（如中央空调系统）进行维护；而月度设备维护计划，则分配到楼层或区域层级，确定这个月中的哪一周对哪一个楼层或区域的设备进行维护；而最详细的周维护计划，不仅要确定具体维护哪一个设备，还要明确在哪一天具体由谁来维护。

通过这种逐级细化的设备维护计划分配模式，建筑的运维管理团队无须一次性制订全年的设备维护计划，只需有一个全年的系统维护计划框架，在每月或是每周，管理人员可以根据实际情况再确定由谁在什么时间维护具体的某个设备。这种弹性的分配方式，其优越性是显而易见的，可以有效避免在实际的设备维护工作中，由于现场情况的不断变化，或是因为某些意外情况，而造成整个设备维护计划无法顺利进行。

## 四、公共安全管理

公共安全管理见表 12-5

表 12-5　公共安全管理

| 类　别 | 内　容 |
| --- | --- |
| 安保管理 | (1)视频监控　目前的监控管理基本是显示摄像视频为主，传统的安保系统相当于有很多双眼睛，但是基于 BIM 的视频安保系统不但拥有了“眼睛”，而且也拥有了“脑子”。因为摄像视频管理是运维控制中心的一部分，也是基于 BIM 的可视化管理。通过配备监控大屏幕可以对整个广场的视频监控系统进行操作(图 12-12)；当我们用鼠标选择建筑某一层，该层的所有视频图像立刻显示出来；一旦产生突发事件，基于 BIM 的视频安保监控就能与协作 BIM 模型的其他子系统结合进行突发事件管理。<br>(2)可疑人员的定位　利用视频识别及跟踪系统，对不良人员、非法人员甚至恐怖分子等进行标识，利用视频识别软件使摄像头自动跟踪及互相切换，对目标进行锁定。<br>在夜间设防时段还可利用双鉴、红外、门禁、门磁等各种信号一并传入 BIM 模型的大屏中。当然这一系统不但要求 BIM 模型的配合，更要有多种联动软件及相当高的系统集成才能完成。<br>(3)安保人员位置管理　对于保安人员，可以通过将无线射频芯片植入工卡，利用无线终端来定位保安的具体方位(图 12-13)。对于商业地产，尤其是大型商业地产中人流量大、场地面积大、突发情况多，这类安全保护价值更大。一旦发现险情，管理人员就可以利用这个系统来指挥安保工作。<br>(4)人流量监控(含车流量)　利用视频系统＋模糊计算，可以得到人流(人群)、车流的大概数量，在 BIM 模型上了解建筑物各区域出入口、电梯厅、餐厅及展厅等区域以及人多的步梯、步梯间的人流量(人数/$m^2$)、车流量。当每平方米大于 5 人时，发出预警信号，当大于 7 人时发出警报。从而作出是否要开放备用出入口，投入备用电梯及人为疏导人流以及车流的应急安排。这对安全工作是非常有用的 |

续表

| 类 别 | 内 容 |
| --- | --- |
| 火灾消防管理 | 在消防事件管理中，基于BIM技术的管理系统可以通过喷淋感应器感应信息，如果发生着火事故，在商业广场的信息模型界面中，就会自动进行火灾报警，对着火的三维位置和房间立即进行定位显示，并且控制中心可以及时查询相应的周围情况和设备情况，为及时疏散和处理提供信息，如图12-14所示。<br>(1)消防电梯　按目前规范，普通电梯及消防电梯不能作为消防疏散使用(其中消防梯仅可供消防队员使用)。有了BIM模型并且BIM具有上述的动态功能，就有可能使电梯在消防应急救援，尤其是在超高层建筑消防救援中发挥重要作用。要达到这一目的所需条件见表12-6。<br>当火灾发生时，指挥人员可以在大屏幕前凭借对讲系统或楼(全区)广播系统、消防专用电话系统，根据大屏显示的起火点(此显示需是现场视频动画后的图示)、蔓延区及电梯的各种运行数据指挥消防救援专业人员(每部电梯由消防人员操作)，帮助群众乘电梯疏散至首层或避难层。哪些电梯可用，哪些电梯不可用，在BIM图上可充分显示，帮助决策。这一方案正与消防部门共同研究其可行性。<br>(2)疏散预习　在大型的办公室区域可为每个办公人员的个人电脑安装不同地址的3D疏散图，标示出模拟的火源点，以及最短距离的通道、步梯疏散的路线，平时对办公人员进行常规的训练和预习。<br>(3)疏散引导　对于大多数不具备乘梯疏散的情况，BIM模型同样发挥着很大作用。凭借上述各种传感器(包括卷帘门)及可靠的通信系统，引导人员可指挥人们从正确的方向由步梯疏散，使火灾抢险发生革命性的变革 |
| 隐蔽工程管理 | 在建筑设计阶段会有一些隐蔽的管线信息是施工单位不关注的，或者说这些资料信息可能在某个角落里，只有少数人知道。特别是随着建筑物使用年限的增加，人员更换频繁，这些安全隐患日益突出，有时直接酿成悲剧。如2010年南京市某废旧塑料厂在进行拆迁时，因对隐蔽管线信息了解不全，工人不小心挖断地下埋藏的管道，引发了剧烈的爆炸，此次事件引起了社会的强烈关注。<br>基于BIM技术的运维可以管理复杂的地下管网，如污水管、排水管、网线、电线以及相关管井，并且可以在图上直接获得相对位置关系(图12-15)。当改建或二次装修的时候可以避开现有管网位置，便于管网维修、更换设备和定位。内部相关人员可以共享这些电子信息，有变化可随时调整，保证信息的完整性和准确性。同样的情况也适用于室内隐蔽工程的管理。这些信息全部通过电子化保存下来，内部相关人员可以进行共享，有变化可以随时调整，保证信息的完整性和准确性，从而大大降低安全隐患。<br>例如一个大项目，市政有电力、光纤、自来水、中水、热力、燃气等几十个进楼接口，在封堵不良且验收不到位时，一旦外部有水(如市政自来水爆裂，雨水倒灌)，水就会进入楼内。利用BIM模型可对地下层入口精准定位、验收，方便封堵，质量也可易于检查，大大降低了事故发生的概率 |

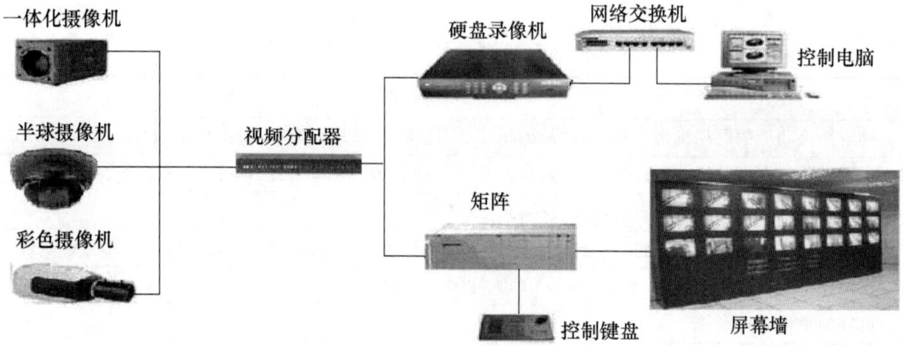


图12-12　视频监控图

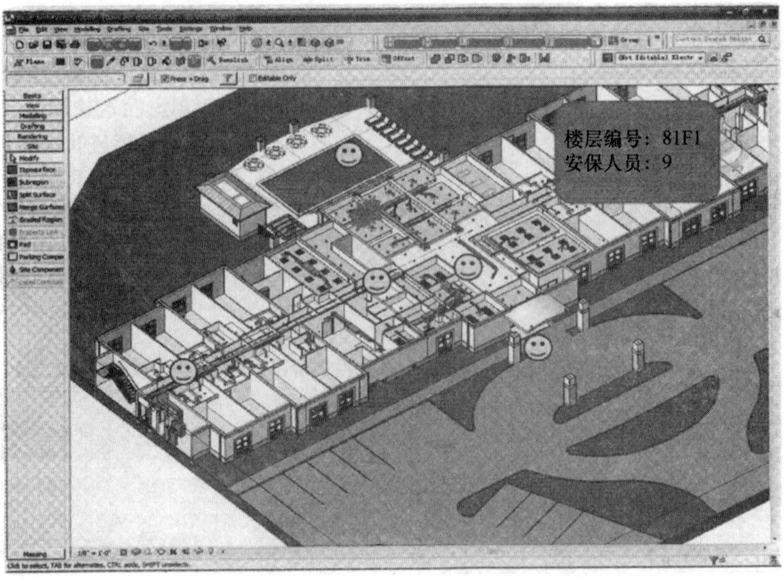


图 12-13 安保人员定位图

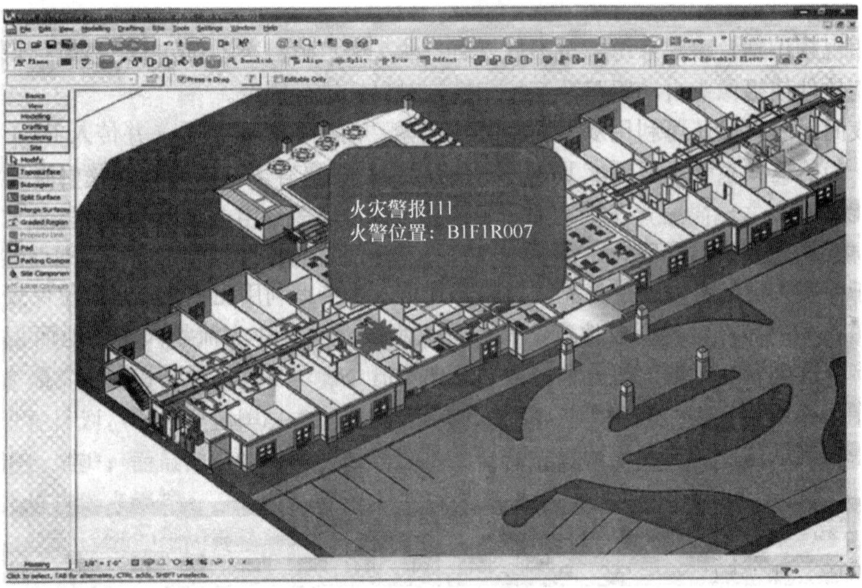


图 12-14 火灾报警图

**表 12-6 BIM 模拟消防电梯所需条件**

| 序号 | 具体条件 |
|---|---|
| 1 | 具有防火功能的电梯机房、有防火功能的轿厢、双路电源(采用阻燃电缆)或更多如柴发或 UPS(EPS)电源 |
| 2 | 具有可靠的电梯监控,含音频、视频、数据信号及电梯机房的视频信号、烟感、温感信号 |
| 3 | 在电梯厅及电梯周边房间具有烟感传感器及视频摄像头 |
| 4 | 可靠的无线对讲系统(包括基站的防火、电源的保障等条件)或大型项目驻地消防队专用对讲系统 |
| 5 | 在中控室或应急指挥大厅、数据中心 ECC 大厅等处的大屏幕 |
| 6 | 可靠的全楼广播系统 |
| 7 | 电梯及环境状态与 BIM 的联动软件 |

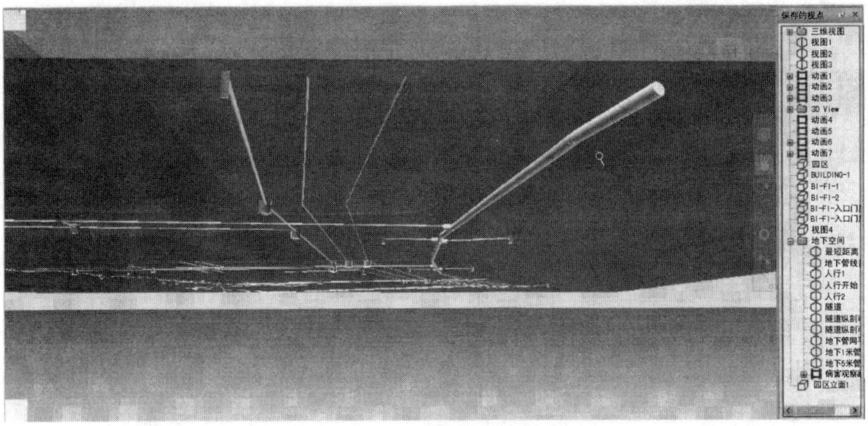

图 12-15 地下管网定位图

## 五、能耗管理

基于 BIM 的运营能耗管理可以大大减少能耗。BIM 可以全面了解建筑能耗水平，积累建筑物内所有设备用能的相关数据，将能耗按照树状能耗模型进行分解，从时间、分项等不同维度剖析建筑能耗及费用，还可以对不同分项对比分析，并进行能耗分析和建筑运行的节能优化，从而促使建筑在平稳运行时达到能耗最小。BIM 还通过与互联网云计算等相关技术相结合，将传感器与控制器连接起来，对建筑物能耗进行诊断和分析，当形成数据统计报告后可自动管控室内空调系统、照明系统、消防系统等所有用能系统，它所提供的实时能耗查询、能耗排名、能耗结构分析和远程控制服务，使业主对建筑物达到最智能化的节能管理，摆脱传统运营管理下由建筑能耗大引起的成本增加，如图 12-16 所示，内容见表 12-7。

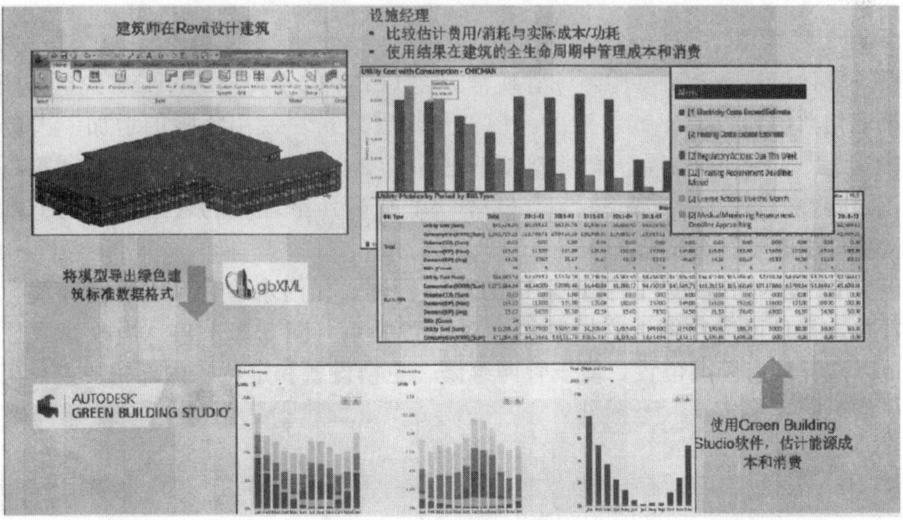


图 12-16 能耗分析图

**表 12-7 能耗管理内容**

| 类别 | 内容 |
|---|---|
| 电量监测 | 基于 BIM 技术通过安装具有传感功能的电表后，在管理系统中可以及时收集所有能源信息，并且通过开发的能源管理功能模块，对能源消耗情况自动统计分析，比如各区域、各个租户的每日用电量、每周用电量等(图 12-17)；并对异常能源使用情况进行警告或者标识 |

续表

| 类　别 | 内　容 |
|---|---|
| 水量监测 | 通过与水表进行通信，BIM运维平台可以清楚显示建筑内水网位置信息的同时，更能对水平衡进行有效判断。通过对整体管网数据的分析，可以迅速找到渗漏点，及时维修，减少浪费。而且当物业管理人员需要对水管进行改造时，无须为隐蔽工程而担忧，每条管线的位置都清楚明了 |
| 温度监测 | BIM运维平台中可以获取建筑中每个温度测点的相关信息数据(图12-18)，同样，还可以在建筑中接入湿度、二氧化碳浓度、光照度、空气洁净度等信息。温度分布页面将公共区域的温度测点用不同颜色的小球直观展示，通过调整观测的温度范围，可将温度偏高或偏低的测点筛选出来，进一步查看该测点的历史变化曲线，室内环境温度分布尽收眼底。<br>物业管理者还可以调整观察温度范围，把温度偏高或偏低的测点找出来，再结合空调系统和通风系统进行调整。基于BIM模型可对空调送出水温、空风量、风温及末端设备的送风温湿度、房间温度、湿度均匀性等参数进行相应调整，方便运行策略研究、节约能源 |
| 机械通风管理 | 机械通风系统通过与BIM技术相融合，可以在3D基础上更为清晰直观地反映每台设备、每条管路、每个阀门的情况。根据应用系统的特点分级、分层次，可以使用其整体空间信息，或是聚焦在某个楼层或平面局部，也可以利用某些设备信息，进行有针对性的分析(图12-19)。<br>管理人员通过BIM运维界面的渲染即可以清楚地了解系统风量和水量的平衡情况(图12-20)，各个出风口的开启状况。特别当与环境温度相结合时，可以根据现场情况直接进行风量、水量调节，从而达到调整效果实时可见。在进行管路维修时，物业人员也无须为复杂的管路发愁，BIM系统清楚地标明各条管路的情况，为维修提供了极大的便利 |

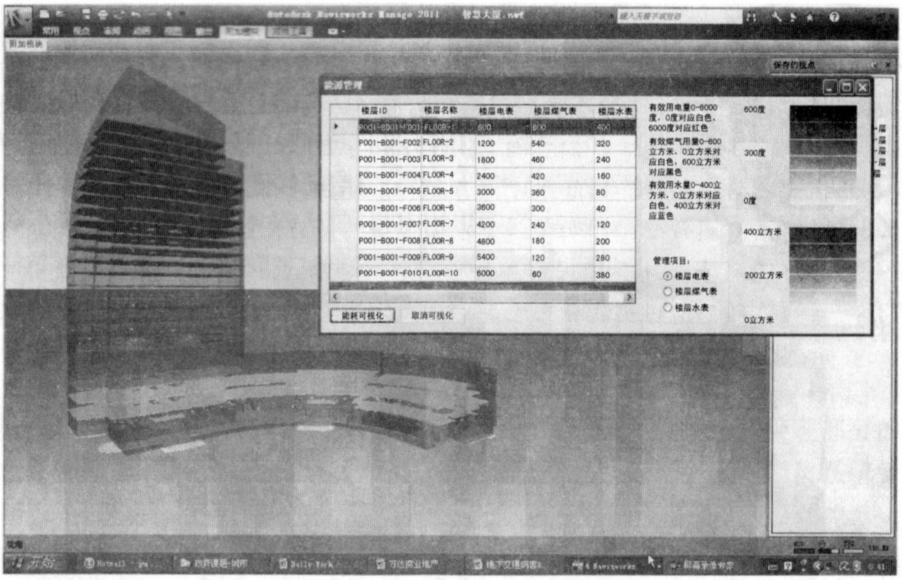


图12-17　电量监测平台图

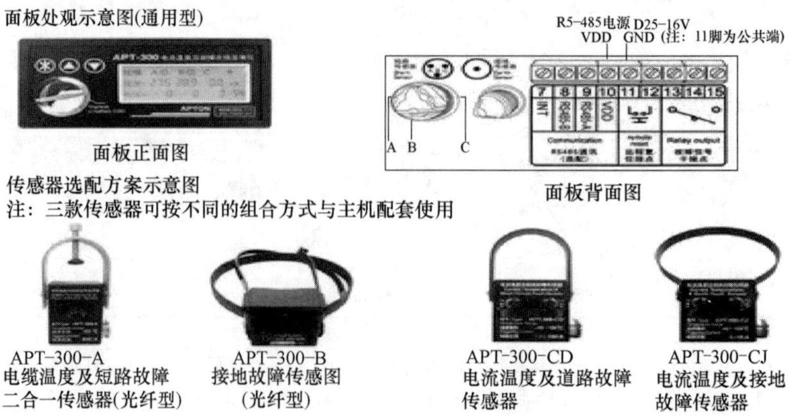


图12-18　温度监测平台图

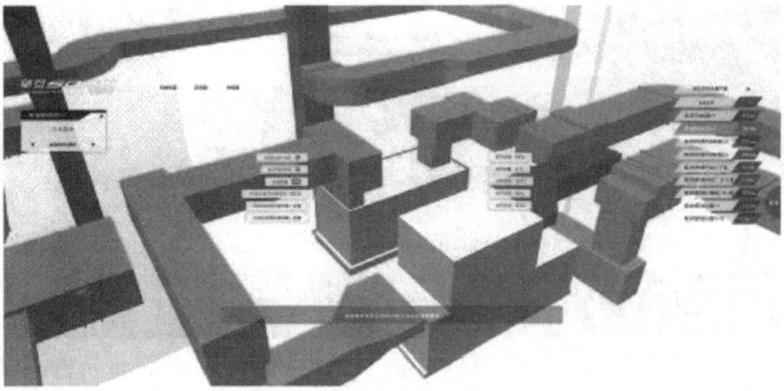

图 12-19 机械通风分析图

图 12-20 机械通风平台管理图

CHAPTER 13

# 第十三章 BIM项目的综合管理案例

工程项目管理周期长，包含的信息量大，传统的管理手段不能满足企业项目化、信息化的要求。项目的综合管理就是确保对项目中涉及的各种要素进行正确、科学的协调。对工程项目进行综合管理的目的是为了保证项目的整体性，统筹、沟通、协调各方面的要求，解决项目实施过程中的各种矛盾冲突，并通过对工程项目的质量、进度、费用、安全等目标进行综合管理，确保工程项目总体目标的顺利实现。工程信息的创建与补充贯穿于建设工程的全过程，包含各个工程阶段和各参与方。项目综合管理系统以所建项目为管理对象，通过集中共享的多项管理平台，实施不同参与方、不同层级人员对项目集成化的职能管理，从而实现项目管理的标准化、规范化，提高项目管理工作的效率和效益。本章案例探讨了工程项目综合管理的原则，提出了工程项目综合管理的方法，即沟通与协调，阐述了工程项目综合管理的内容，以保证项目的整体性，解决项目实施过程中的各种矛盾，确保工程项目总体目标的顺利进行。通过本案例的学习，要熟悉工程项目综合管理的概念、基本原则；熟悉传统项目管理的不足，基于BIM项目管理的优势；掌握工程项目综合管理的过程、项目计划的制订、实施和控制；应用BIM技术进行全过程项目管理的步骤。

## 一、案例一：某BIM项目的综合管理

### 1. 项目背景

工程地点位于某省某市市政府正对面，是集商业、酒店、办公、居住为一体的大型城市综合体，占地418亩，总占地面积达118万平方米。本工程为国际酒店。

该工程总建筑面积为112014.2m$^2$；地下3层，建筑面积为35059.92m$^2$；地上35层，建筑面积为76954.28m$^2$。项目采用BIM技术，提高了施工的效率，保证项目施工的准确性和协调性。

### 2. BIM应用内容

（1）模型要求

① BIM模型应能用于定义各方工作界面。

② BIM模型需合理组织和规划，确保能被各方应用。

③ BIM模型应与项目实际一致，包含必要的钢结构构件数据，比如名称、构件编号、几何尺寸、材料规格、材质、横截面、节点类型等。

（2）传统项目管理存在的不足

① 原来所用的二维CAD技术设计的工程项目图纸表达的各专业之间的衔接不够明了，二维图纸不方便各专业之间的协调沟通，传统方法不利于规范化和精细化管理。

② 我国项目管理处于初级水平，参与各方对此没有足够的重视。精细化管理需要细化到不同时间、构件、工序等，难以实现过程管理。

③ 项目全寿命没有系统管理，各阶段分离脱节。前期的开发管理、过程中的施工管理和后期运维管理的分离造成的弊病，如仅从各自的工作目标出发，而忽视了项目全寿命的整体利益。

④ 由多个不同的参与方从各自角度出发，对项目进行管理，组织实施，造成信息“孤岛”，会影响相互间的信息交流，也就影响了项目全寿命的信息管理等。

因此，我国的项目管理需要信息化技术弥补现有项目管理的不足，而 BIM 技术正符合目前的应用潮流。

(3) 基于 BIM 技术的项目管理的优势

① 基于 BIM 的项目管理，其工程基础数据如量、价等数据信息可随时查询调用，数据实现共享，更重要的是增强了项目相关方的信息共享，促进更有效的互动。三维信息模型 BIM 的表达形式更加直观、易读，从建设方、设计方、施工方、监理方、使用方等都能比较直观地掌握项目的全貌，降低了非专业人士对项目的理解难度，提升了不同专业间、不同参与方对项目的协同能力。

② 风险前置。二维设计由于其本身设计手段的局限，错漏碰缺在所难免，人们更多的是根据以往项目的经验总结来进行弥补。而后期运维中这些“隐形风险”，往往更加难以被及时发现，风险前置是 BIM 对项目管理最直接的优势。

③ 三维渲染动画，给人以真实感和直接的视觉冲击。建好的 BIM 模型可以作为二次渲染开发的模型基础，大大提高了三维渲染效果的精度与效率，给业主更为直观的宣传介绍，提升中标概率。根据各项目的形象进度进行筛选汇总，可为领导层更充分地调配资源、进行决策创造条件。

(4) 本项目 BIM 应用

① 模型概况　使用基于 BIM 技术的 Revit 系列软件进行 BIM 模型的搭建，采用分部分项建模，确保模型整体化、细致化，最终建立三维模型（图 13-1～图 13-4）。

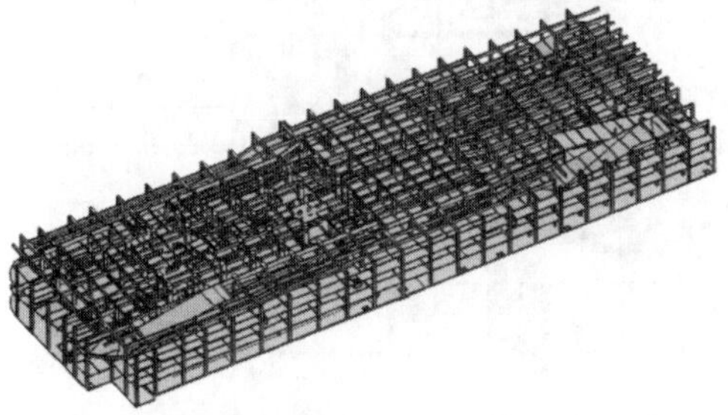

图 13-1　地下 3 层基础模型

图 13-2　避难层模型

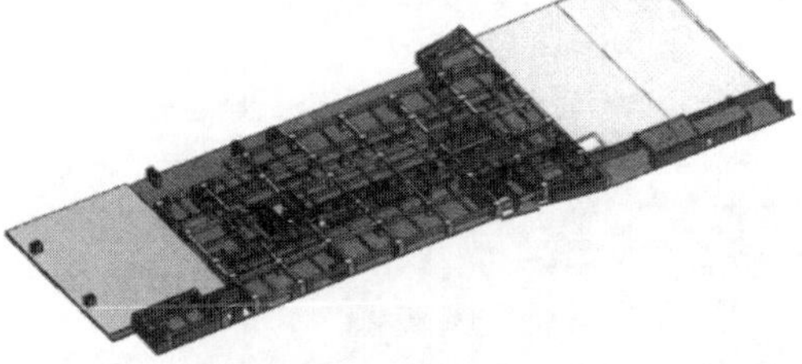

图 13-3　设备层模型

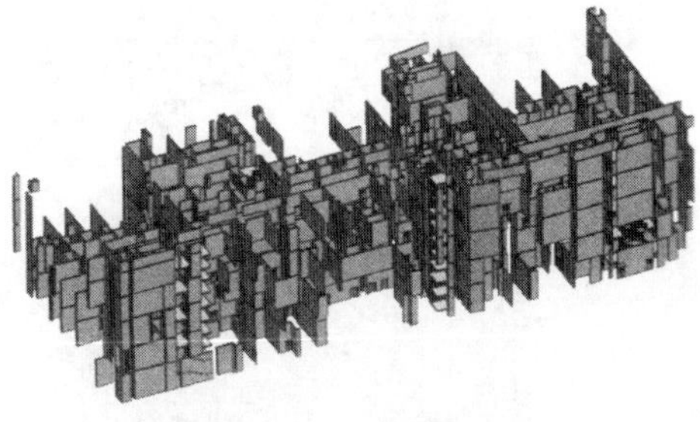

图 13-4　裙楼建筑模型

在建立以上各专业的三维模型之后，就可对××国际酒店项目整体进行 Revit 模型构建，从而可以平面区域布置图生成（图 13-5～图 13-7）。

图 13-5　标准层结构框架

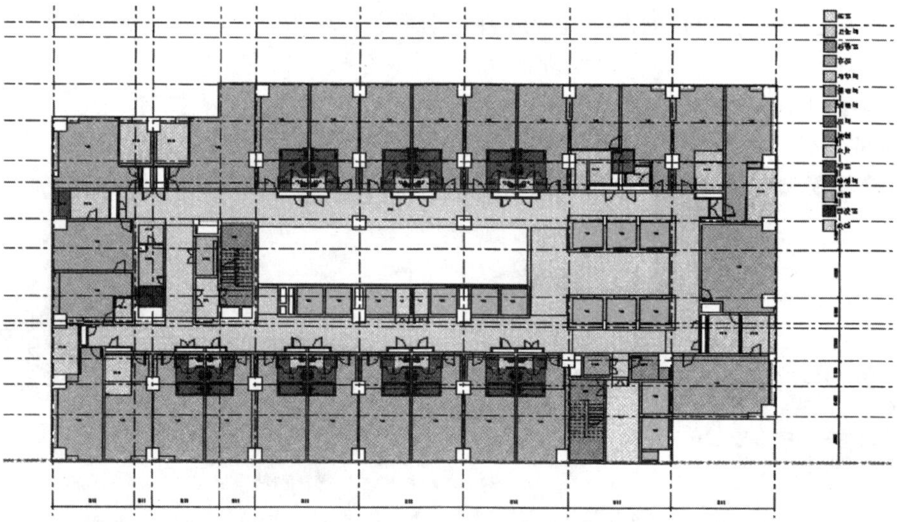

图 13-6　平面区域布置图

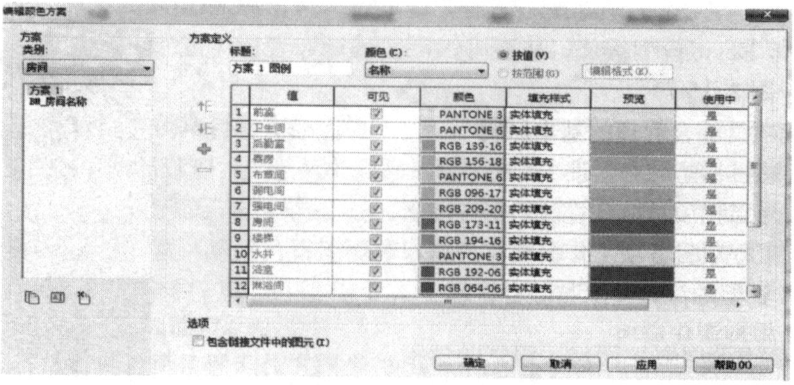


图 13-7　颜色布置方案

② 工程项目综合管理的基本原则

a. 实现总目标是综合管理工作的准绳。

b. 沟通是工程项目综合管理的基本理念。

c. 保持工程项目各项工作的整体协调，有序运行。

③ BIM 模型的深化应用与综合管理

a. BIM 模型深化应用

Ⅰ. 机电深化设计。项目涉及许多的专业计算和分析，利用建立好的三维 BIM 模型，可以进行多方面的计算和分析，从而有针对性地进行优化设计。由于空间布局复杂、系统繁多，对设备管线的布置要求高，设备管线之间或管线与结构构件之间容易发生碰撞，给施工造成困难，无法满足建筑室内净高，造成二次施工，增加项目成本。基于 BIM 技术可将建筑、结构、机电等专业模型整合，再根据各专业要求及净高要求将综合模型导入相关软件进行碰撞检查，根据碰撞报告结果对管线进行调整、避让，对设备和管线进行综合布置，从而在实际工程开始前发现问题（图 13-8）。

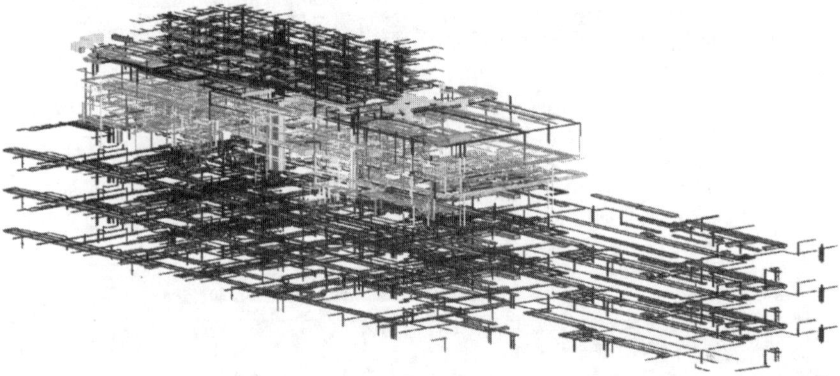

图 13-8　地下 1 层到地上 10 层机电模型

结合收集的 Revit 模型信息，导出该项目的碰撞报告，统计碰撞个数，提出图纸疑问单（图 13-9～图 13-11）。

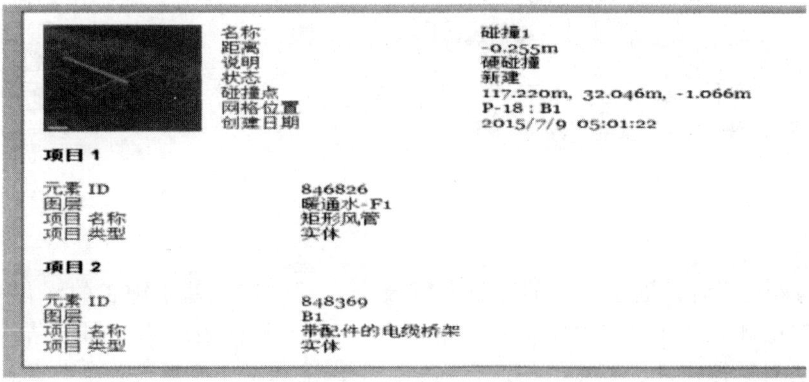


图 13-9　项目碰撞报告

利用 Revit 软件可以出管线综合报告。项目建设的管线综合平衡设计必不可少，为确保工程工期和工程质量，避免因各专业设计不协调和设计变更产生的“返工”等经济损失，通过对设计图纸的综合考虑及深化设计，在未施工前先根据所要施工的图纸利用 BIM 技术进行图纸“预装配”（图 13-12）。

| | |
|---|---|
| 715 | 电缆桥架 : 带配件的电缆桥架 : 强电系统（槽式电缆桥架） - 标记 39 : ID 848367 |
| 716 | 电缆桥架 : 带配件的电缆桥架 : 强电系统（槽式电缆桥架） - 标记 39 : ID 848367 |
| 717 | 电缆桥架配件 : 槽式电缆桥架水平弯通 : 强电系统 - 标记 396 : ID 848370 |
| 718 | 电缆桥架 : 带配件的电缆桥架 : 强电系统（槽式电缆桥架） - 标记 44 : ID 848375 |
| 719 | 电缆桥架 : 带配件的电缆桥架 : 强电系统（槽式电缆桥架） - 标记 44 : ID 848375 |
| 720 | 电缆桥架配件 : 槽式电缆桥架水平弯通 : 强电系统 - 标记 443 : ID 848377 |
| 721 | 电缆桥架配件 : 槽式电缆桥架水平弯通 : 强电系统 - 标记 443 : ID 848377 |
| 722 | 电缆桥架 : 带配件的电缆桥架 : 强电系统（槽式电缆桥架） - 标记 46 : ID 848378 |
| 723 | 电缆桥架 : 带配件的电缆桥架 : 强电系统（槽式电缆桥架） - 标记 46 : ID 848378 |
| 724 | 电缆桥架 : 带配件的电缆桥架 : 强电系统（槽式电缆桥架） - 标记 46 : ID 848378 |
| 725 | 电缆桥架 : 带配件的电缆桥架 : 强电系统（槽式电缆桥架） - 标记 46 : ID 848378 |
| 726 | 电缆桥架 : 带配件的电缆桥架 : 强电系统（槽式电缆桥架） - 标记 47 : ID 848379 |
| 727 | 电缆桥架 : 带配件的电缆桥架 : 强电系统（槽式电缆桥架） - 标记 52 : ID 848387 |
| 728 | 电缆桥架 : 带配件的电缆桥架 : 强电系统（槽式电缆桥架） - 标记 52 : ID 848387 |
| 729 | 电缆桥架 : 带配件的电缆桥架 : 强电系统（槽式电缆桥架） - 标记 52 : ID 848387 |
| 730 | 电缆桥架 : 带配件的电缆桥架 : 强电系统（槽式电缆桥架） - 标记 57 : ID 848396 |
| 731 | 电缆桥架配件 : 槽式电缆桥架水平弯通 : 强电系统 - 标记 621 : ID 848419 |
| 732 | 电缆桥架配件 : 槽式电缆桥架水平弯通 : 强电系统 - 标记 630 : ID 848421 |
| 733 | 电缆桥架配件 : 槽式电缆桥架水平弯通 : 强电系统 - 标记 642 : ID 848428 |

图 13-10 项目碰撞个数统计

给排水疑问单

| 序号 | 位置 | 问题描述 | 解答 |
|---|---|---|---|
| 1 | 给水排水B1 | 平面图上有很多HYL系列雨水立管，且未标明管径，例如“HYL-1”，但是在系统图上找不到该系列立管，管径无法查明 | |
| | 给水排水B1 | “ZPL-5”平面图上未标明管径，系统图上有两根“ZPL-5”立管，且管径均未标明  | |
| | 给水排水B1 | “ZPL-4”“ZPL-6”“ZPL-7”平面图上未标明管径，系统图上找不到该立管 | |
| | 给水排水B1 | YL-1（DN100）、YL-2（DN100）和YL-3（DN100）会和之后的水平管道管径DN150，墙上预留套管也是DN150，是否应改为DN200套管 | |
| | 给水排水B1 | YL-4（DN100）和YL-7（DN100）会和之后的水平管道管径DN150，墙上预留套管也是DN150，是否应改为DN200套管 | |
| | 给水排水B1 | YL-26管径DN150，墙上预留套管也是DN150，是否应改为DN200套管 | |
| | 给水排水B1 | YWL-20、YWL-24、YWL-25管径DN150，墙上预留套管也是DN150，是否应改为DN200套管 | |

图 13-11 提出图纸疑问单

Ⅱ. 结构深化设计。通过完整的项目三维模型，可以进行基于施工的深化应用。首先，利用 Revit 软件制作项目的结构模型并搜集 BIM 信息。具体表现为：利用结构 BIM 模型，在结构加工前对具体构件、节点的构造方式、工艺做法和工序安排进行优化调整，有效指导制造厂工人采取合理有效的工艺加工，提高施工质量和效率，降低施工难度和风险（图 13-13）。

结构构件钢筋建模，利用三维可视化对钢筋排布密集区域进行检查，优化钢筋排布。BIM 模型借助 Tekla 软件进行钢结构连接节点模拟来解决专业交叉问题。使用 Tekla Struc-

| 基本信息 | | | |
|---|---|---|---|
| 问题编号 | FI-019 | | |
| 涉及专业 | 暖通、给排水、结构 | 问题定位 | 轴号G-16 |
| 建模数据 | | | |
| 图纸版本 | 20140504 | | |
| 图纸名称 | 一至五层空调风管平面图、上部给排水平面图 | | |
| 问题分析 | | | |
| 问题描述 | 此处梁的尺寸为500*800、距地面4800mm，风管尺寸1250*500，8根水平排布的水管。 | | |
| 优化建议 | 调整管线排布 | | |
| 平面图 | | 局部3D模型（修改后） | |
| 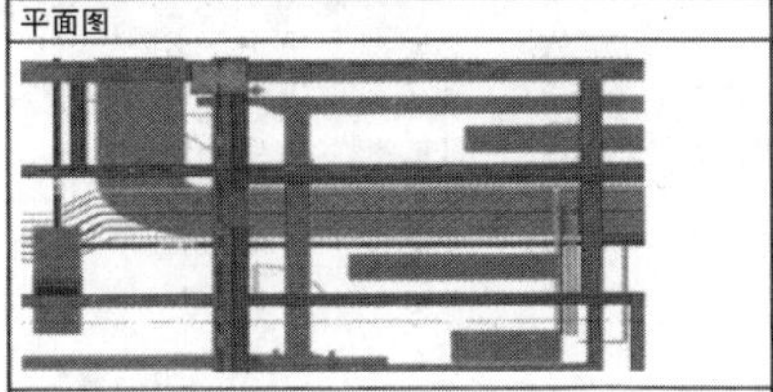 | |  | |
| 剖面图（修改前） | | 剖面图（修改后） | |
| 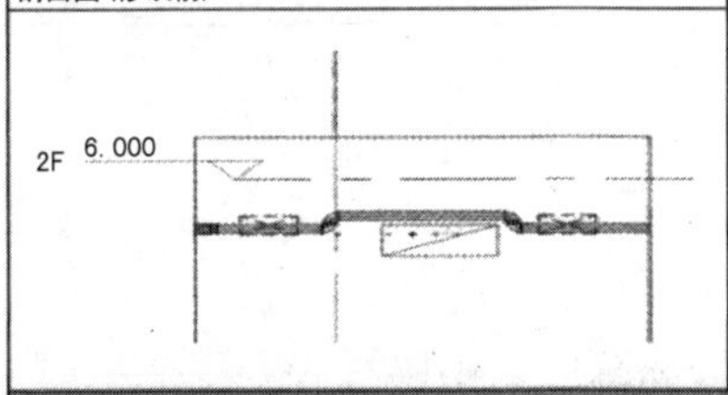  | | 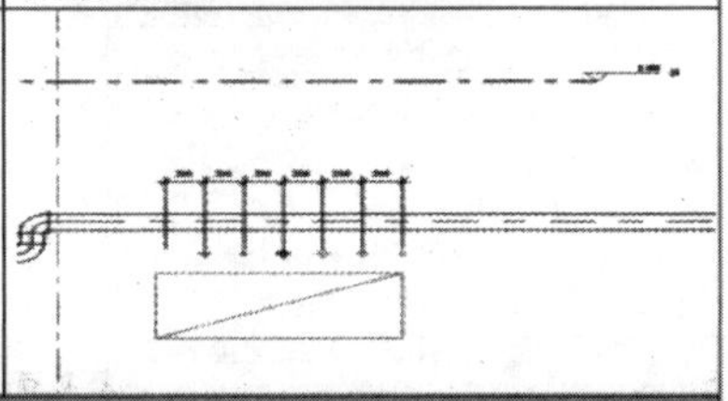 | |
| 修改复核 | | | |
| 设计图修改意见 | | | |
| 模型验证 | | | |

图 13-12 比较综合前、综合后的管线排布

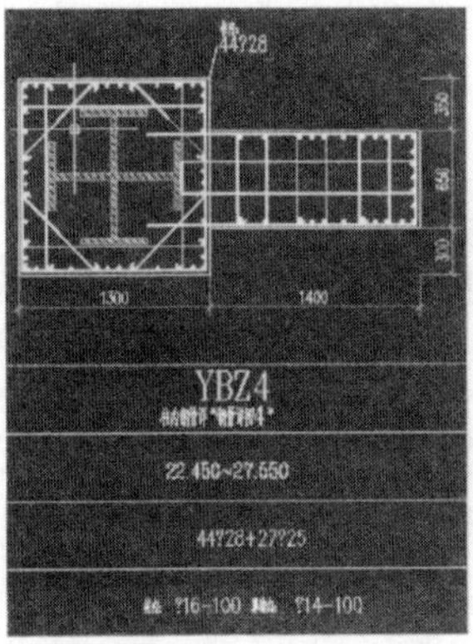


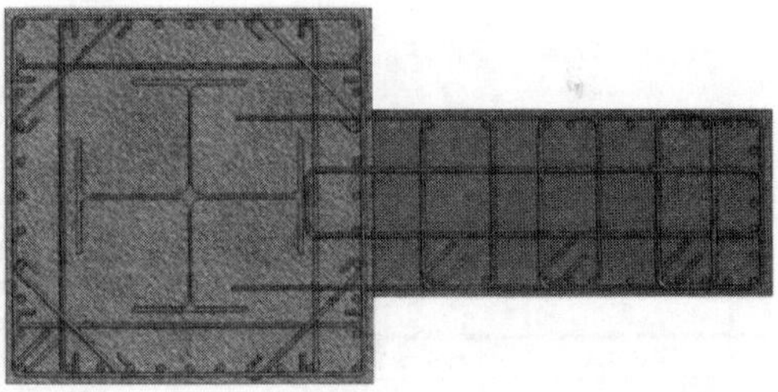

图 13-13 结构模型

ture 软件对深化设计模型进行碰撞校核，检测结构节点碰撞、预留管洞碰撞等信息。在检测出碰撞后，经过与结构设计沟通和二次优化，加以合理调整。

Ⅲ. 多专业协调管理。各专业分包之间的组织协调是建筑工程施工顺利实施的关键。本项目通过 BIM 技术的可视化、参数化、智能化特性，进行多专业碰撞检查、净高控制检查和精确预留预埋，或者利用基于 BIM 技术的 4D 施工管理，对施工过程进行预模拟，根据问题进行各专业的事先协调等措施，可以减少因技术错误和沟通错误带来的协调问题，大大减少返工，节约施工成本。

Ⅳ. 设备材料工程量统计。由于 BIM 模型包含了建筑物所有结构和设备的全部信息，因此能够准确、便捷地统计出建筑物的设备材料数据。设计材料统计方面，本项目利用 Revit 软件本身的明细表进行了很多研究和探索，在设计材料方面做了一个模板，通过该模板可以直接统计出建立施工方案的人想要的材料数据，同时，这些模板也可以直接应用。此

| | |
|---|---|
| 矩形风管： | 加压送风系统(半径弯头/接头) |
| 矩形风管： | 加压送风系统(半径弯头/接头)：21 |
| 矩形风管： | 排风系统(半径弯头/T形三通) |
| 矩形风管： | 排烟系统(半径弯头/T形三通)：8 |
| 矩形风管： | 排烟系统(半径弯头/接头) |
| 矩形风管： | 排烟系统(半径弯头/接头)：107 |
| 矩形风管： | 排烟系统(斜接弯头/接头) |
| 矩形风管： | 排烟系统(斜接弯头/接头)：81 |
| 矩形风管： | 排风系统(半径弯头/T形三通) |
| 矩形风管： | 排风系统(半径弯头/T形三通)：44 |
| 矩形风管： | 排风系统(半径弯头/接头) |
| 矩形风管： | 排风系统(半径弯头/接头)：25 |
| 矩形风管： | 排风系统(斜接弯头/接头) |
| 矩形风管： | 排风系统(斜接弯头/接头)：27 |
| 矩形风管： | 送风/补风系统(半径弯头/T形三通) |
| 矩形风管： | 送风/补风系统(半径弯头/T形三通)：86 |
| 矩形风管： | 送风/补风系统(半径弯头/接头) |
| 矩形风管： | 送风/补风系统(半径弯头/接头)：28 |
| 矩形风管： | 送风/补风系统(斜接弯头/T形三通) |
| 矩形风管： | 送风/补风系统(斜接弯头/T形三通)：20 |
| 矩形风管： | 送风/补风系统(斜接弯头/接头) |
| 矩形风管： | 送风/补风系统(斜接弯头/接头)：48 |

图 13-14　各专业风管数量统计

外，Revit软件的明细表还可以直接导入Excel表，帮助相关人员进行信息模块的梳理（图13-14～图13-17）。

V. 工作平台库的完善与补充。企业工作库建立可以为投标报价、成本管理提供计算依据。打造结合自身企业特点的工作库，是施工企业取得管理改革成果的重要体现。针对本工程完善数据，最终形成企业工作库（图13-18～图13-20）。

| |
|---|
| 管把 － 排水：标准 |
| 管把 － 排水：标准：18 |
| 管接头 － 常规：标准 |
| 管接头 － 常规：标准：3 |
| 管道类型 － 喷淋水管 |
| 管道类型：喷淋水管：3096 |
| 管道类型：地下室排水管 |
| 管道类型：地下室排水管：379 |
| 管道类型：地下室给水管冷水 |
| 管道类型：地下室给水管冷水：207 |
| 管道类型：排水 |
| 管道类型：排水：24 |
| 管道类型：污水管 |
| 管道类型：污水管：204 |
| 管道类型：消火栓管 |
| 管道类型：消火栓管：105 |
| 管道类型：热水管 |
| 管道类型：热水管：94 |
| 管道类型：裙房及地下室冷冻水供水 |
| 管道类型：裙房及地下室冷冻水供水：62 |
| 管道类型：裙房及地下室冷冻水回水 |
| 管道类型：裙房及地下室冷冻水回水：74 |
| 管道类型：裙房及地下室采暖水供水 |
| 管道类型：裙房及地下室采暖水供水：13 |

图 13-15　各专业水管数量统计

<风道末端明细表>

| A | B | C | D | E |
|---|---|---|---|---|
| 尺寸 | 族与类型 | 最大流量 | 流量 | 合计 |
| 210×60 | 送风口-单层 | 945.0m³/h | 90.0m³/h | 37 |
| 250×250 | 排风格栅-矩 | 1245.0m³/h | 1245.0m³/h | 39 |
| 320×320 | 排风格栅-矩 | 1245.0m³/h | 2520.0m³/h | 32 |
| 360×240 | 送风散流器- | 1945.0m³/h | 624.0m³/h | 80 |
| 410×210 | 送风口-单层 | 540.0m³/h | 741.6m³/h | 20 |
| 420×240 | 送风散流器- | 1945.0m³/h | 1092.0m³/h | 50 |
| 420×300 | 送风散流器- | 2800.0m³/h | 1931.8m³/h | 57 |
| 480×240 | 送风散流器- | 2800.0m³/h | 1766.2m³/h | 51 |
| 480×300 | 送风散流器- | 3810.0m³/h | 2591.8m³/h | 50 |
| 480×360 | 送风散流器- | 3810.0m³/h | 3732.2m³/h | 57 |
| 600×300 | 回风口-矩形 | 2700.0m³/h | 2599.2m³/h | 63 |
| 总计：536 | | | | |

图 13-16　风道末端数量统计

<风管附件明细表>

| A | B | C |
|---|---|---|
| 尺寸 | 族与类型 | 合计 |
| 250x200- | 排烟阀 － 矩形 | 123 |
| 250x200-250x20 | 蝶阀 － 矩形 － | 71 |
| 250x320-250x32 | 对开多叶调节 | 192 |
| 300x200-300x20 | 定风量阀 － 矩 | 41 |
| 500x400-500x40 | 电动风阀 － 矩 | 24 |
| 总计：451 | | |

图 13-17　风道附件数量统计

名称

泵房基础
水箱3
酒店生活水箱
KTV水箱
水箱KTV
导流型半容积式水加热器
加热器
立式膨胀水罐
砂滤
变频稳压供水设备
循环泵
离心式冷水机组
分集水器
应急疏散指示灯 - 悬挂
感烟探测器

图 13-18　工作平台库

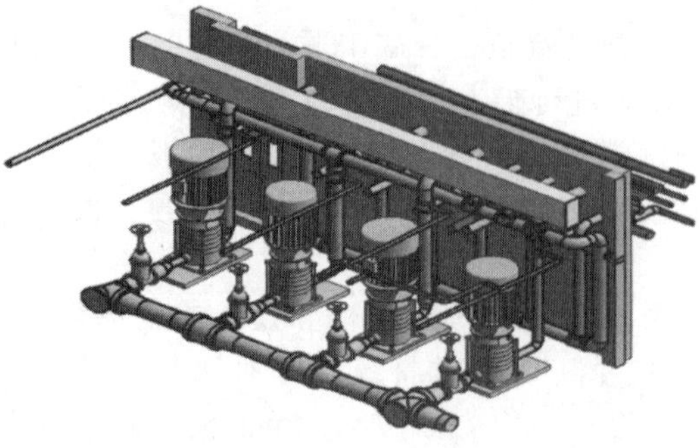

图 13-19　泵房模型

图 13-20　锅炉房模型

b. 项目综合管理　应用 BIM 技术进行全过程项目管理的步骤：招标，采购，合同管理，成本控制，风险管理（图 13-21）。

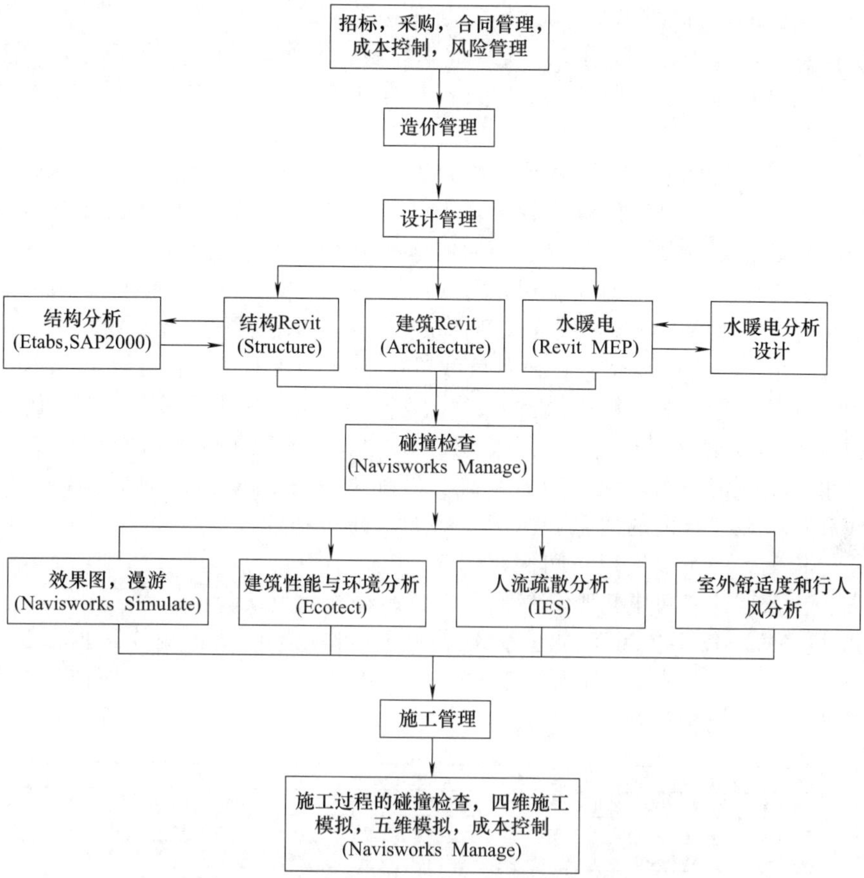


图 13-21　利用 BIM 进行项目综合管理的步骤

借助 BIM 技术和常用的项目管理理念，项目工程师能够编制招标采购计划和相关的合同，并进行有效的成本控制和风险管理。

Ⅰ. 造价管理。BIM 模型能够自动生成材料和设备明细表，为造价人员编制工程量清单提供依据。目前 . Revit 等 BIM 软件在造价方面的功能尚有待完善，与广联达等造价软件也无法有效对接。BIM 在造价管理领域的发展空间和市场潜力很大。

Ⅱ. 设计管理。结构：Revit 目前与 PKPM 和 Midas 尚无法实现数据互换（不确定），因此需要借助国外的软件进行结构分析，如 Etabs、SAP2000 等。这些软件的计算方法不符合中国规范，需根据中国规范进行校核。

专业协同，碰撞检查：模型数据以 DWF 格式传给 Navisworks Manage 软件，对 BIM 模型的建筑构件、结构构件、设备、管线进行综合，并进行软碰撞、硬碰撞和净空检查，可以帮助业主出如下图纸。

• 综合管线图（经过碰撞检查和设计修改，消除了相应错误以后）。

• 综合结构留洞图（预埋套管图）。

• 碰撞检查侦错报告和建议改进方案。能有效提高设计阶段各专业之间的协同，减少碰撞的产生，提高效率。

• 效果图。漫游动画、建筑性能与环境分析、人流疏散分析、室外空间舒适度和行人风分析。

Ⅲ. 施工管理。借助 Navisworks 软件，在三维模型中添加时间信息，进行四维施工模拟，将建筑模型与现场的设施、机械、设备、管线等信息加以整合，检查空间与空间，空间与时间之间是否冲突，以便于在施工开始之前就能够发现施工中可能出现的问题，来提前处理；也能作为施工的可行性指导，帮助确定合理的施工方案、人员设备配置方案等。在模型中加入造价信息，可以进行5D模拟，实现成本控制。另外，BIM使施工的协调管理更加便捷。信息数据共享和施工远程监控，使项目各参与方建立了信息交流平台。有了这样一个平台，各参与方沟通更为便捷、协作更为紧密、管理更为有效。

（5）本项目综合管理框架　工程项目综合管理是把工程项目各阶段工作的具体目标和任务同管理目标结合在一起进行的综合管理。工程项目综合管理的过程是按计划实施的动态管理过程，包括项目计划的制订、项目计划的实施和项目计划的变更控制。

本项目层数为地上35层，地下3层，管线模型多。本项目由于空间的限制，使得机电管线之间的错漏碰缺的现象比较多。机电模型在该项目中主要有两处比较复杂：一是屋架内各种管线的安装；二是机房内管线密集，设备管线难以协调。利用三维软件Autodesk Navisworks软件进行碰撞检测，使得进行管线综合的效率大大提升，并且能够直接用于指导施工。

① 机电管线种类较多，设计专业多，施工工种多。一般包含通风空调系统、空调水系统、给水排水系统、消防水系统、动力系统、供配电系统、弱电系统等。BIM模型可以反映所有管线和设备在建筑内的信息和情况。例如，在关键的大厅、路口，利用BIM不仅仅可以进行碰撞检测，还可以实现空间优化。

解决方法：分层建立机电模型，然后汇总进行碰撞数量统计。

② 机房设备多，需要各类不同型号族。利用三维模型可使各类族根据形状进行深化，进而设计出合理的族。Revit软件所反映出来的三维模型逼真、直观，即使遇到变更情况，也可以非常便利地对结构重新进行调整（图13-22）。

| | | | | | | | | | | | | |
|---|---|---|---|---|---|---|---|---|---|---|---|---|
| 1 | AHU-B1-1 | 卧式组合空调机组 | 地下一层 | 6000 | 3000 | 600 | 51.95 | 26.5 | 20.7 | 19.2 | 17.6 | 7/12 |
| 2 | AHU-B1-2 | 卧式组合空调机组 | 地下一层 | 10000 | 4200 | 600 | 56.69 | 26.5 | 20.7 | 19.2 | 17.5 | 7/12 |
| 3 | AHU-B1-3 | 卧式组合空调机组 | 地下一层 | 22000 | 9400 | 600 | 125.34 | 26.5 | 20.7 | 19.2 | 17.5 | 7/12 |
| 4 | AHU-B1-4 | 卧式组合空调机组 | 地下一层中庭 | 12000 | 2000 | 600 | 72.82 | 26.5 | 20.7 | 19.2 | 17.5 | 7/12 |
| 5 | AHU-B1-5 | 卧式组合空调机组 | 地下一层 | 22000 | 9400 | 600 | 125.34 | 26.5 | 20.7 | 19.2 | 17.6 | 7/12 |
| 6 | AHU-B1-6 | 卧式组合空调机组 | 地下一层 | 22000 | 9400 | 600 | 125.34 | 26.5 | 20.7 | 19.2 | 17.5 | 7/12 |
| 7 | AHU-L1-1 | 卧式组合空调机组 | 大厅预备室 | 10500 | 4200 | 570 | 74.2 | 28.3 | 23.0 | 17.2 | 15.5 | 7/12 |
| 8 | AHU-L2-1 | 卧式组合空调机组 | 二层多功能厅 | 13000 | 5400 | 500 | 110 | 28.6 | 23.2 | 16.5 | 15.5 | 7/12 |
| 9 | AHU-L2-2 | 卧式组合空调机组 | 二层多功能厅 | 13000 | 5400 | 500 | 110 | 28.6 | 23.2 | 16.5 | 15.5 | 7/12 |
| 10 | AHU-L2-3 | 卧式组合空调机组 | 二层中庭 | 24000 | 1800 | 600 | 90 | 26.6 | 19.5 | 15.8 | 14.5 | 7/12 |
| 11 | AHU-L2-4 | 卧式组合空调机组 | 二层中庭 | 24000 | 1800 | 600 | 90 | 26.6 | 19.5 | 15.8 | 14.5 | 7/12 |
| 12 | AHU-L6-1 | 卧式组合空调机组 | 七层主工作室 | 24000 | 3000 | 500 | 148.8 | 27.0 | 21.0 | 18.0 | 17.4 | 7/12 |
| 13 | AHU-L9-1 | 卧式组合空调机组 | 九层多功能厅 | 10500 | 4200 | 570 | 74.2 | 28.3 | 23.0 | 17.2 | 15.5 | 7/12 |

图13-22　CAD图纸中的机房设备

解决方法：建立参数化族，一族多用，简化修改族的过程（图13-23）。

| 尺寸标注 | | | |
|---|---|---|---|
| 送风口宽度 | 404.0 mm | = | ☑ |
| 送风口高度 | 404.0 mm | = | ☑ |
| 送风口法兰宽度 | 476.0 mm | = | ☑ |
| 回风口宽度 | 1058.0 mm | = | ☑ |
| 回风口高度 | 743.0 mm | = | ☑ |
| 出口半径 | 20.0 mm | = | ☑ |
| 出口直径 | 40.0 mm | = 出口半径×2 | ☑ |
| 进口半径 | 20.0 mm | = | ☑ |
| 进口直径 | 40.0 mm | = 进口半径×2 | ☑ |

图13-23　机房设备族

③ 管线碰撞多，单层多达1000多个碰撞。碰撞检测与管线综合的目标是避免碰撞、解决吊顶冲突、明确管线位置标高以及辅助确定施工工艺等。利用BIM能够更直观地反映这些问题，提高此过程的效率（图13-24）。

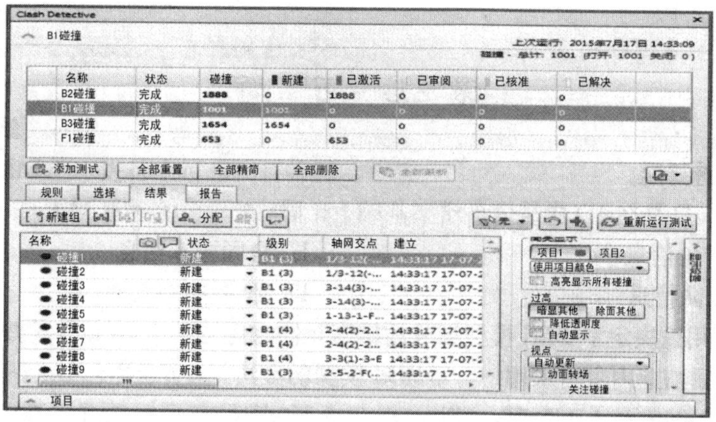

图 13-24　管线碰撞

解决方法：利用剖面框进行局部区域框选，提高机器运行速度，提高管线综合效率。

④ 项目难点在于幕墙专业节点的深化。幕墙的布置与幕墙节点分析属于重点、难点，在 BIM 三维建模过程中既要考虑到项目施工阶段的流程，同时三维建模的难点也是技术上的一个难题（图 13-25～图 13-27）。

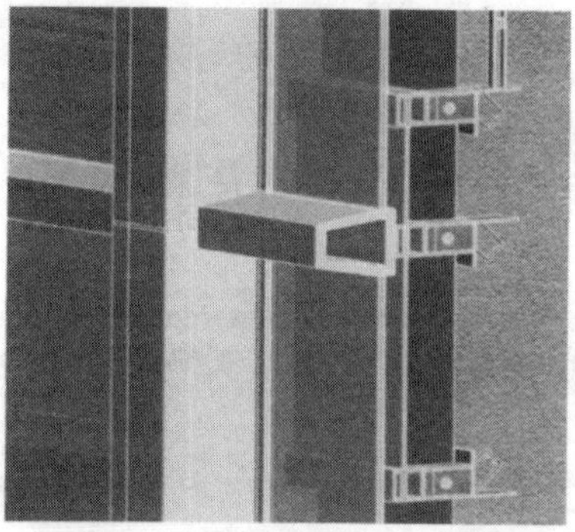

图 13-25　横向龙骨节点三维模型

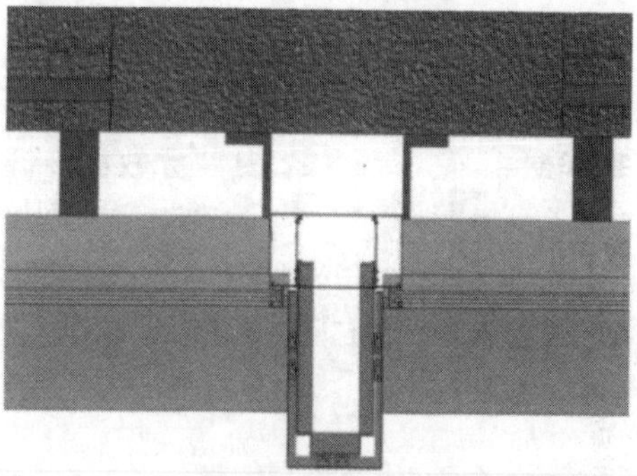

图 13-26　竖向龙骨节点三维模型

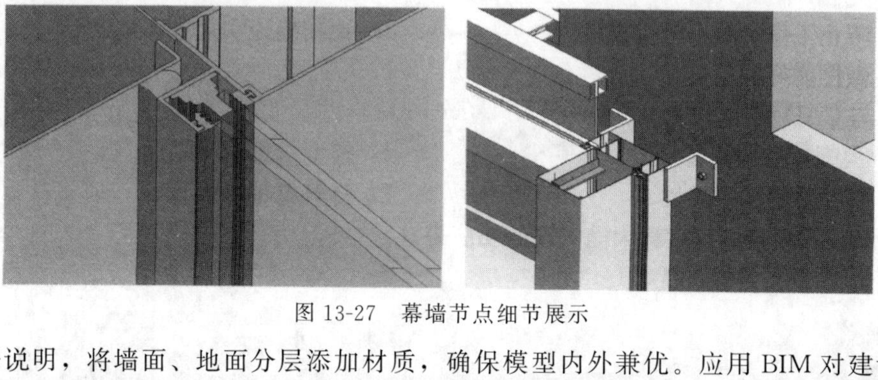

图 13-27　幕墙节点细节展示

根据说明，将墙面、地面分层添加材质，确保模型内外兼优。应用 BIM 对建设项目进行实体对象实施过程化的集中管理，可以克服传统的管理模式和技术在很多方面存在的问题，实现如信息的传递渠道、累积方式等多方面根本性的变化。

## 二、案例二：某项目二期工程综合管理

### 1. 项目概况

某项目二期工程，总建筑面积 83667.21m$^2$，为框架剪力墙结构。地址位于××市××产业基地。项目工程包括住宅楼，1 个地下停车库。项目规划为致力于打造别墅、洋房及高端社区。

2. BIM 应用内容

（1）质量安全及进度管理　项目通过 BIM5D 手机端，现场相关人员可将发现的问题上传至云端，相关责任人收到提醒及时处理，并反馈至发起人。在每次施工例会上，利用项目看板对相关问题进行统计分析、组织讨论、积累经验，部分数据作为绩效考核。该工程质量安全及进度管理如图 13-28 所示。

(a) 发现问题

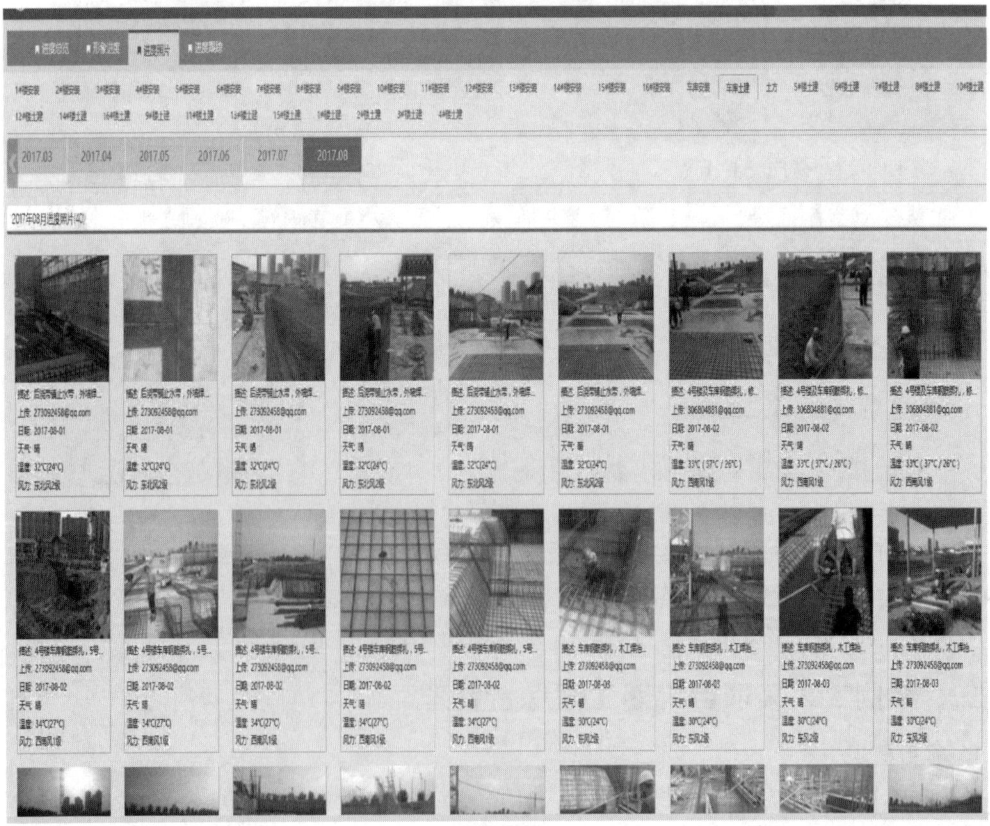


(b) 进度照片

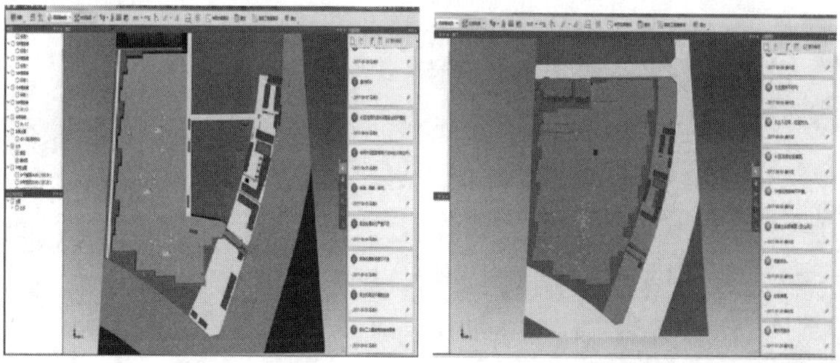

(c) 问题气泡

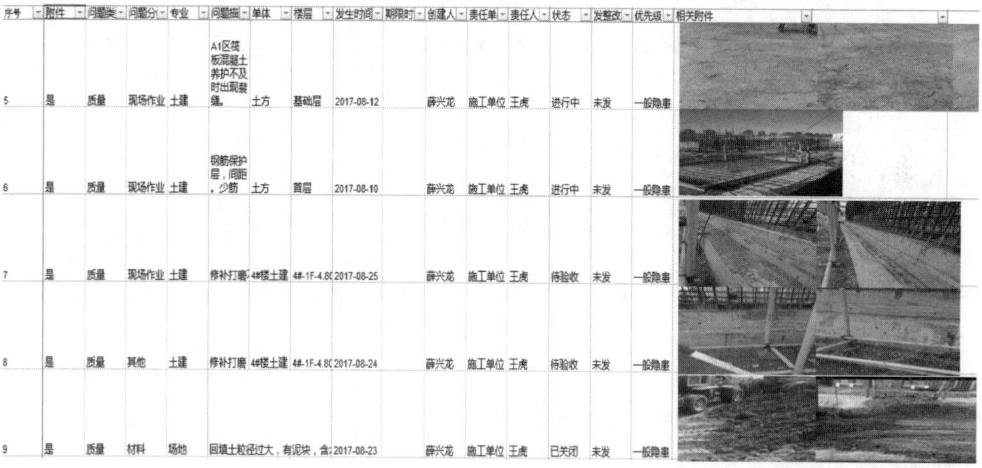

| 序号 | 附件 | 问题类 | 问题分 | 专业 | 问题描 | 单体 | 楼层 | 发生时间 | 期限时 | 创建人 | 责任单 | 责任人 | 状态 | 发整改 | 优先级 | 相关附件 |
|---|---|---|---|---|---|---|---|---|---|---|---|---|---|---|---|---|
| 5 | 是 | 质量 | 现场作业 | 土建 | A1区筏板混凝土养护不及时出现裂缝。 | 土方 | 基础层 | 2017-08-12 | | 薛兴龙 | 施工单位 | 王虎 | 进行中 | 未发 | 一般隐患 | |
| 6 | 是 | 质量 | 现场作业 | 土建 | 钢筋保护层，间距，少筋 | 土方 | 首层 | 2017-08-10 | | 薛兴龙 | 施工单位 | 王虎 | 进行中 | 未发 | 一般隐患 | |
| 7 | 是 | 质量 | 现场作业 | 土建 | 修补打磨 | 4#楼土建 | 4#-1F-4.8 | 2017-08-25 | | 薛兴龙 | 施工单位 | 王虎 | 待验收 | 未发 | 一般隐患 | |
| 8 | 是 | 质量 | 其他 | 土建 | 修补打磨 | 4#楼土建 | 4#-1F-4.8 | 2017-08-24 | | 薛兴龙 | 施工单位 | 王虎 | 待验收 | 未发 | 一般隐患 | |
| 9 | 是 | 质量 | 材料 | 场地 | 回填土粒径过大，有泥块，含 | | | 2017-08-23 | | 薛兴龙 | 施工单位 | 王虎 | 已关闭 | 未发 | 一般隐患 | |

(d) 质量安全情况汇总分析

图 13-28 质量安全及进度管理

(2) 资料管理 通过实时将项目资料上传至协助平台，实现了文档云管理——资料共享、实时查看，如图 13-29 所示。

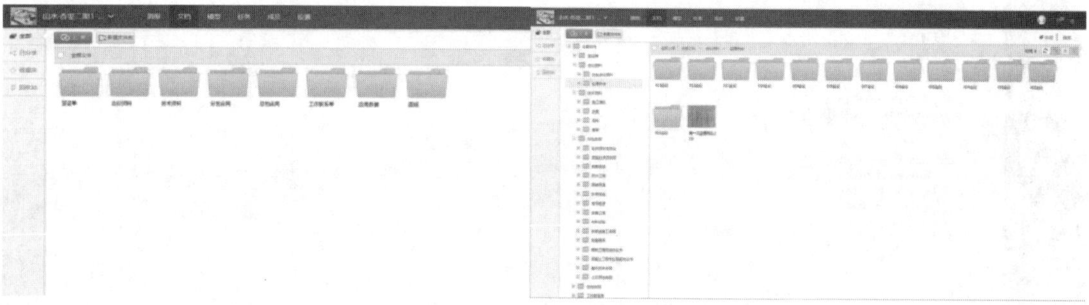

(a) 文档分类管理，及时上传

图 13-29

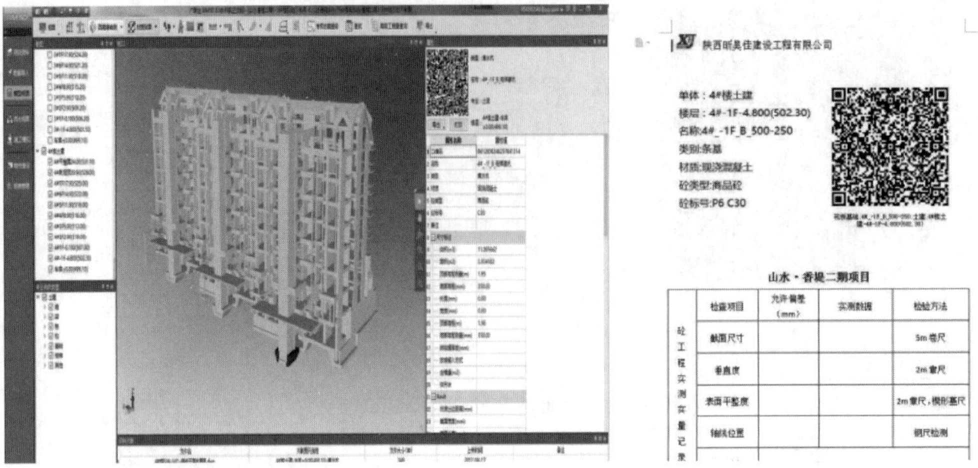


(b) 模型与相关资料关联二维码生成

图 13-29　资料管理

模型与相关资料关联生成二维码，待主体阶段完成，将其贴到所属构件，施工人员在现场通过移动端查看所属信息。

(3) 工程量把控　实时记录现场使用量，通过与 BIM 5D 提取的模型量进行对比，分析偏差原因，总结经验，促使管理升级，如图 13-30 所示。

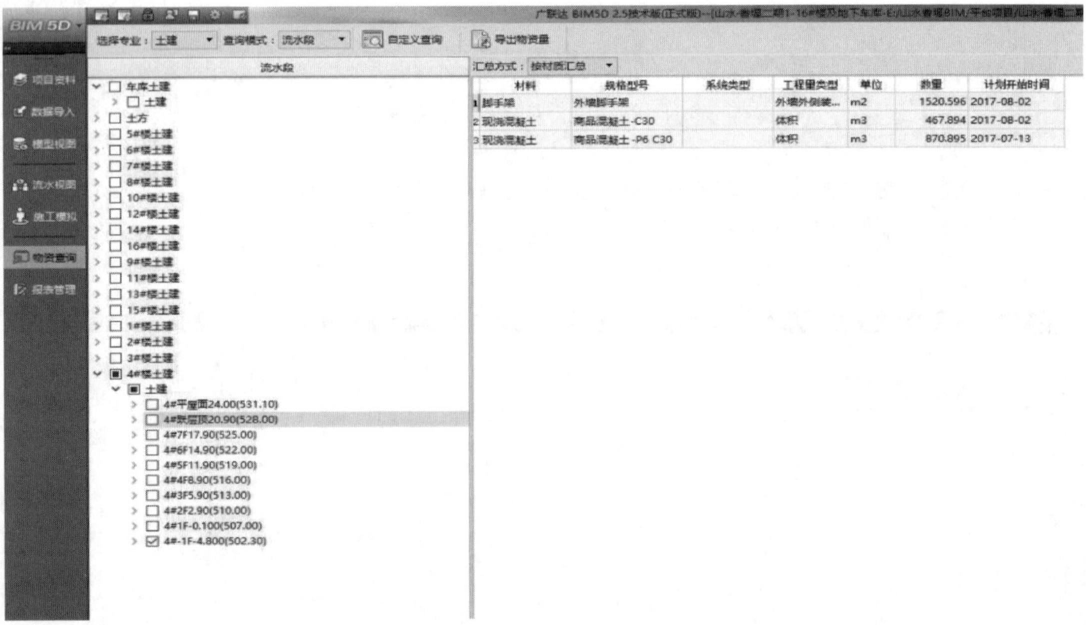


(a) 工程项目用量导出

| 混凝土生产数据明细（流水） | | | | | | | | | |
|---|---|---|---|---|---|---|---|---|---|
| 序号 | 单体 | 部位 | 混凝土等级 | 单位 | 模型量 | 实际量 | 偏差 | 浇筑日期 | 备注 |
| 1 | 4#楼 | 垫层（-4.800处） | C15 | $m^3$ | 117.66 | 86 | 31.66 | 2017.7.10 | |
| 2 | 4#楼 | 防水保护层（-4.800处） | C20细石 | $m^3$ | 58.83 | 82 | -23.17 | 2017.7.12 | |
| 3 | 14#楼 | 垫层（-4.800处） | C15 | $m^3$ | 16.06 | 22 | -5.94 | 2017.7.12 | |
| 4 | 15#楼 | 垫层（-4.800处） | C15 | $m^3$ | 15.74 | 18 | -2.26 | 2017.7.13 | |
| 5 | 5#楼 | 垫层（-4.800处） | C15 | $m^3$ | 51.65 | 45 | 6.65 | 2017.7.25 | |
| 6 | A1区 | 垫层 | C15 | $m^3$ | 77.40 | 152 | -15.26 | 2017.7.23 | |
| 7 | 4#楼 | 垫层　其他 | C15 | $m^3$ | 33.84 | | | | |
| 13 | 15#楼 | 垫层　其他 | C15 | $m^3$ | 11.60 | | | | |
| 14 | 14#楼 | 垫层　其他 | C15 | $m^3$ | 13.90 | | | | |
| 8 | A1区 | 防水保护层 | C20细石 | $m^3$ | 38.70 | 63 | -7.38 | 2017.7.25 | |
| 9 | 4#楼 | 防水保护层 其他 | C20细石 | $m^3$ | 16.92 | | | | |
| 10 | 14#楼 | 防水保护层 | C20细石 | $m^3$ | 14.98 | 42 | -13.35 | 2017.8.19 | |
| 11 | 15#楼 | 防水保护层 | C20细石 | $m^3$ | 13.67 | | | | |
| 16 | 4#楼 | 基础筏板 | P6C30 | $m^3$ | 798.97 | 889 | -27.05 | 2017.8.17 | |
| 17 | | 挡土墙 | P6C30 | $m^3$ | 62.98 | | | | |
| 18 | A1区 | 基础筏板 | P6C30 | $m^3$ | 434.29 | 445 | -10.71 | 2017.8.10 | |
| 19 | A2区 | 南区垫层 | C15 | $m^3$ | 148.50 | 100 | 48.50 | 2017.8.20 | |
| 20 | B区 | 垫层 | C15 | $m^3$ | 29.51 | 25.5 | 4.01 | 2017.8.18 | |
| 21 | B区 | 防水保护层 | C20细石 | $m^3$ | 20.66 | 15 | 5.66 | 2017.8.19 | |
| 12 | 5#楼 | 防水保护层（-4.800处） | C20细石 | $m^3$ | 25.83 | 48 | -22.18 | 2017.8.23 | 实际量含5#楼南部斜坡及部分A2区 |
| 15 | 5#楼 | 垫层　其他 | C15 | $m^3$ | 80.10 | | | | |

(b) 混凝土用量(后砌墙处上翻计0.15m,下翻计0.5m，剪力墙全计)

| 项目名称 | 规格 | 单位 | 现场使用量 | 预算控制量 | 损耗 | 较上月损耗减少 | 备注 |
|---|---|---|---|---|---|---|---|
| PVC管 | $\phi$16 | m | 1100 | 1070.37 | −29.63 | 52% | 措施量减少 |
| PVC管 | $\phi$20 | m | 800 | 729.74 | −70.26 | 12% | 措施量减少 |
| PVC管 | $\phi$25 | m | 52 | 25.27 | −26.73 | 21% | 措施量减少 |

(c) PVC管用量对比4#楼二层墙板及以下预埋(总量监控) (后砌墙处上翻计0.15m,，下翻计0.5m，剪力墙全计)

| 项目名称 | 规格 | 单位 | 采购量 | 计算库房余量 | 现场使用量 | 预算控制量 | 损耗 |
|---|---|---|---|---|---|---|---|
| PVC管 | $\phi$16 | m | 17700 | 16030 | 1670 | 1578.58 | −91.42 |
| PVC管 | $\phi$20 | m | 15500 | 11850 | 3650 | 3499.88 | −150.12 |
| PVC管 | $\phi$25 | m | 2300 | 1792 | 508 | 447.36 | −60.64 |

(d) PVC管用量明细分析

图 13-30　工程量把控

（4）施工模拟

① 将每个月详细进度计划和模型进行关联，实时录入实际进度，将实际进度和计划进度进行对比分析，分析偏差原因，及时调整以保证工期，如图 13-31 所示。

② 建立重点、难点部位模型，通过细化模型、分解工艺、模拟工序、制作动画视频，使技术交底三维可视化。一方面更直观，另一方面积累公司技术数据库。

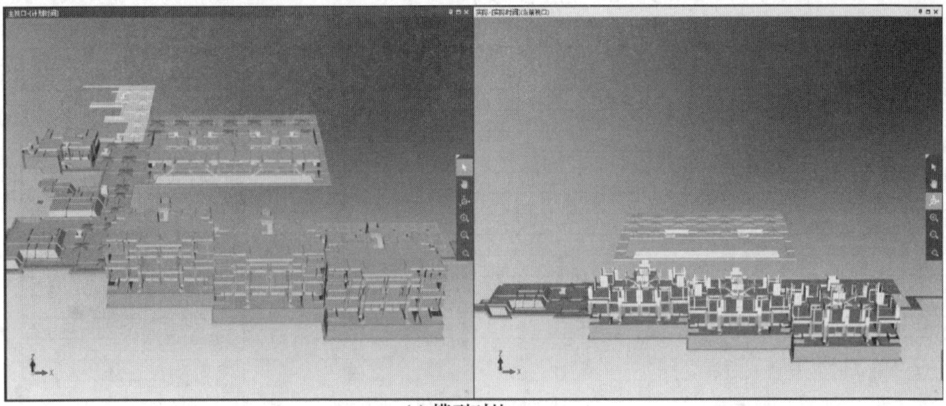

(a) 模型对比

| 序号 | 位置 | 计划 | 实际 |
|---|---|---|---|
| 1 | 4#楼 | 1~3层混凝土浇筑完成，4层墙柱钢筋绑扎 | 1层混凝土浇筑完成，2层墙柱钢筋绑扎 |
| 2 | 5#楼 | 主楼及周边车库（东西北）筏板混凝土浇筑完成，主楼地下室墙梁板柱钢筋绑扎、模板安装完成 | 主楼筏板钢筋绑扎 |
| 3 | 6#楼 | 主楼及周边车库筏板钢筋绑扎 | 无 |
| 4 | 7#楼 | 主楼及周边车库混凝土垫层浇筑完成 | 无 |
| 5 | 9#、10#楼 | 主楼混凝土垫层浇筑完成 | 无 |
| 6 | 11#、12#楼 | 主楼筏板钢筋绑扎，周边车库筏板混凝土浇筑完成 | 无 |
| 7 | 13#、14#楼 | 主楼及周边车库筏板混凝土浇筑完成，主楼地下室墙、柱钢筋绑扎 | 无 |
| 8 | 15#楼 | 主楼及周边车库筏板混凝土浇筑完成，主楼地下室墙柱钢筋绑扎、模板安装完成 | 主楼及周边车库筏板混凝土浇筑完成，主楼地下室墙柱钢筋绑扎 |

(b) 偏差分析

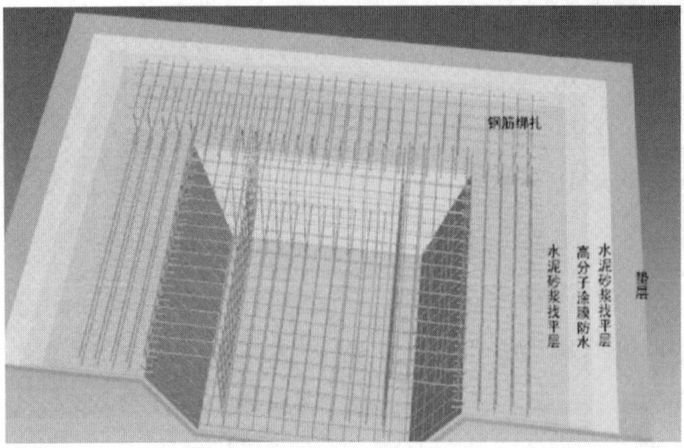


(c) 重点部位可视化模拟

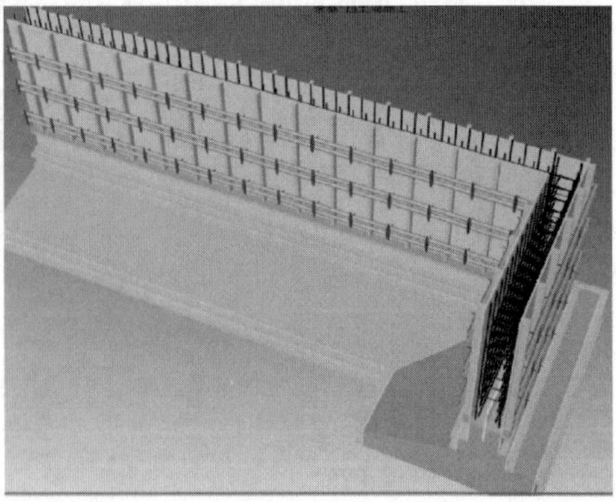

(d) 难点部位可视化模拟

图 13-31　施工模拟

（5）管综排布　通过合理规划管线排布，导出平面排布图、立面定位图及预埋图，规范操作，标准施工，如图 13-32 所示。

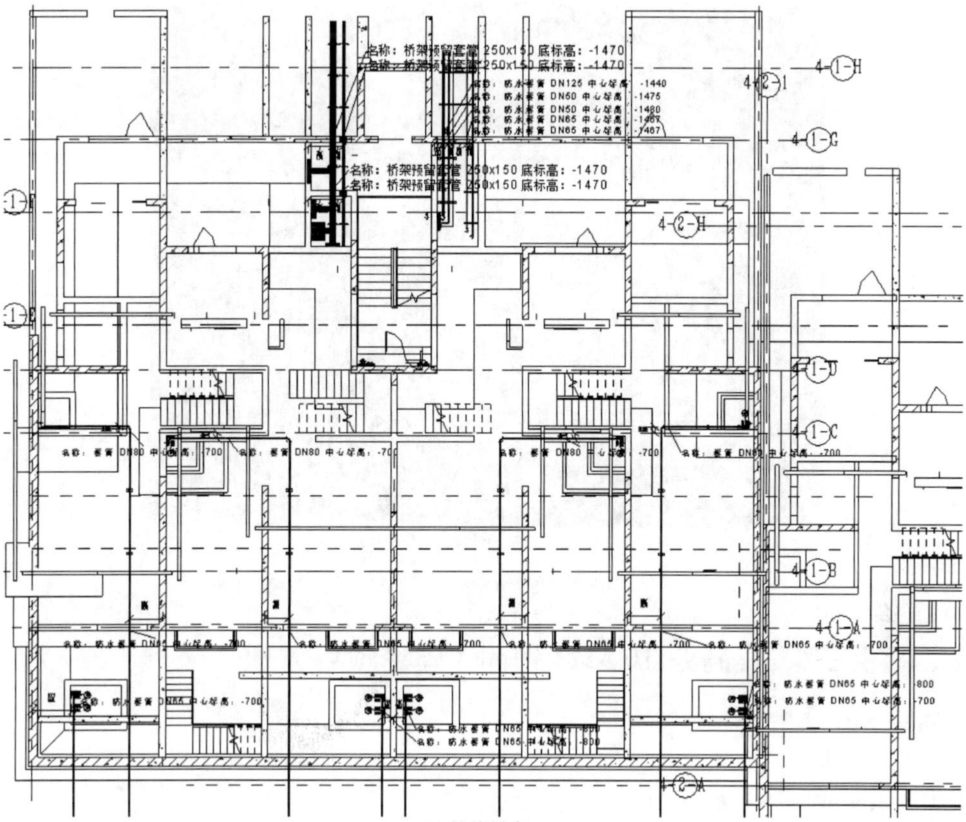


(a) 管综排布

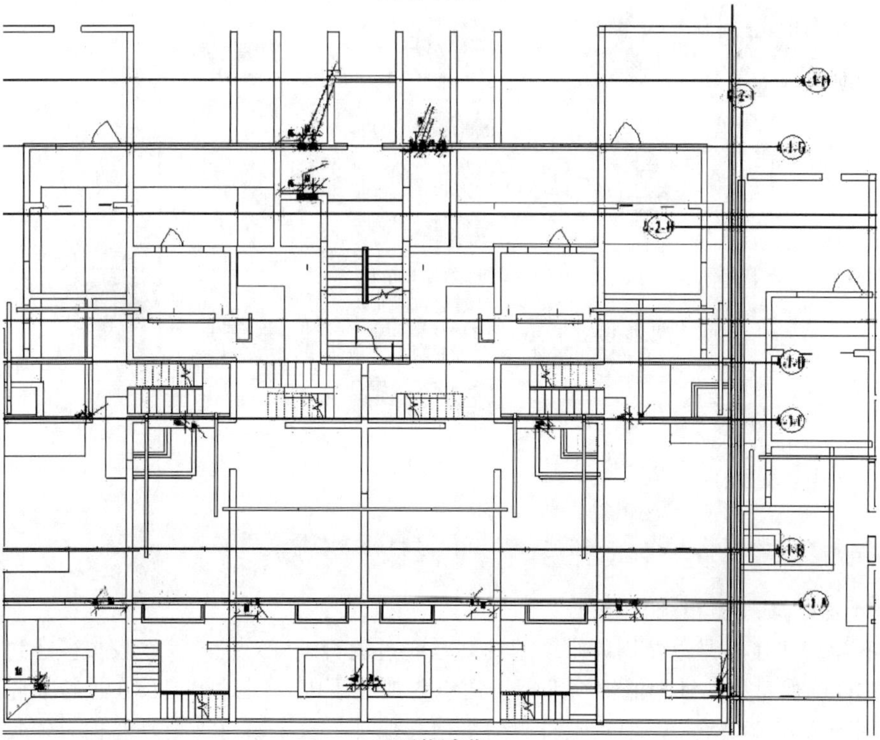

(b) 预埋定位

图 13-32

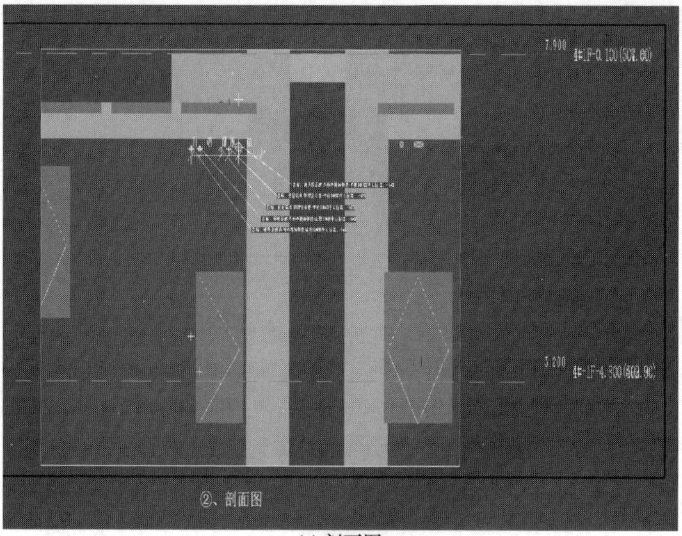


(c) 剖面图

图 13-32　管综排布

## 三、案例三：某商业中心项目 BIM 建造项目管理

### 1. 项目概况

×××中心项目二期项目位于×××核心区域。项目包括两栋超高层建筑商业裙楼以及休闲绿地，BIM 项目管理概况如图 13-33 所示。

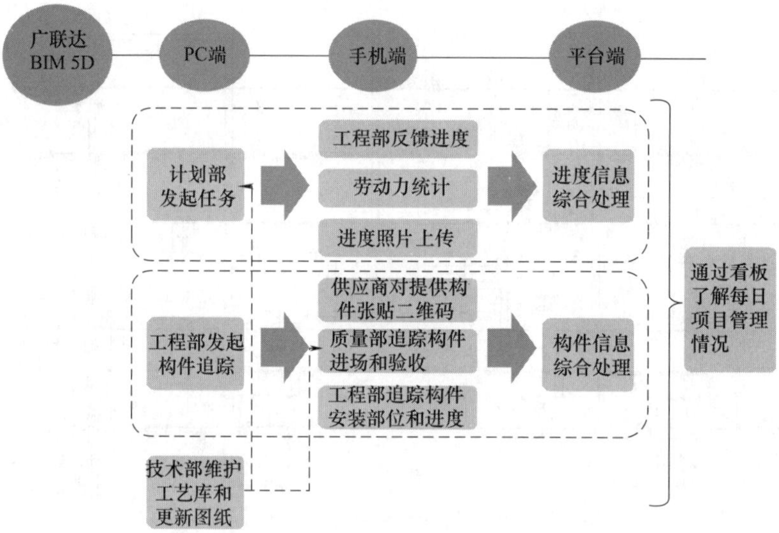


图 13-33　BIM 项目管理概况

### 2. 基于流水段任务精细化管理

项目有年、季度、月以及周等维度的计划，通过进行进度总控，反复校核。通过计划经理利用 BIM 5D 确保每周的计划能够精准地推送至各工长手中，同时让工长在进行质量、安全巡检时能够明晰方案或规范中需要重点排查的事项，保证工长办事有计划，巡检有依据，以手机端为数据采集抓手，最终实现管理留痕和数据统计分析，为每周的生产例会提供丰富的数据参考，大大提高了生产例会的沟通效率，将 BIM 技术真正融入业务管理中，如图 13-34所示。

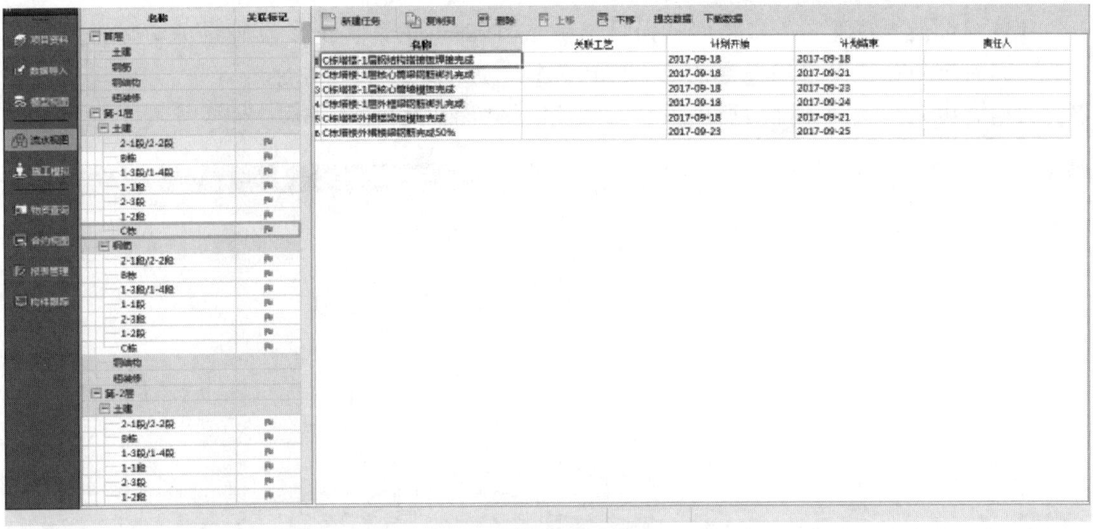


(a) 关联工艺完成进度情况

(b) 延迟时间记录

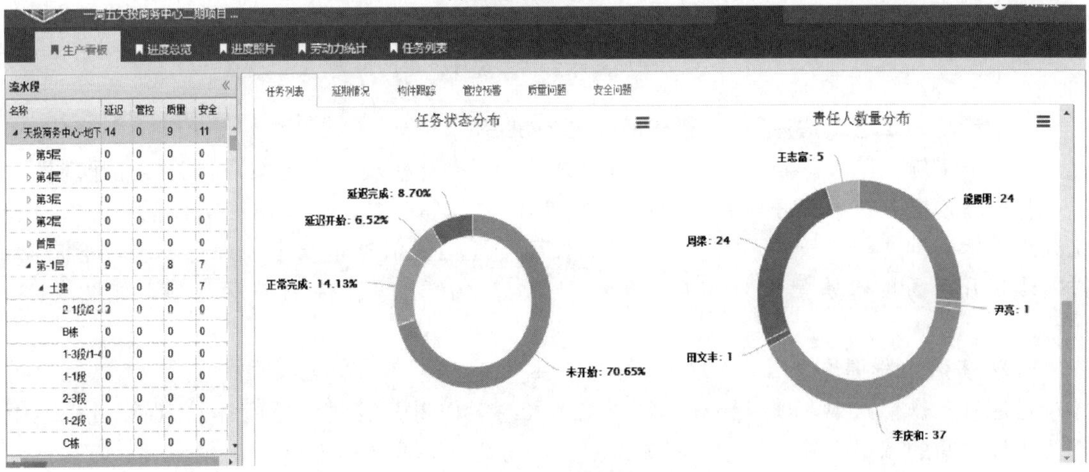


(c) 生产看板任务状态分布

图 13-34 基于流水段任务精细化管理

### 3. 现场实际劳动力统计及进度采集

项目现场的工长在日常巡检时，通过手机 APP 即可记录各个流水段每天实际作业工种人数，同时可快速记录现场进度情况（包括天气、进度、工程延期原因等），方便快捷，积累的数据亦可后续为商务部门所用，真正发挥数据留痕的价值，如图 13-35 所示。

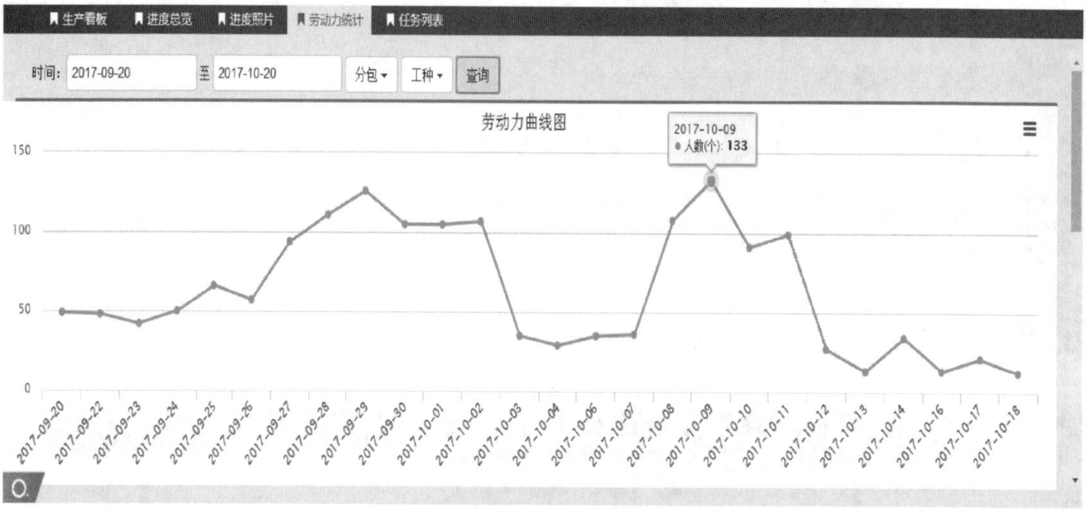


(a) 流水段人工记录

(b) 各施段施工进度情况记录

图 13-35　现场实际劳动力统计及进度采集

### 4. “移动的工艺工法库”：手机查阅，方便快捷

在地下室施工阶段，施工工艺繁多且复杂，为了确保重要技术方案及相关标准让现场一线工长明晰，提升技术交底质量，项目通过 BIM 5D 将重要技术方案集中整合至平台中模块化处理，然后推送至工长的手机上，确保工长现场巡检时依据重点事项进行排查，不漏项，进一步提升现场技术质量管理水准，实现技术与生产之间良性的信息互通，如图 13-36 所示。

### 5. 商务流水段提量

在原有工作模式中，项目要计算每个流水段的工作量，需要在原商务 GCL 算量模型中将流水段之间的墙梁板柱进行手工打断，然后在分别统计提量。该操作不仅费时，而且计算的量经常由于打断位置偏差的原因出现偏差，从而给成本管控带来不利影响。本项目直接通过 BIM 5D 进行流水段快速切分，得出每段工程量并与实际量对比，如图 13-37 所示。

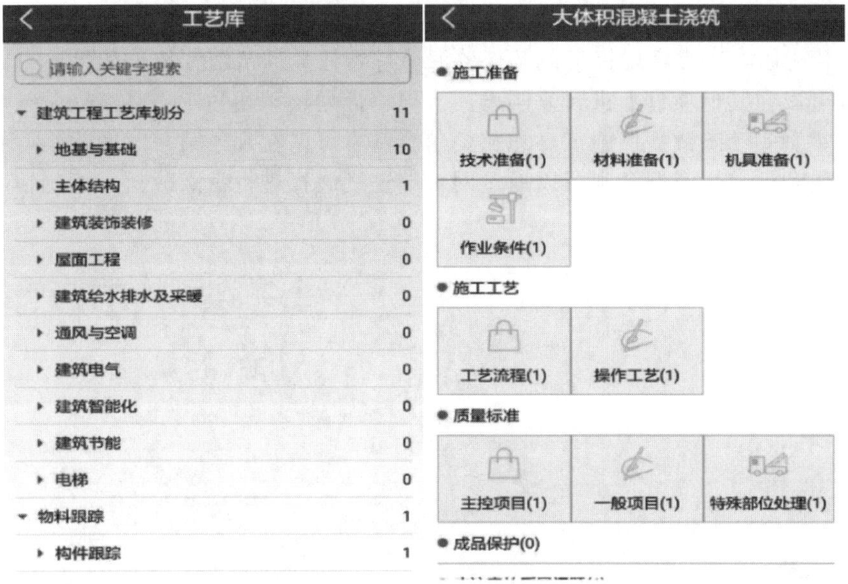


图 13-36　移动的工艺工法库

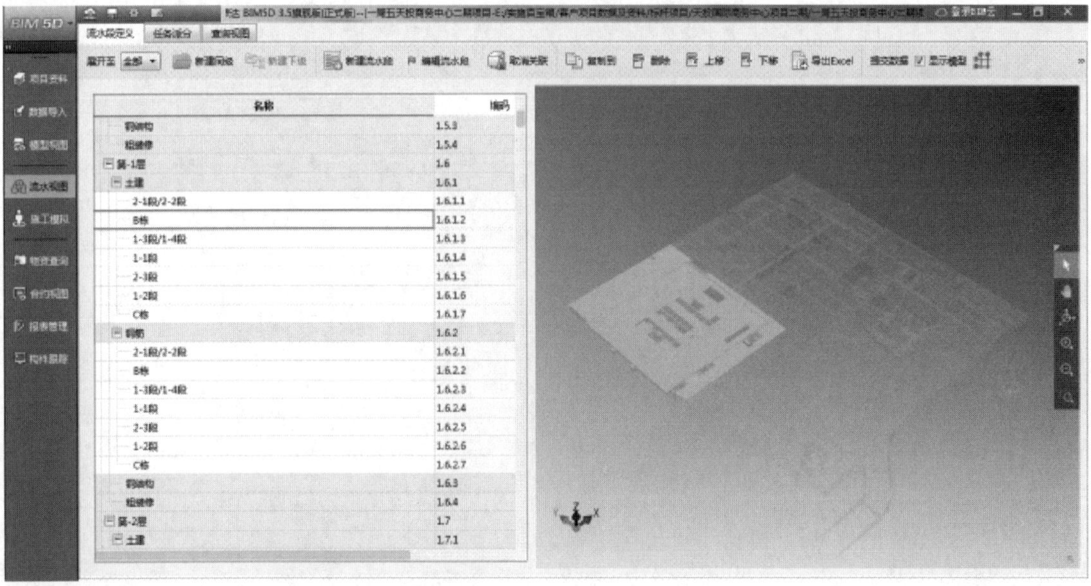

| 序号 | 供应时间 | 部位 | 砼标号 | 单位 | 图纸算量A(有-扣钢筋) | 应扣方量 | 现场小票量B扣减亏方数量 |
|---|---|---|---|---|---|---|---|
| 节约 | 7月29日 | 2-3柱顶板 | C50 | m³ | 69.07 | | 68.33 |
| 节约 | 7月29日 | 2-3顶板梁楼梯 | C35 P6膨胀 | m³ | 359.75 | | 350 |
| 节约 | 7月29日 | 2-3顶板墙 | C35 P6膨胀 | m³ | 58.88 | | 32 |
| 节约 | 7月29日 | 润磅砂浆 | C35润磅砂浆 | m³ | 2 | | 2 |
| Z00022 | 8月17日 | 2-1 2-2 -2层墙 | C35P8膨胀 | m³ | 187.72 | 0.5 | 199.5 |
| 节约 | 8月17日 | 2-1 2-2 -1层梁板楼梯 | C30 | m³ | 381.414 | | 360 |
| 节约 | 8月17日 | 2-1 2-2 -1层加强带 | C35 | m³ | 20.6 | | 14 |
| Z00022 | 8月17日 | 2-1 2-2 -2层柱 | C50 | m³ | 100.8 | | 104 |
| 节约 | 8月17日 | 润磅砂浆 | C30润磅砂浆 | m³ | 3 | | 3 |
| 节约 | 8月31日 | C栋主楼-2层墙(负二层侧墙) | C35 P8 | m³ | 130.958 | | 124 |
| Z00023 | 8月31日 | C栋主楼-2层柱（裙楼） | C50 | m³ | 53.758 | | 56 |
| 节约 | 8月31日 | C栋主楼 1层梁板楼梯 | C30 | m³ | 647.477 | | 632 |
| 节约 | 8月31日 | C栋主楼-2层柱（主楼钢管柱） | C60自密实 | m³ | 198.31 | | 170 |
| | 8月31日 | C栋主楼-2层墙（主楼墙） | C60 | m³ | 367.732 | | 414 |
| 节约 | 8月31日 | 润磅砂浆 | C60润磅砂浆 | m³ | 3 | | 3 |
| 节约 | 9月30日 | 2-1 2-2 地下室顶板梁板楼梯 | C35 P6 | m³ | 561.88 | 0.7 | 535 |
| 节约 | 9月30日 | 2-1 2-2 -1层墙 | C35 P6 | m³ | 152.82 | | 139 |
| 节约 | 9月30日 | 润磅砂浆 | C35 P6 | m³ | 3 | | 3 |
| Z00024 | 9月30日 | 2-1 2-2 顶板加强带 | C40 P6 | m³ | 20.6 | | 24 |
| Z00024 | 9月30日 | 2-1 2-2 -1层柱子 | C50 | m³ | 113.86 | | 147 |
| | 10月10日 | | C35 膨胀 | | | | 36.3 |
| | 10月10日 | | C40 P8 膨胀 | | | | 24 |

图 13-37　商务流水段提量

项目目前在生产部形成了一套新型 BIM 5D 进度应用思路，利用进度前锋线进行总体进度把控，利用 BIM 5D 多维度提量以及任务派分进行任务的精细管控。如果该思路能够走通走顺，后续可以在其他项目上进行复制推广。项目计划经理通过 PC 端派分任务，工长则利用手机端采集真实动态数据，施工日志相关内容基本可以在现场第一时间收集，提高工作的工作效率和便利性，生产例会则可以通过网页端进度展板进行盘点分析。使用情况得到了领导班子高度认可。

# 参考文献


[1] 刘占省. BIM技术与施工项目管理［M］. 北京：中国电力出版社，2015.

[2] 金永超. BIM模型［M］. 西安：西安交通大学出版社，2017.

[3] 武乾，等. BIM模型项目管理应用［M］. 西安：西安交通大学出版社，2017.

[4] 葛文兰. BIM第二维度——项目不同参与方的BIM应用［M］. 北京：中国建筑工业出版社，2011.

[5] 刘玉涛. 建筑施工企业BIM经典案例分析［M］. 杭州：浙江工商大学出版社，2016.

[6] 李慧民. BIM技术应用基础教程［M］. 北京：冶金工业出版社，2017.

[7] 张建平，等. 建筑施工现场的4D可视化管理［J］. 土木建筑工程信息技术，2012（4）：1-6.

[8] 王刚，等. BIM时代的项目管理［J］. 建筑经济，2011（S1）：34-37.